铁道供电调度集群化
数据监测与无损列压缩技术

屈志坚 帅诚鹏 等 ○ 著

西南交通大学出版社
·成都·

图书在版编目（CIP）数据

铁道供电调度集群化数据监测与无损列压缩技术 / 屈志坚等著. —成都：西南交通大学出版社，2021.11
ISBN 978-7-5643-8385-5

Ⅰ. ①铁… Ⅱ. ①屈… Ⅲ. ①高速铁路 – 供电系统 – 调度 – 研究 Ⅳ. ①U238

中国版本图书馆 CIP 数据核字（2021）第 229795 号

Tiedao Gongdian Diaodu Jiqunhua Shuju Jiance yu Wusun Lieyasuo Jishu
铁道供电调度集群化数据监测与无损列压缩技术

屈志坚　帅诚鹏　等　著

责任编辑	穆 丰
封面设计	何东琳设计工作室
出版发行	西南交通大学出版社 （四川省成都市金牛区二环路北一段 111 号 西南交通大学创新大厦 21 楼）
邮政编码	610031
发行部电话	028-87600564　028-87600533
网址	http://www.xnjdcbs.com
印刷	成都蜀通印务有限责任公司
成品尺寸	170 mm × 230 mm
印张	13.75
字数	250 千
版次	2021 年 11 月第 1 版
印次	2021 年 11 月第 1 次
定价	60.00 元
书号	ISBN 978-7-5643-8385-5

图书如有印装质量问题　本社负责退换
版权所有　盗版必究　举报电话：028-87600562

序

  本书受到国家自然科学基金资助项目（51867009）资助。该项目的目标是对铁道供电监测大数据进行处理，提高铁路供电监测系统的数据处理能力，减轻海量铁路供电监测数据对数据服务器的负荷。本书按项目要求，介绍了铁路供电监测数据存储的类型、特征和铁路供电监控系统的列数据库设计，铁道供电监控大数据的集群均衡调度方法，配电网准实时数据的倒排二级索引集群均衡处理方法，按列存储的配电监测数据包区间编码正规化方法，配电监测数据的分布式 Map 压缩-查询方法，配电网调度监测数据的多线程集群共享内存折叠压缩方法，面向铁道供电监控信息大数据的神经网络压缩方法。

  北京太格时代自动化系统设备有限公司研发部在采集实验数据和提取实验数据等方面给予了许多有价值的意见和帮助，且提供了部分数据和程序，在实验现场协助完成了工程数据采集等工作；华东交通大学轨道交通牵引电气化研究院提供了部分实验条件，为本课题的顺利完成提供了有力支持和保障。

作　者

2021 年 6 月

前 言

　　铁路供电系统是铁路运输的重要装备之一，担负着为电力机车和动车组、沿途车站、通信、照明、信号灯和闭塞装置等设备供电的重任，其安全可靠供电直接关系到铁路运输的安全，故为保障其安全供电，为其装设了铁路供电监控系统。由于铁路牵引供电系统是一种典型的动态电网络，其机车负荷又是大功率的冲击性负荷，且具有波动幅度大、变化快等特点，加之高速动车组的运行速度快、开行密度大，加剧了铁路电网电压、电流等运行参数的波动变化，被控端将采集到大批量现场实时数据信息并上传至调度中心，调度监控系统需要对这些信息进行不断地存取处理，长期运行将产生海量信息。面对快速增长、动态、海量的供电监测数据，研究如何快速存储和处理这些数据，是一个要迫切解决的关键问题。

　　本书将铁路供电的监测数据归类为铁道供电调度实时量测数据、铁路供配电准实时监测数据和铁路供配电历史存储数据模式，介绍了铁路供电监测数据的存储类型、特征和铁路供电监控系统的分布式列数据库，铁道供电监控大数据的集群均衡调度方法，铁道配电准实时数据的倒排二级索引集群均衡处理方法，按列存储的配电监测数据包区间编码正规化方法，配电监测数据的分布式 Map 压缩-查询方法，配电网调度监测数据的多线程集群共享内存折叠压缩方法，面向铁道供配电监控信息大数据的神经网络压缩方法等。

本书是作者多年来从事铁道牵引供电微机监控技术、铁路电力系统监控技术、高铁接触网隔离开关监控技术研究和系统研发、测试、运行中关于数据处理方面内容的总结和升华，在内容上力图反映我国铁道供电调度集群化数据监测和压缩存储技术的发展，有关资料来源于算例测试和相关的科学研究成果，参考了国内外大量的技术文献，在此对文献作者表示感谢，并希望能为从事铁路供电监测和检、监测数据存取的同仁提供参考。

本书可作为电气工程及其自动化专业、轨道交通电气化专业和其他相关专业的本科或研究生参考教材，也可用作设计部分和研究开发人员的参考书。

本书主要研究内容受国家自然科学基金项目资助，由华东交通大学屈志坚、帅诚鹏、洪应迪、王汉林、王子潇、徐振清、陈鼎龙、池瑞和刘莉等共同完成，北京太格时代自动化系统设备有限公司吴辉、陈秋琳和胡颖等负责了与本课题研究有关的工程项目的实施、数据收集和测试等工作，课题组团队成员相互合作，共同参与此项科研工作，校核了文稿，在此一并致谢。

由于时间仓促和作者的水平有限，书中不足和遗漏之处在所难免，欢迎读者批评指正。

作　者

2021 年 7 月

目 录

1 绪 论 001
- 1.1 课题研究背景及意义 002
- 1.2 研究现状 004
- 1.3 本书主要内容 007

2 铁道供电监控大数据的集群均衡调度方法 010
- 2.1 铁路供电监测系统及其数据中心 011
- 2.2 供电监控海量数据的实时处理技术 019
- 2.3 铁道供电监测中心的实时处理集群设计 035
- 2.4 铁道供电监控集群的并行度对实时处理的影响 055
- 2.5 基于 Heron 的集群 BF-SWRR 任务调度改进方法 062

3 配电网准实时数据的倒排二级索引集群均衡处理技术 073
- 3.1 引 言 074
- 3.2 倒排二级索引集群的设计 076
- 3.3 倒排二级索引集群的拓扑选择 092
- 3.4 倒排二级索引集群的任务分发 096
- 3.5 算例测试 102
- 3.6 结 论 108

4 按列存储的配电监测数据包区间编码正规化压缩处理 110
- 4.1 引 言 111
- 4.2 配电调度监控信息的列存储 112
- 4.3 按列压缩的区间编码正规化处理 115

- 4.4 区间编码的正规化压缩处理过程 ··································· 119
- 4.5 测试结果 ·· 120
- 4.6 结　论 ·· 122

5 调度监测数据的分布式 Map 压缩-查询技术 ······················ 123

- 5.1 引　言 ·· 124
- 5.2 调度监测数据的分布式 Map 压缩 ································ 125
- 5.3 分布式 Map 压缩加速查询的原理 ································ 128
- 5.4 算　例 ·· 134
- 5.5 结　论 ·· 138

6 多线程集群共享内存折叠压缩方法 ··································· 139

- 6.1 引　言 ·· 140
- 6.2 调度监测数据的查询框架 ·· 142
- 6.3 调度监测数据的内存折叠压缩方法 ······························ 145
- 6.4 内存数据折叠压缩的处理流程 ···································· 152
- 6.5 压缩性能增益模型 ··· 153
- 6.6 算　例 ·· 155
- 6.7 结　论 ·· 162

7 基于列存储的铁道供电数据无损压缩方法 ························· 163

- 7.1 铁道供电监控系统的数据压缩新方法 ··························· 164
- 7.2 基于大数据组件的调度监控信息列式数据库 ·················· 172
- 7.3 基于神经网络融合上下文匹配的列压缩方法 ·················· 174
- 7.4 总　结 ·· 197

8 展　望 ·· 198

参考文献 ··· 200

1

绪 论

1 绪 论

1.1 课题研究背景及意义

1.1.1 铁路供电监测数据的类型与特征

铁路建设尤其是高速铁路的发展，是以运行速度更快的电气化铁路为主要建设方向，但相较于内燃机车和蒸汽机车，电力机车和动车组对接触网的依赖度高，一旦出现台风、雨雪、冰冻等极端天气，接触网出现短路事故的概率将大大增加，若出现供电设备故障，则机车的安全运行将难以得到保障，因此需要对牵引供电系统进行实时监控。电气化铁路的供电数据采集系统相对成熟，采集得到的遥信和遥测信息的数量和种类丰富，不仅采集变配电所、接触网的室内外隔离开关数据，还将铁路移动通信系统、环形配电网设备、铁路信号设备以及 10/0.4 kV 变电所也纳入监控范畴。这使得铁路监控系统得到的监控点信息呈指数增长，数据规模也达到了传统普速铁路的数倍甚至数十倍，在数据体量和数据种类等意义上构成了铁道供电监测大数据。传统的数据处理计算方法在处理铁路海量信息时容易造成处理延时甚至消息堆积，影响实时调度，严重时可能导致关键设备的报警信息迟报和漏报，威胁列车的运行安全。因此，我们需要结合大数据的相关处理技术，来研究针对海量铁路供电信息的低延时和高资源利用率的技术方案。

1.1.2 铁路供电监控系统的列式数据库

铁路运输设备是铁路重要的生产性资产，其健康、持续、稳定的运作是铁路运输生产活动的重要基础，是铁路运输组织活动正常进行的保证。铁路供电监控系统将收集到的现场电流、电压、有功功率、无功功率、功率因数、电力极值等运输设备技术状态数据作为铁路运输设备的高效管控和决策的重要依据。面对不断增长的技术状态数据，现有的监控信息存储方式主要依赖基于磁盘阵列的硬件设备（RAID，Redundant Array of Independent Disks），利用传统的关系型数据库进行管理，存在着存储能力差、结构固定、读写效率低等问题，无法满足各应用系统之间共享数据中心业务的需求。如果无法即时从获取到的时间序列准实时数据中快速搜索出铁道供电杆塔信息、刀闸信息与健康安全档案信息进行综合分析，可能引起调度监控信息的交互困难，影响铁路供电生产运维效率，不利于缩短故障排查时间和降低列车晚点率。由于传统的以行式存储为主的关系型数据管理技术存在数据库扩容瓶颈，学术界的研究转向基于列式存储的数据处理技术。列式数据存储具有比行式存储更高的压缩比率，通过获取指定列数据可以减少更多 I/O（Input/Output，输入/输出）操作，这些优势对于存储海量数据来说具有更大的吸引力，使用列式存储更能体现出优势，性价比也更高。以 HBase 列式数据库为例的云集群处理技术在某些关键领域已经得到重要应用，本书在铁道供电调度监控系统海量监控信息的高效处理问题上，重点研究基于 HBase 列式云集群的压缩及优化处理技术，并基于列存储研究监控信息的大比率压缩方法。

1.1.3 本书的研究意义

由于电力机车没有内置动力源，需要从外部接触网进行取能，因此对于接触网的依赖度极高，一旦出现极端天气（如暴雨、暴雪等），接触网可能出现短路或断线的事故概率将大大增加，因此我们需要对为电力机车和动车组提高牵引动力的铁道供配电系统进行监控。

电气化铁路供电监控系统目前已扩充了数据的采集范围[3]，将接触网系统、铁路通信系统及铁路信号等系统的供电设备状态、健康情况、位置信息、检修时间等统统纳入监控范围，这使得采集得到的信息达到了亿条级别，在一定程度上构成了铁道供电监测大数据[4]。在列车运行过程中，系统还会产生负序电流和谐波电流，使电力系统波动剧烈，其中机车负序电流保护动作跳闸造成的负荷可高达 145 MW，从而相较于一般的电力大数据监测系统[5]，铁路供电监测系统所需要的监控点更加密集，产生的报警信息的频率也会相应增多，从而带来庞大的数据体量。传统数据处理方法已经难以适用于日益增加的铁道供电监测大数据，会造成系统较大的处理延时，影响列车实时调度信息的时效性，严重时可能导致接触网的关键设备信息的误报、漏报以及错报。因此，铁道供电调度中心急需结合大数据技术，研究如何针对海量铁道供电一级数据的低延时和集群高利用率的技术方案。

本书利用大数据处理技术，集中探讨和研究了电气化铁路供电监测集群的数据均衡调度问题、索引均衡调度问题、查询延时问题以及海量数据的压缩问题，以提高铁路信息交互的性能，从而更加可靠地保障铁路供电和铁路调度安全。

综上所述，本书的研究意义就是提高铁路监测系统的大数据处理能力，减轻海量铁路供电监测数据对数据服务器的负荷，保证铁路的供电和调度安全。

1.2 研究现状

1.2.1 集群化电力监控数据研究现状

2019 年，国家电网公司提出建设泛在物联网的目标，其含义就是利用互联网、人工智能等技术，围绕电力的各个环节实现万物互联并具有输电状态全面感知、用电及报警信息高效处理、应用便捷灵活特征的智慧服务系统。目前电力物联网监控中心分为四层[2]，分别是感知层、网络层、平台层以及应用层。目前感知层现场设备种类多、数量大，而且有着持续上升的趋势，并以极其庞大的数量、规模和结构生成电力大数据。这些数据主要分为三个类型：电网运行和电力设备监测数据，如 SCADA（监视控制与数据采集）数据和智能电表的采样数据；电力营销数据，包括交易价格数据和电力销售数据；电力管理数据，如内部电网数据[3]。在针对近 PB

（拍字节）级的数据级别时，目前学术界和工业界推荐以并行和分布式方式处理这些数据，以在有限的时间内提取关键信息进行决策[4]。根据一般的数据结构划分，电力数据可分为结构化数据和非结构化数据。结构化数据的增长率非常高，单以智能电网的广域测量系统中的同步相量测量装置（Phasor Measurement Unit，PMU）为例，我国在某电网中部署2 400个PMU，涵盖了所有的500 kV变电站、220/110 kV变电站以及一些重要的发电厂，PMU按照IEEE标准C37.118将相量以高达100帧/秒的快速速率传输到变电站相量数据集中器，对目前尚未完全成熟的智能电网的数据处理中心提出了新的挑战[5]。

1.2.2 大数据处理技术研究现状

为了解决供电大数据所带来的问题，国内外的电力系统以及轨道交通领域的专家进行了多种技术的尝试。如国网江西电力公司在电网生产大数据平台上运用HBase、Hive等具有分布式计算技术的数据库，对营销、生产等高达百万级的数据进行处理，为电网运维检修管理等给予支[6]。

尽管涉及的铁路供电监测数据研究的文献非常有限，但在相关学科内其他领域中可供参考和借鉴的研究却相当丰富，主要包括：

文献[7]、[8]针对电力系统数据监测数据以流的形式连续生成，设计了一种基于Hadoop的分布式架构来对流式数据进行并行采集分析，并且利用分布式编程模型MapReduce对混洗过后的数据进行分析计算。

文献[9]针对目前电网综合平台数据源繁多造成的接口不统一的问题，利用MapReduce屏蔽底层数据源连接的特点，提供对异构数据的访问，重点针对由电网的海量地理信息系统的数据及电网调度记录造成的存取问题，设计了一种Hadoop分布式文件系统、Apache HBase以及关系型数据库的多数据源统一模型，将代码开发量降低，提高了时效性和容错度。

文献[10]提出可以将计算处理单元部署到离数据更"近"的地方，减少I/O的处理路径，即近数据处理。同时降低网络带宽的开销，数据传输多通过远远大于主机之间带宽的内存的内部传输,既可以充分利用设备内的带宽资源,又可以减少延时,提供更强的数据计算处理能力。

文献[11]中指出电力系统的计算处理特点是数据密集,传统数据的存储、处理和分析都需要通过磁盘和网络,其 I/O 速率是影响该系统效率的主要瓶颈之一。

文献[12]将内存数据库技术引入到电网智能监测系统中,利用内存数据库的文件缓存机制,将数据、算法的执行阶段放在内存中进行,处理速度相较于传统关系型数据库,能够达到 10 倍以上;将处理完成的数据再缓存到外部存储设备,保证实时数据的高效性和历史数据的安全性。

由以上文献可知,与基于磁盘的大数据处理技术相比,内存计算技术处理数据的时间更短,更适应于动态数据的批量处理。因为内存成本较高,处理后的数据放在磁盘进行后续历史分析即可,因此在处理数据时,先在内存处理后再在磁盘存储的新型数据计算——流计算,可以恰当地在不断变化的海量数据中将有价值的信息实时分析出来,并传递到下一计算节点。

1.2.3　铁路数据压缩研究现状

针对调度监控系统产生的大数据所引起的存储与处理的难题,学术领域的研究学者考虑从数据压缩的角度展开研究,可归纳为两类:一类是以不同形式小波变换为基础的有损压缩法[13-15],虽然其压缩率高,但经压缩和解压缩后提取的数据会损失部分原始数据信息,使某些量测点产生较大偏差;另一类是无损压缩法,无损压缩能保留原始数据完整信息,准确反映动态过程原始特性。因铁路供电监控对信息存储精度要求高,量测时间精确至毫秒级,量测值不允许出现大偏差,否则容易产生报警信息的误报或漏报,影响故障的调度处理,威胁到铁路行车安全,故铁路供电系统数据更适合无损压缩技术。但无损压缩普遍存在压缩率偏低问题[16][17]。

文献[18]专门针对三种主流的无损压缩算法 LZ77、LZW 和 Deflate 进行压缩率的比较,得出 Deflate 算法无损压缩性能更好,但其压缩率也仅能达到50%，故单一的无损压缩算法实用性有限，仍不能满足铁路供电监测信息高压缩率的需求。

上述研究取得的成果为本书研究提供了参考借鉴，但仍存在的问题是：虽然有损压缩率较高，但可能造成数据存在较大误差，难以适应铁道供电关键业务的应用需求；其次是无损压缩率不够。两方面的原因使该问题难以解决。

综上可知，目前的研究集中在算法本身，缺乏对工程背景的考量，如没有考虑铁道供电中对数据的时间精度和数值精度的不同要求，也缺乏对分布式集群压缩技术的研究，如将原始数据分散到集群中进行分块并行压缩，提供一种分布式集群压缩和分布存储的新思路。因此，我们迫切需要研究能保证量测值准确、时间精度高、满足铁道供电应用需求的压缩方法，并提高压缩方法的压缩率。

1.3 本书主要内容

本书在借鉴国内外已有研究成果的基础上，通过对我国电气化铁路和高速铁路的调查研究，针对铁路供电监测数据体量越来越大，集群数据结构越来越复杂所造成的调度延迟高、资源占用不均衡等问题，有目的性地研究探讨铁路供电监测大数据处理技术。具体内容安排如下：

第1章：绪论。首先从铁路供电监测数据的类型、特征和系统数据库展开，阐述了本书研究的背景和意义，分析了相关的国内外研究现状和存在的问题，并对全书的组织结构和章节内容进行合理规划。

第2章：铁道供电监控大数据的集群均衡调度方法。针对铁道供电调度量测大数据集进行实时处理和存储研究，研究消息队列系统 Apache Kafka、流式计算 Apache Heron、任务调度 Apache Aurora/Mesos 及分布式数据库 HBase 的融合框架技术，搭建适用于铁路供电海量量测数据的实时处理框架，进行集群监控海量数据实时处理和分布式存储。将不同数量级别的供电数据作为流计算测试算例，监测系统的整体性能及系统处理数据的时延。

第 3 章：配电网准实时数据的倒排二级索引集群均衡处理技术。针对配电网的准实时数据体量越来越大、数据节点任务不均衡的问题，在集群框架的基础上建立倒排索引数据结构，研究一种准实时数据的二级索引集群均衡处理技术。

第 4 章：按列存储的配电监测数据包区间编码正规化方法。针对不断增长的按行存储数据的模式造成数据体量持续增大，压缩率难以提高的问题，利用按列存储的数据包架构和扩展区间编码的正规化处理技巧，研究一种以列数据包为底层存储，知识网格为组织架构，将区间编码和正规化处理融入底层监测数据包的并行压缩处理进程中的大体量监测信息压缩处理新方法。

第 5 章：配电监测数据的分布式 Map 压缩-查询技术。对大体量电力监测数据的处理问题，研究一种回避聚合操作的配电监测数据分布式 Map 压缩-查询新方法。通过将监测数据分布式 Map 压缩存储，利用 HQL 查询引擎及压缩接口将分布式 Map 压缩应用到连接查询的混洗阶段中，减小传递到查询聚合端的数据量，提高压缩数据的查询速度，并推导了时效性的有关公式。

第 6 章：多线程集群共享内存折叠压缩方法。针对监控数据指数增长造成的读写时延越来越长的问题，研究一种多线程集群共享内存折叠压缩新方法。将数据结构扁平化处理融入于数据压缩之中，通过启用内存折叠方法，在写入内存过程中消除数据冗余，改变数据结构，减少刷新到磁盘的次数，同时缓解磁盘块缓存的压力，从而提高对数据的读写性能。

第 7 章：基于列存储的铁道供电数据无损压缩方法。针对监测系统存储的历史时序数据记录越来越多难以存储的问题，研究一种神经网络无损压缩方法，该方法通过上下文混合算法预测出其符号编码的多个概率，再经网络来获取编码成本最小的符号混合编码概率，将符号编码的多个概率传输至循环神经网络，最后采用算术编码的方式将其编码以达成压缩的效果。

全书的研究思路如图 1-1 所示。

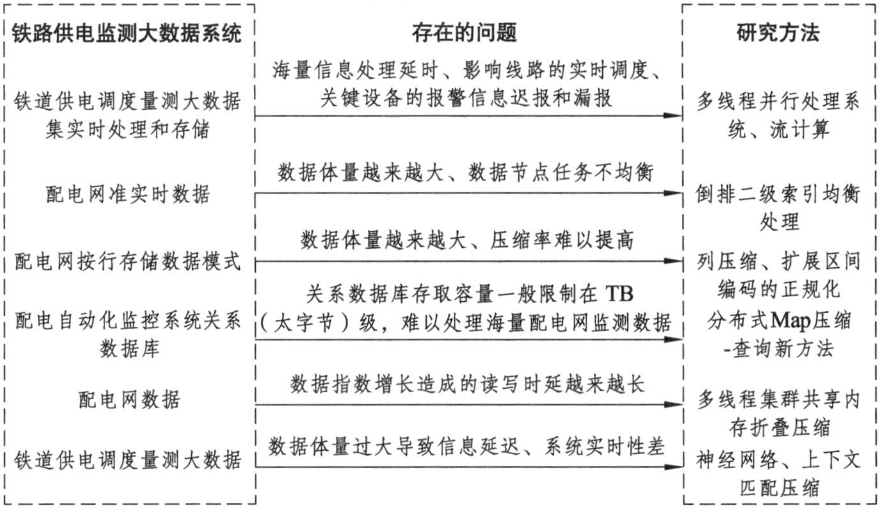

铁路供电监测大数据系统	存在的问题	研究方法
铁道供电调度量测大数据集实时处理和存储	海量信息处理延时、影响线路的实时调度、关键设备的报警信息迟报和漏报	多线程并行处理系统、流计算
配电网准实时数据	数据体量越来越大、数据节点任务不均衡	倒排二级索引均衡处理
配电网按行存储数据模式	数据体量越来越大、压缩率难以提高	列压缩、扩展区间编码的正规化
配电自动化监控系统关系数据库	关系数据库存取容量一般限制在 TB（太字节）级，难以处理海量配电网监测数据	分布式 Map 压缩-查询新方法
配电网数据	数据指数增长造成的读写时延越来越长	多线程集群共享内存折叠压缩
铁道供电调度量测大数据	数据体量过大导致信息延迟、系统实时性差	神经网络、上下文匹配压缩

图 1-1 铁路供配电监测大数据系统应对的问题与研究思路

2

铁道供电监控大数据的集群均衡调度方法

2.1 铁路供电监测系统及其数据中心

2.1.1 铁路供配电综合调度的主要监控对象

电气化铁路以电力牵引作为主要牵引动力，在电气化铁路系统中，在沿线设有向运行中的电力机车（电力机车牵引的列车和电力动车组）提供动力的电力牵引供电系统，主要包括牵引变电所和牵引网等供变电设施。

同时设置铁路电力供电系统，其主要由电力配电所、沿线架设的三相电力自动闭塞线和电力贯通线等构成，将 10 kV 中压电力输送至铁路沿线，经变压器降为 380 V 后供沿线的信号设备、通信设备、车站的生产与生活使用。铁路电力供电系统主要负荷为一级负荷，发生故障中断供电会关系到行车安全，引起铁路运输混乱，甚至造成重大经济损失和社会影响。因此，铁路电力供电系统常采用双回路、双电源的冗余备份供电方式以保证铁路运输安全运行。如图 2-1 所示，自动闭塞线和电力贯通线均可由两侧的配电所供电，并以其中一个配电所为主供所。正常工作时，由配电所 A 供电，当电力自动闭塞线或电力贯通线发生故障时，配电所 A 的馈线开关跳闸，配电所 B 自投，若自投失败，配电所 A 重新合闸一次，若合闸仍不成功，则通过电力自动闭塞线和电力贯通线低压侧切换电源，以保证车站和信号设备的可靠供电。

远程主站调度系统设置于铁路供电调度数据中心，是牵引供电系统和铁路电力系统的管理指挥中心。电气化铁道供电调度数据中心是以铁路的局域网作为主体结构，采用分层分布式控制系统，主机是整个调度站的"大脑"，其他类似于"四肢"的设备通过整个系统的网络节点与"大脑"联系，包括：操作工件站、数据工作站、通信机、维护工作站、模拟屏等。而这些具体的设备与相应的人机接口设备有机地配合，同时设置相应的硬件辅助设备，如流水记录打印机、报表打印机、卫星时钟同步等设备，与数据终端通信控制器进行串口通信，统一管理。电气化铁道远动调度自动化系统硬件结构如图 2-2 所示。

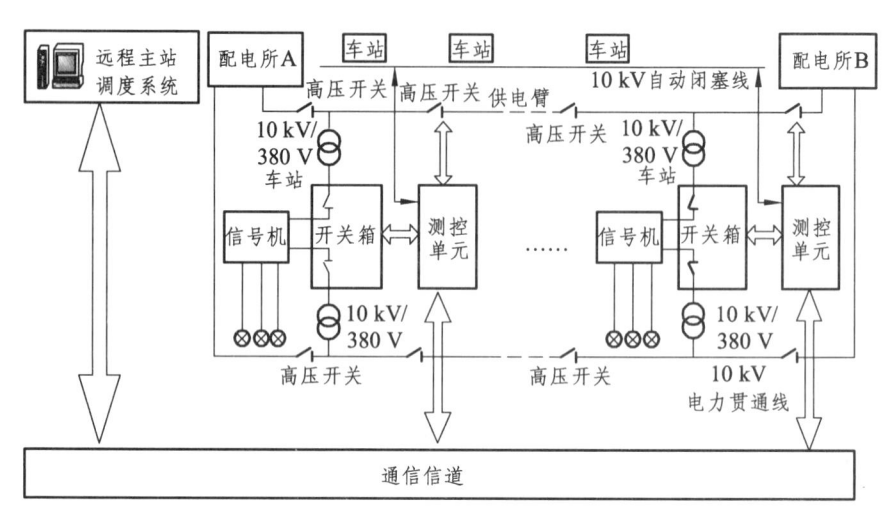

2 铁道供电监控大数据的集群均衡调度方法

图 2-1 铁路电力供电调度监控系统结构

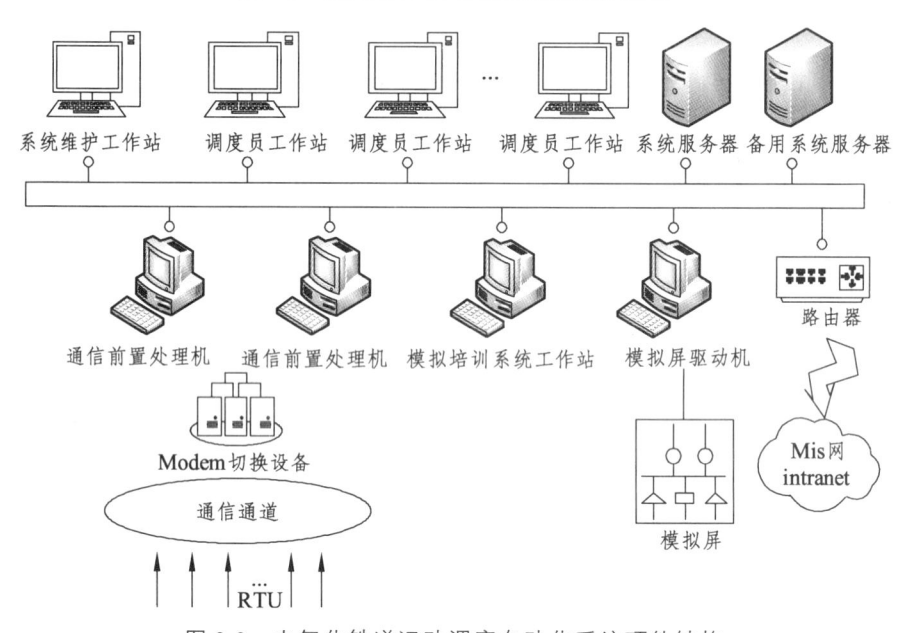

图 2-2 电气化铁道远动调度自动化系统硬件结构

根据电气化铁道远动调度自动化系统工作结构的实际要求，执行端的运行设备主要可划分为三种类型：变配电所远动监控执行端（RTU）、开关监控执行端（FTU）、信号电源监控执行端（STU）。

RTU 的作用是根据调度中心的指令针对铁路沿线各变配电所进行遥控、遥信和遥测等。

FTU 的作用是与配电自动化主站通信，提供配电系统运行情况和各种参数及监测控制所需信息，包括开关状态、电能参数、相间故障、接地故障以及故障时的参数，并执行配电主站下发的命令，对配电设备进行调节和控制，实现故障定位、故障隔离和非故障区域快速恢复供电等功能。

STU 负责当调度中心、各站场信号等重要电力负荷受控终端出现过流、失压、断线、接地等故障时的及时告警，以及对低压侧开关遥控与就地试验、运行电流、电压的遥测信息采集与事故滤波等。

2.1.2 铁路供配电系统的构成

铁路供配电系统是电力系统的一个重要工业负荷。铁路供配电系统按照其功能不同，可以分为两大类：牵引供电系统及电力供电系统。其中，牵引供电系统是指向电力机车或者动车组进行供电的系统，其主要由牵引变电所和牵引网构成。目前电力牵引机车采用大功率交-直-交牵引传动系统，主要应用范围是客运专线，尤其是高速线路[22]。"十三五"期间，全国铁路营业里程达到 15 万千米，其中高速铁路 3 万千米，复线率和电气化率分别达到 60% 和 70% 左右，基本形成布局合理、覆盖广泛、层次分明、安全高效的铁路网络[23]。牵引供电系统是一种取电于公用电网，来为铁路机车运行供电的电气化系统，如图 2-3 所示。铁路牵引供电系统主要包括牵引变电所和接触网，牵引变电所将地方电力系统提供的电力能源转换成与机车牵引动力要求相符合的电压等级，通过馈线将转化后的电能送到接触网，再通过受电弓和接触网滑动接触，从而驱使电力机车运行。一旦牵引供电系统某一部分出现故障，将影响整条线路的正常调度，如因供电网设备故障会导致列车滞留区间，需要依靠列车自身惯性冲过故障区段，从而极大地影响邻近区间的行车指挥。因此牵引供电系统相对较"脆弱"，需要进行多方位全天候的检修与监测。

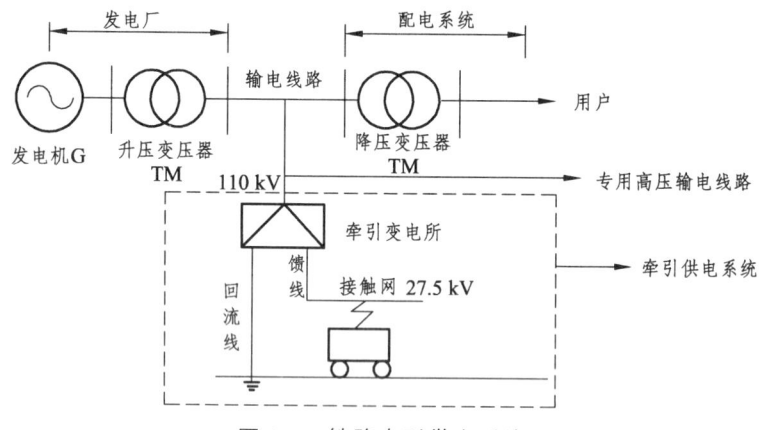

2 铁道供电监控大数据的集群均衡调度方法

图 2-3 铁路牵引供电系统

铁路电力供电系统是为铁路车站及沿线区间等非牵引负荷进行供电的系统。铁路电力供配电系统由外部发电厂、变配电所、高压配电系统和低压配电系统等组成,以线路等级较高的京津城际高速铁路为例,该线路沿线电力供电和远动系统由外电源、变配电所、贯通线、箱式变电站等部分组成[24],同时车站基站配以若干通信基站和信号基站为远动系统和列控中心提供服务。铁路供电系统从地方变电站接引多路 10 kV、35 kV 电源,通过设置 10/0.4 kV 变配电所为车站及线路区间供电,10/0.4 kV 配电所间距在 40 km 至 60 km 之间,沿线 1~3 km 设置箱式变电站,提供各用电负荷电源,如图 2-4 所示。

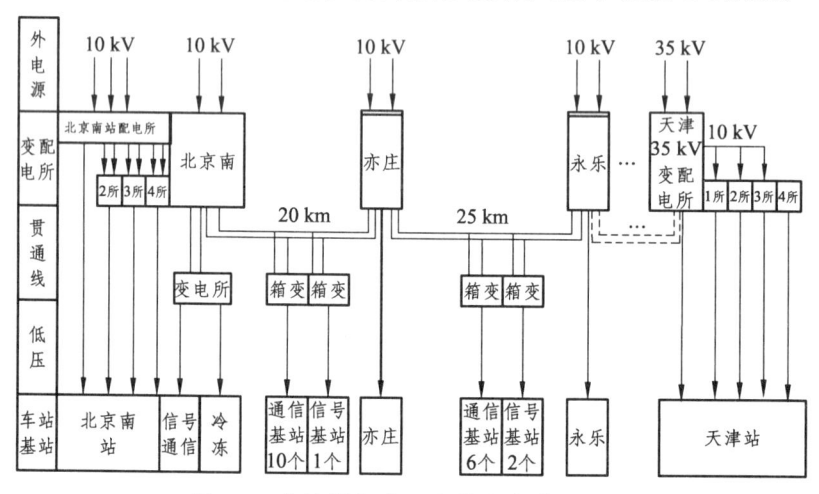

图 2-4 京津城际客运专线电力供电系统

铁路供配电系统是电力机车系统的驱动核心，其高效、可靠的运行是保障运输安全的根本。监控系统不仅要实现对电力系统的各组件的监控，也要将信号系统、通信设备以及行车调度等方面的实时信息纳入监控范围，为提高铁路运行效率，保障列车运行安全提供强有力的保障。

2.1.3 铁路供电数据中心监控系统

铁路供电数据中心一般使用铁路远动系统提供的"四遥"监控服务，即遥测、遥信、遥控、遥调，对线路、车站及行车区间内的电气设备的运行状态进行监测与控制。

在铁路远动系统中，以分布式计算为基础的 SCADA 系统占据调度指挥的核心地位，通过与铁路电力管理系统集成，为电气化铁道调度提供大量实时数据。SCADA 系统主要由控制中心（调度端）、被控站（被控端）及远动通道三个主要部分组成，如图 2-5 所示[25]。

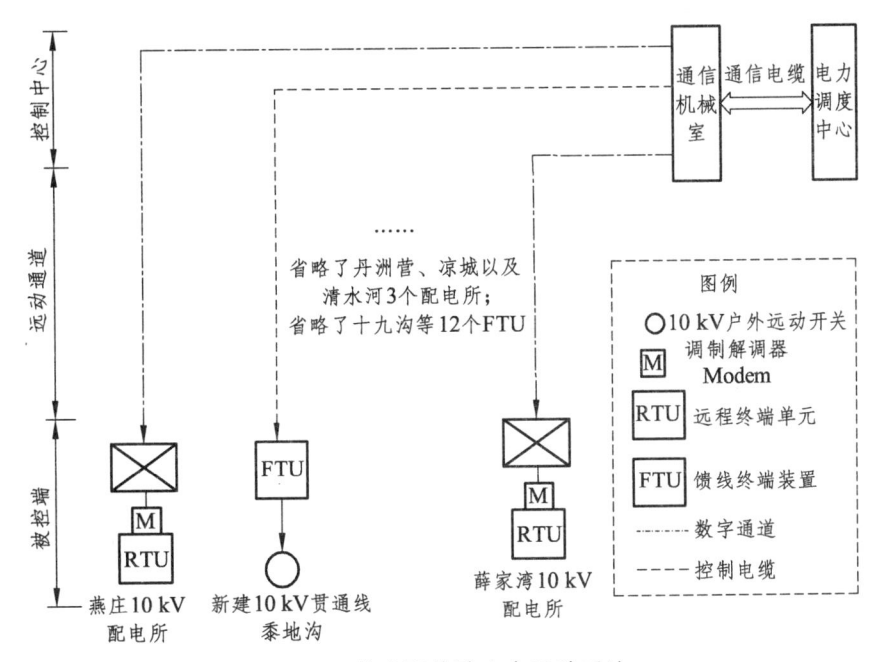

图 2-5 某实际线路电力远动系统

如图 2-5 所示，该线路设计标准为国铁 I 级单线，铺设的电力远动系统能够实现对全线的牵引变电所的"四遥"，其远动系统基本组成部分是铁道电力调度中心、配电所综自系统、车站高压分段开关监控系统、远动通信通道等。通过远动系统可以将安装在沿线的牵引变电所、开闭所及箱式变压器等装置的传感器数据传输到数据中心，而远动终端（Remote Terminal Unit，RTU）就是前方采集量与调度中心的桥梁，负责将断路器、继电保护等远动装置的状态量按协议送达到调度数据中心，同时将电力调度中心发出的调整运行设备参数及操作动作开关的命令传递到前方设备[26]，从而大大提高了铁路供变电设备的自动化调度水平，减少了人为失误带来的损失，实现了调度中心"四遥"功能高效可靠的实现[27]。

馈线终端装置（Feeder Terminal Unit，FTU）也是配电自动化的核心之一，对多个站点的 10 kV 贯通线运行方式及负荷情况进行监控、优化以及控制，起着连接开关和 SCADA 系统的作用。分布式 FTU 可以仅在与 SCADA 进行通信的情况下，对受损设备进行及时定位，进而自动断开故障位置的负荷，切换备用机，缩小了设备故障导致的停电范围，降低排查设备的难度[28]。

与电网的电力 SCADA 系统[29][30]不同的是，铁道部将"牵引、电力、通信信号与接触网"四个轨道主要专业的测量与控制系统合并为一个整体，因此信号电源监控装置（Signal Terminal Unit，STU）也必不可少。与 RTU、FTU 类似，STU 可以实现对信号机电源状态的监测以及低压开关的控制，不同的是其具有录波功能，可以将故障发生前后线路通道的电源电压、电流数据及其波形，传递给上级主站进行分析诊断。

SCADA 系统是铁路供电数据中心监控的核心，经历了四个阶段的发展，从专用计算机到通用计算机，从单节点计算机到分布式系统，从闭环资源到开放式平台，各个组件都可以根据列车发展的要求进行改进，在监控数据"爆炸"的客运专线乃至高速线路上如何确保监控系统低延时处理成为 SCADA 系统的新挑战，因此对海量监测数据的快速处理是保证铁道行车安全及系统可靠性处理的重要保证。

由图 2-6 所示，铁道供电调度监控中心可以划分为以下四类关键信息处理流：

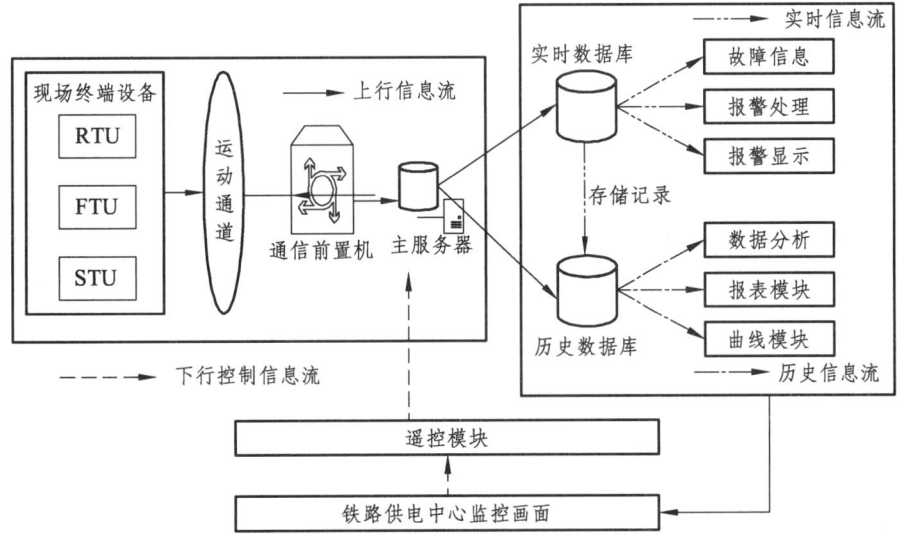

图 2-6 铁道供电调度监控信息流

（1）上行信息流：将从被控端（包括从现场监控终端设备 RTU、FTU、STU）采集得到的"四遥"数据、事件顺序记录（SOE）、电能脉冲记数值、子站工作状态等信息通过远动通道传输到通信前置机进行协议转换和两侧的接口通信，然后转发至主服务器进行信息处理和任务调度，最后将信息分类进行存储。

（2）实时信息流：将接触网设备运行参数、高低压断路器以及隔离开关的状态信号、对牵引供电系统中主要参数的遥测等实时信息传输到实时数据库，并在调度中心的监控界面进行显示，使报警信息能够及时复示到 LED 屏幕，同时把各种设备的历史数据及处理过的记录存储到离线库中[30]。

（3）历史信息流：将实时数据库中的"四遥"数据周期性地转存到历史数据库中，还可存储事件顺序记录、外部事件，并提供到数据分析、报表及曲线模块，为后续的数据处理提供基础。

（4）下行控制信息流：从供电调度中心向现场设备发送遥控命令（遥控选择、遥控执行及遥控撤消）和对时命令。

2.1.4 铁道供电监控数据处理模型

铁路供电系统监控数据集群处理模型主要由调度监控层、数据服务层和现场设备层组成[32]，如图 2-7 所示。

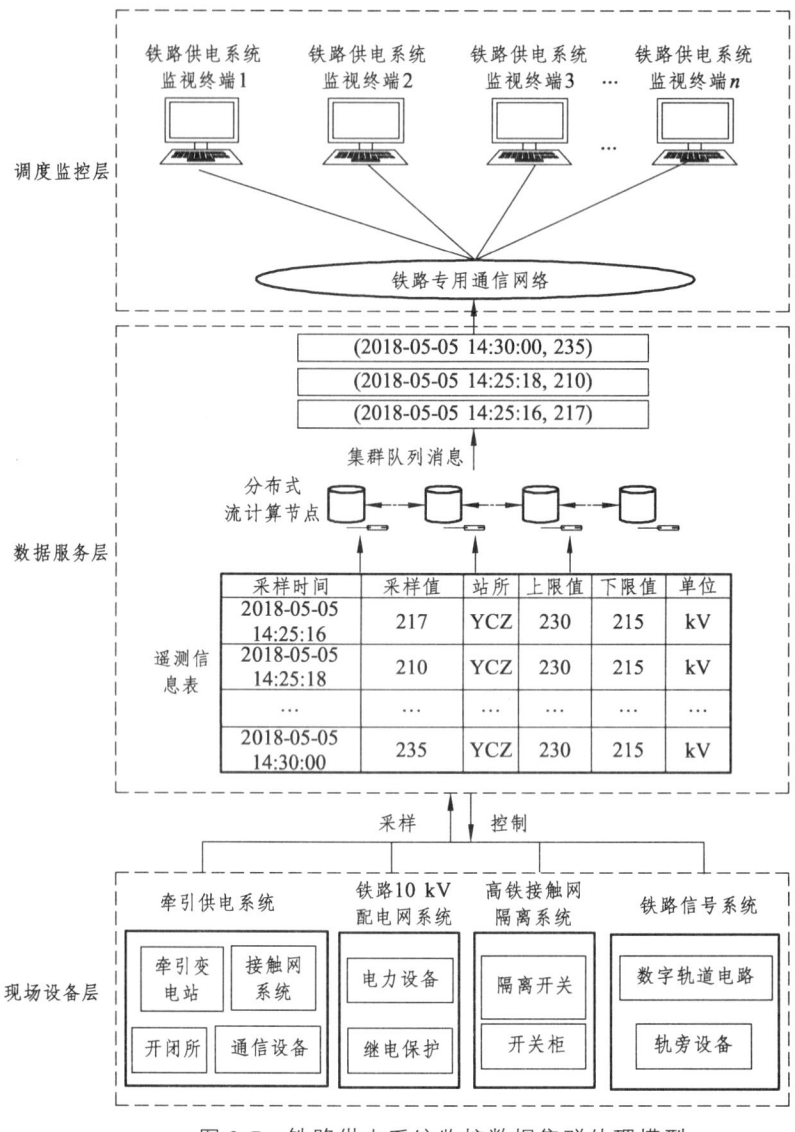

图 2-7 铁路供电系统监控数据集群处理模型

现场设备层由牵引供电系统、铁道 10 kV 电力系统、高铁接触网隔离系统和轨道信号系统的传感器组成[22]，将采集得到的遥测数据上传到数据服务层；数据服务层中，由于数据体量较大且时间分布不均，严重时可能出现数据洪峰，使用传统的数据库已经难以解决，因此选择采用分布式的流计算处理方式，将数据的初始处理阶段放在分布式服务器中，以提高数据的吞吐量和处理速度；调度监控层将铁路专用通信网络传输的数据复示到人机交互界面上[33]，可以及时发现现场设备的异常，减少传统数据库造成的界面卡屏的问题。

以某铁路线上重要站点的动车段供电系统导出的数据作为算例，算例数据有多张数据表，数据记录高达亿级，数据主要字段包括采样时间、采样值、采样设备、上限值、下限值、采样对象标识等。

集群中流处理节点通过将遥测信息表的字段进行切割，将表中与监测数据无关项去除，得到重点监测部位的数据元组，再将数据元组源源不断地上传到监控层，并及时找到需要报警的信息，才能做到低时延处理设备异常的情况。

2.1.5 小　结

本节分析了牵引供电监控系统的性能和特点，说明了监控系统对于列车运行安全的重要性。基于此，本文对铁道供电监控数据处理建立了模型，并分为四层对数据传输、数据处理的方向进行阐述，并对收集得到的动车段供电系统导出的数据、表样、字段进行分析，为进一步深入研究奠定了基础。

2.2　供电监控海量数据的实时处理技术

为实现铁道供电监控海量数据的高资源利用率、低时延处理的要求，本章对海量数据下常见的批计算、微批计算以及流计算的处理机制进行比较，分析各个系统对于铁道供电海量数据的适应性，之后对 Storm 流计算、Heron 流计算以及分布式调度器 Mesos、Aurora 进行相关研究，为后续的研究内容提供了进一步的理论基础。

2.2.1 海量供电数据的处理技术

我国自 2009 年宣布建设"坚强智能电网"的发展规划，通过对通信、信息、遥控等技术的摸索与试验，以特高压电网为主干网络，其他各等级网络综合建设的智能电网在发电、输电、配电、用电等方面都取得了明显的进步。与此同时，为实现自动化控制电网的目的，在各个环节需要保存海量数据进行信息挖掘、信息应用，如 WAMS 系统每年产生 495 TB 数据[34]，其中异常信息是其中极少的一部分，而这部分数据正是运维系统的关键，如何快速筛选有效数据就给数据处理领域带来了新的技术挑战。

在智能电网运维系统中，设备的运行参数及健康状态以数据表的形式存在于系统中，以此量化设备的使用情况。一般地，设备数据可分为静态数据和动态数据两大类，其中静态数据不会因时间或事件产生改变，包括设备的基本参数如型号、上限值、下限值、额定功率、生产厂商、所属系统以及直属单位等，这些一般都以设备台账形式存储；动态数据一般是由定期巡检的工作人员手工录入或工程现场的各种传感器设备以及智能设备定时采集获得[35]。海量数据的处理技术一般有批计算、微批计算以及流计算三种，它们在处理数据时各有千秋，侧重点不同，适合于不同的应用场景。

1. 基于批计算的海量数据处理

批计算应用于大规模数据并行处理作业的分布式云服务，主要操作大规模静态数据集，并在整体数据处理完毕后返回结果，适合于访问整个数据集后再完成的计算工作，通常用于对持久的历史数据的分析。MapReduce 是最早由 Google 公司进行开源的批计算的核心技术[36]。

如图 2-8 所示，批处理电力数据时一般先将大规模的电力数据分解成多个子数据，同时赋予不同服务器不同的角色，一般是主节点、工作节点，工作节点又分为 Maper 和 Reducer。主节点负责执行用户程序，将本次任务合理地安排给 Map 节点，Map 节点从电网数据中解析出一定的 key/value，在调用 map( ) 函数后，再以 key/value 形式将中间文件输出到本地磁盘；Reducer 节点将 key 值相同的 value 进行合并和归并排序，最终输出文件到 HDFS（Hadoop 分布式文件系统）。

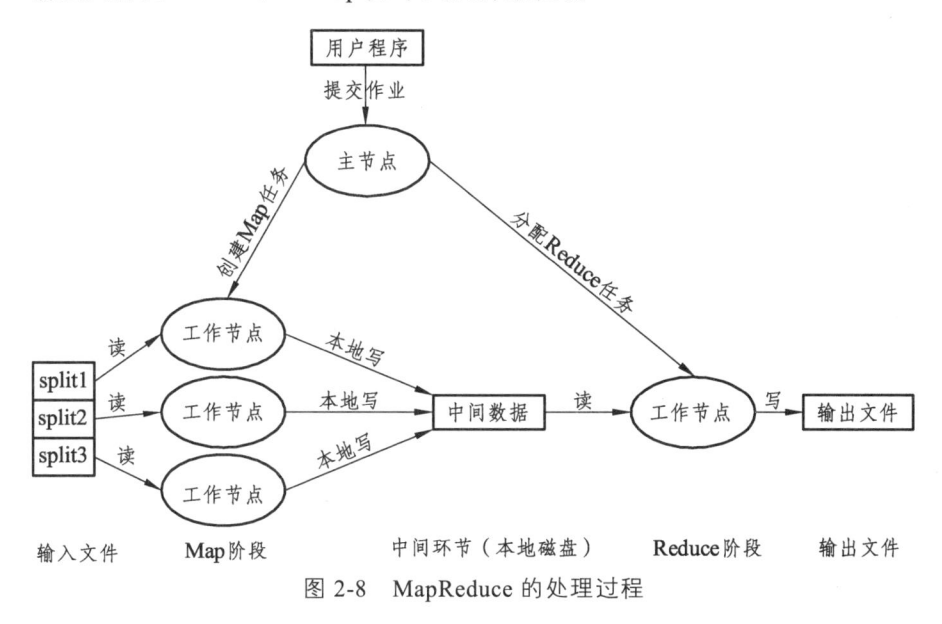

图 2-8 MapReduce 的处理过程

批处理执行阶段较为死板，必须从 Map 执行到 Reduce，即使是简单的过滤操作，也要经历 shuffle（洗）操作，而 shuffle 操作是基于磁盘的任务，时延性差，但其优势也在于磁盘操作，可存储量大，相较其他大数据处理系统吞吐量要高数倍以上，比较适合离线历史数据分析，但难以胜任对于时间较为敏感的任务。

2．基于微批计算的海量数据处理

为解决批处理延时长的问题，研究人员考虑将最费时间的中间环节放到内存进行，避免中间结果直接写到磁盘，以达到减小时间开销的目的。

同时以有向无环图（DAG）优化任务，协调各个节点间的调度，具有代表性的就是 Spark 框架，如图 2-9 所示。

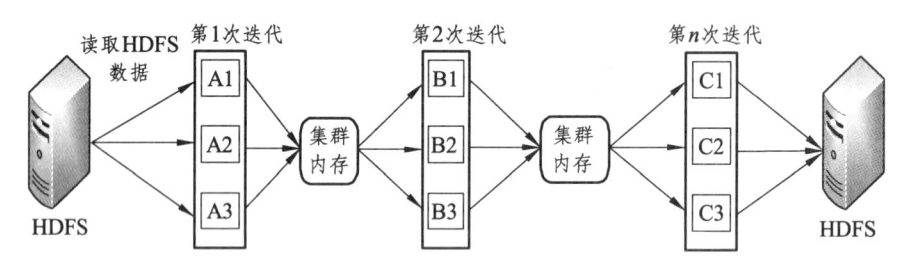

图 2-9　Spark 读取流程

内存每秒读写速度在 10 GB 的数量级，硬盘则只有 50 MB 左右，相差 200 倍，在寻址方面差距更大，内存寻址在 1~2 个指令周期就可以完成，而硬盘则要几百万指令周期[49]。Spark 引入弹性分布式数据集（Resilient Distributed Dataset，RDD）解决磁盘 I/O 速率较慢的问题，也就是说在内存容量充裕的情况下，RDD 完全在集群内存中计算，其所有的迭代环节及中间产物全部落在内存，避免在磁盘反复读取。Spark 在保留 MapReduce 的基本结构下，将中间迭代步骤实现在内存，可用于处理延时性要求不高但吞吐量大的数据分析系统。铁路供电调度是按照行车计划和电力设备运维调度进行计划生产的，一旦某个环节出现纰漏却没有及时发现，会给铁道运输带来隐患，因此一般以季度或年为单位的历史数据更适合 Spark 架构使用，而在线监控数据处理时间越短越好，需要继续研究一种更加贴合实际生产需要的实时系统。

3．基于流计算的海量数据处理

社交媒体 APP（应用程序）越来越多，需要提供的实时服务也与日俱增，尤其是微信、微博、抖音等信息软件。与历史数据的处理方法采用批处理不同的是，实时数据一般采用全内存处理的流计算[37]。流计算的处理对象一般为在时间序列上源源不断的无界数据元组，采用先计算后存储的直接处理手段，尽快挖掘到有价值的信息，并将结果反馈到下一节点，完成一轮数据的处理。铁道供电中心的监控数据符合流式数据大规模连续到达的特点，是一组高速率传输数据序列，因此较适合流计算的模式进行处理[38]。

设备状态监控数据处理流程如图 2-10 所示。通常系统接收不同设备的监控数据流，但设备间传输协议不同，报文数据的格式也存在不同，需要在电力监控数据源进入 Spout（管道）后进行格式化，即统一数据元组的格式，从而使得处理的监控数据源多样，可扩展性好，方便后续设备的增加。下一层旨在过滤监控数据以删除无用项，减小数据大小并降低复杂性，简化数据查询及处理的流程。汇聚层是整个流计算的核心处理层，需要配置供电中心集群各节点资源来处理前期累积的数据项，该部分的处理全部在集群节点内存中，是与批处理最本质的区别，避免在磁盘中的反复读取环节。最后一层为数据分析层，提供 API 接口给其他架构，可通过机器学习等算法及时为工程人员提供潜在的设备信息，及时进行检修与维护。

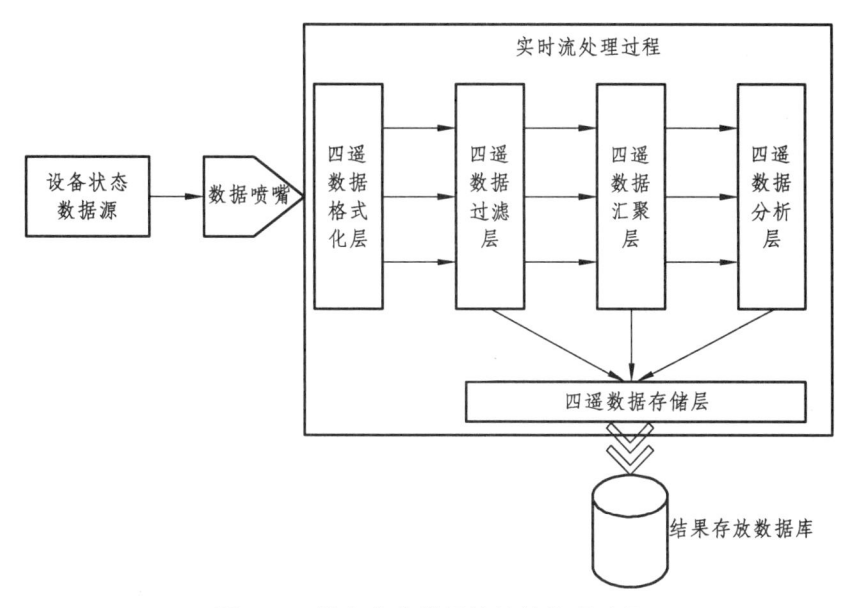

图 2-10 设备状态数据流计算处理过程

早期流式计算的代表产品是 IBM 公司开发的 System S 系统，在灵活性和速度上优于传统系统。而近期在大数据领域异常活跃的当属 Twitter 公司发布的 Storm 计算系统以及阿里在其基础上修改的 JStorm，Yahoo 使用的 S4 系统，柏林理工大学的研究性项目 Flink 和 Twitter 的新产品 Heron。通过表 2-1，对比 Storm、Jstorm、Flink、Heron 这几种典型的流计算模型，突出 Heron 在继承了 Storm 的技术特点外，其低延迟处理及在面对数据洪峰时的自我恢复能力的特点更加突出，是当前铁道供电系统较为可靠的选择[39]。

表 2-1 典型的流计算模型对比

模型参数	Storm	JStorm	Flink	Heron
运行模式	连续	连续	连续/批	连续
响应延迟	百毫秒级	百毫秒级	秒级	百毫秒级
流量	低	中	中	中
底层 API	DAG	DAG	序列	DAG
运行模式	单进程单应用多任务	单进程单应用多任务	单进程多应用多任务	单线程单任务
自我恢复调整	无	无	无	Backpressure
资源利用率	高	高	高	高
开源情况	Apache 开源	Alibaba 部分开源	Apache 开源	Apache 开源

2.2.2 分布式文件系统

分布式文件系统（Hadoop Distributed File System，HDFS）是一种针对分布式集群，通过共享各自的资源空间来存储任何类型的数据，具有高容错性。HDFS 可以跨节点、满足多用户来管理数据，如文件或索引等，因此可以存储或解决数百太字节（TB）甚至 PB 级别的文件，同时其无需高性能计算机来搭建分布式平台，仅使用一般家用或商用机器的硬件配置即可[40-42]。

HDFS 集群一般采用主从结构，如图 2-11 所示，主要角色有主节点、辅助节点、数据节点以及客户端。

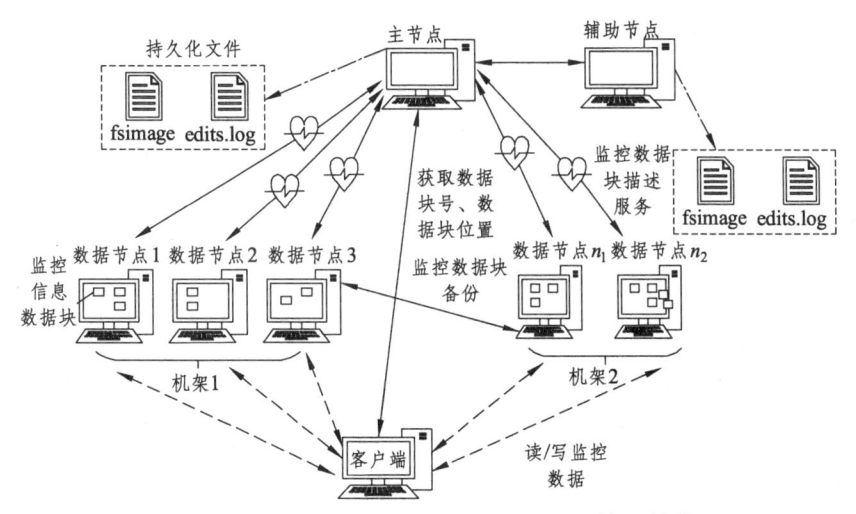

2.2 供电监控海量数据的实时处理技术

图 2-11 Hadoop Distributed File System 体系结构

主节点是一种在 HDFS 实例中运行于单独节点的软件，它主要负责管理 HDFS 文件中的元数据信息，包括文件名、目录名、修改记录等属性信息，以及管理监控数据块与数据节点的索引关系。这些信息以两种日志形式存储在主节点的本地文件系统中，当日志信息达到预设的存储阈值或操作时间，主节点会生成操作日志，为节省主节点的时间和资源，其会在辅助节点中与命名空间镜像文件 fsimage 合并，生成一个新的日志文件 edits.log，之后将 edits.log 再返回主节点替换旧的日志文件，完成一个周期操作。

辅助节点主要是承担合并 edits.log 文件到 fsimage 文件的任务，从而定时更新主节点的 fsimage。而主节点在重启后会读取该命名空间镜像文件 fsimage，减少重启的时间，一般是作为主节点的检查点节点。当主节点宕机时，Hadoop 无法正常启动，而本地数据又暂时无法恢复或需要较长时间恢复，这时辅助节点会将备份的 fsimage 保存到 fs.checkpoint.dir 目录下，辅助恢复主节点。因此为了数据的安全性，需要将主节点和辅助节点分别放在两个内存较大的节点中，便于日志文件的生成和备份。

数据节点是提供真实数据存储的软件服务，在 HDFS 中以数据块形式存储文件（块是系统中读写数据的基本单位），数据节点会将心跳指数定时发送给主节点，一旦超过 3 秒，主节点会默认数据节点死亡，不再将数据发送

025

给该节点；同时通过心跳传输主节点的命令，调用数据节点以执行读写命令。当被客户端或主节点命令时，数据节点会存储和检索数据块，减少主节点的存储量，能够做到从主节点检索数据块地址，在数据节点调用数据块。同时为了保证数据的容错性和安全性，HDFS 实行冗余策略，如图 2-11 所示，这种副本冗余的设置可以将数据副本以合适的方式分布在分布式服务器中，即使机架 1 的某个数据节点失效，机架 2 的副本也可以及时激活，使得主节点能读取到正确的数据信息，同时可以利用机架服务器间的传输带宽读取数据。

客户端在 HDFS 系统中负责提交读写命令，可以使用户忽略集群底层的设计，而且 org.apache.hadoop.fs.FileSystem 包中提供通用的 API 接口，可以降低使用者的门槛，易于管理和访问 HDFS，符合铁道供电数据中心使用者的需求。

HDFS 采用分块策略将本地文件上传到数据节点，如图 2-12 所示。当需要读取文件时，需要先从主节点读取 edit.log 和 fsimage，找到数据块所在的最优数据节点，如图 2-13 所示。

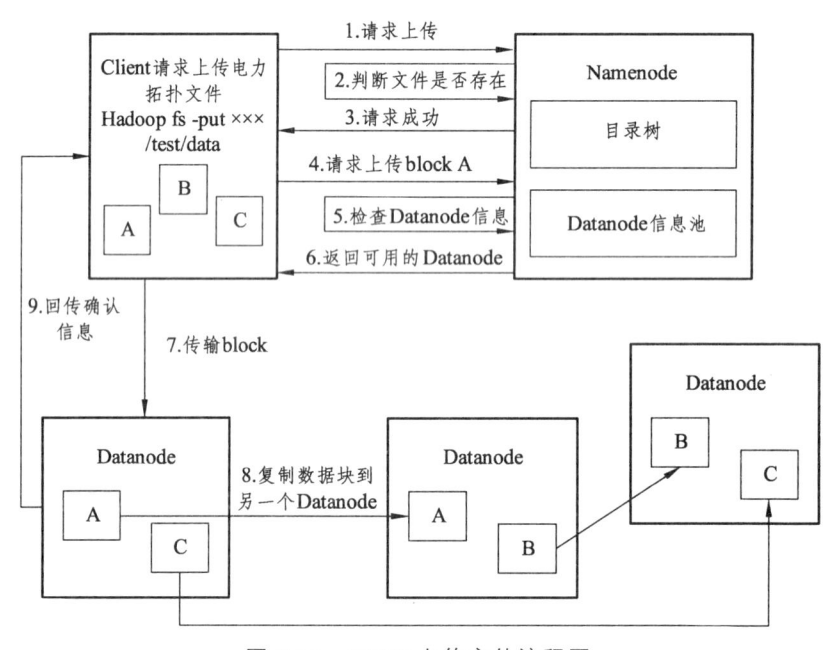

图 2-12　HDFS 上传文件流程图

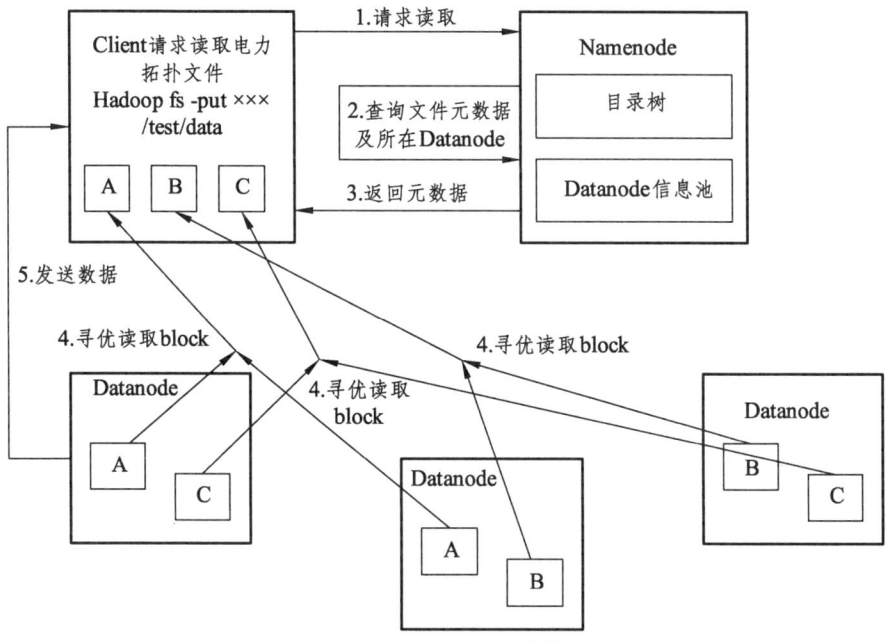

图 2-13　HDFS 读取文件流程图

2.2.3　分布式资源管理框架

由于在集群资源中，各类用户竞争一个资源池，需要引入资源管理框架 Apache Mesos 来管理共享资源。Mesos 是分布式集群资源管理器，可以支持各种分布式系统，包括 Hadoop，Spark，Heron，Storm 等。Mesos 框架为分布式处理系统提供了基于请求的两级调度体系，如图 2-14 所示[43][44]。

Mesos 框架中包括一个 Mesos Master 进程，用来管理 Mesos Slave 的被控守护进程；Mesos Master 还向已注册的框架提供包含可用的资源池（如 CPU，内存，磁盘等）；同时，Mesos 框架根据预先设定的本地调度策略接受或拒绝各个从属节点的请求任务，从而执行分布式集群的资源调度。

Mesos Slave 主要用于收集和操作 Mesos Master 的命令，同时管理当前任务，并为各个节点的任务分配一定的资源。主控进程与从属进程的通信分为以下步骤：各个从属进程将所需资源数上传到主控进程，主控进程再按照调度器（Scheduler）决定将资源如何合理分配。当任务执行后，分配后的资源会放到固定的容器中，达到资源隔离的目的，实现集群容错。

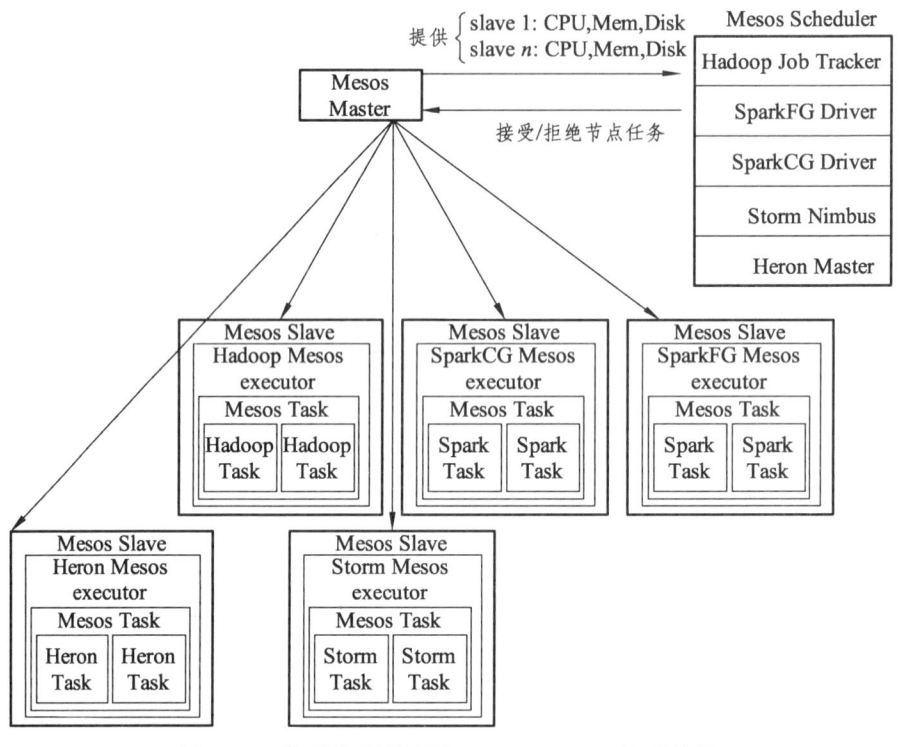

图 2-14 集群资源管理器 Apache Mesos 体系结构

计算框架一般指外部的数据处理系统，如 Hadoop、Storm、Heron、Spark 等。这些计算框架可按照接口适配，以便进行一致的资源分配。此时体现了 Mesos 的两层调度框架结构：第一层为 Mesos 主控进程将资源分配给各个计算框架，为粗粒度分配；第二层为计算框架将分得的资源分配给容器内部的任务。

执行器（Executor）主要用于启动框架内部的任务，每个任务的执行器由于框架不一，因此在接入新的框架时，需要重新编写执行器，以说明 mesos 启动框架中任务的顺序。

如图 2-15 所示，分布式资源管理器 Mesos 运行框架任务的流程：

（1）从机 1 向主服务器汇报当前可用资源为 4 个 CPU 和 4 GB 的内存，然后主服务器调用资源分配模块向激活的框架提供所有可用资源。

（2）主服务器将从机 1 的可用资源发送给已激活框架。

（3）框架的调度程序向主服务器回复当前在从机运行的两个任务信息：任务 1 需要 2 个 CPU 和 1 GB 内存，任务 2 需要 1 个 CPU 和 2 GB 内存。

（4）最后，主服务器将任务发送给从机，从机将适当的资源分配给框架的执行器，执行器再启动两个任务。

当任务完成且空闲资源可用时，会继续重复该流程。

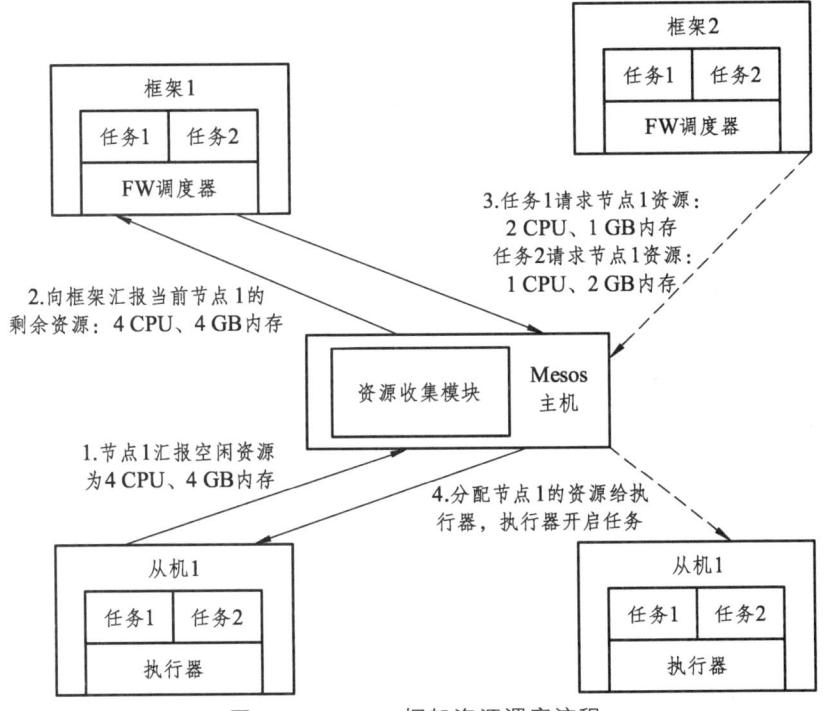

图 2-15 Mesos 框架资源调度流程

2.2.4 基于 Apache Heron 的流处理引擎

1. Heron 的实时流计算处理架构

Heron 的设计目标定位于资源隔离性和高性能，资源隔离可以确保铁道供电监控中心在发生某些查询服务失败时，避免线程阻塞导致大量资源浪费在这个查询，进而导致集群节点宕机。同时，Heron 的架构设计采用主从式，设置 Topology Master 管理铁道集群拓扑的一个周期，确保资源的高吞吐量和低延迟。Heron 的具体架构如图 2-16 所示[45]。

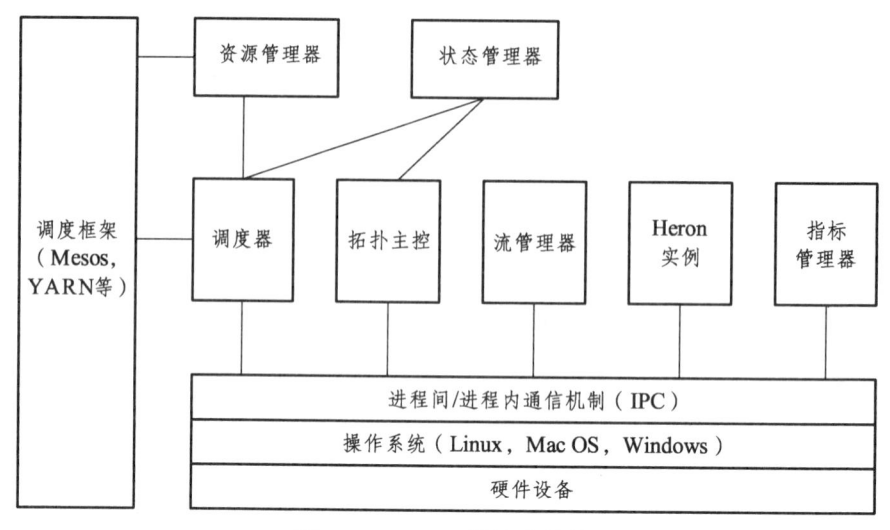

2 铁道供电监控大数据的集群均衡调度方法

图 2-16 Heron 模块化结构

Heron 的架构受到微内核的操作系统的影响，微内核可以将服务与核心剥离开，只添加有选择性的关键服务，同时可以跨平台服务，对于分布式集群的运行具有良好的支持性。与单片架构不同，Heron 由调度器、拓扑主控、流管理器、实例、指标管理器等几个模块组成，模块通过进程间或进程内的通信机制（IPC）进行交互，IPC 机制本质上构成了系统的内核，其他 Heron 模块可按需扩展。

2．Heron 的流计算拓扑结构

如图 2-17 所示，用户使用喷口/螺栓编程模型（Spout/Bolt Model）创建拓扑并将其部署到 Aurora 调度器，该流处理器使用外置通用调度器，从而方便其他调度器在 Heron 上也可以运行，而不是像 Storm 使用 Nimbus（Storm 内嵌调度）进行调度，从而将调度多元化，达到充分利用节点资源的目的。

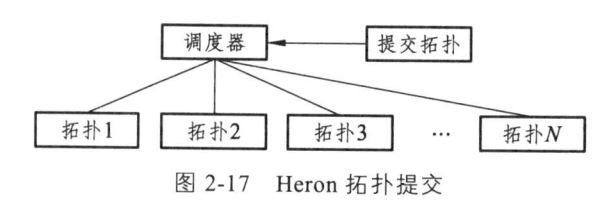

图 2-17 Heron 拓扑提交

2.2 供电监控海量数据的实时处理技术

每个拓扑都是作为 Aurora 作业运行的，拓扑是由几个容器（container）组成的，如图 2-18 所示[46]。其中最重要的是 Topology Mater（TM）容器，它负责管理拓扑的整个健康周期，防止多余的 TM 生成，避免多个线程处理同一个拓扑，同时对外发送信息给属于该拓扑的线程，尽快处理该拓扑。其他的容器里面会运行流处理器（Stream Manager）、指标管理器（Metrics Manager）和许多运行 Spouts/Bolts 逻辑代码的 Heron 实例（Heron Instances），这些容器就是 Aurora 的调度单元，由调度器根据节点的资源可用性进行任务分配。Heron 实例与其他实例进行通信时，均使用可灵活更新数据结构的 Protobuf 协议，Heron 实例与同一容器内的实例通信时，可以走本地通道，耗时最少，但与同一节点的不同容器的实例进行交互时，耗时与资源占用增加，与不同节点的实例进行通信时，开销更大。因此对于数据大量涌入的情况，服务器节点有概率出现调度失效，严重时甚至会出现节点宕机，影响系统的稳定性，故需要引入背压（Backpressure）机制。

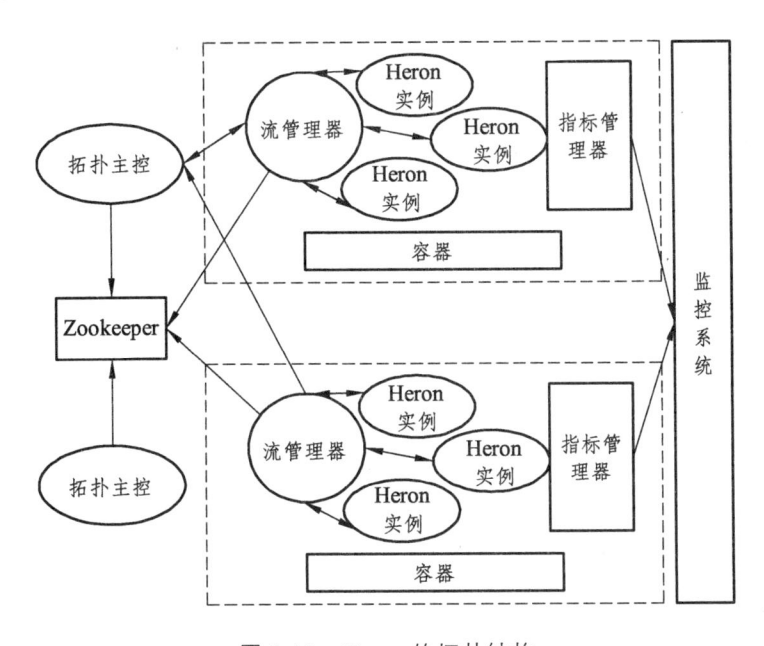

图 2-18　Heron 的拓扑结构

2.2.5 实时处理的背压模型

背压模型基于时间片，通过获取分布式集群中各个计算机节点的待处理队列的长度，计算出互相通信的服务器节点间的最长队列差值，并将其视作链路权值。然后通过链路权值，计算出具有最大权值和的可行链路集，实现在时隙间，将数据从某个节点路由到与之最大队列梯度的通信节点方向。在铁道供电数据中心与现场传感数据的通信网络中，针对数据洪峰，考虑一种适合于多服务组件的排队网络模型，该网络模型可以运行多个拓扑和服务器。我们考虑一个由 L 个节点和 N 个链接组成的通信网络，系统的连通性可以用有向图 $G = (V, E)$ 表示，其中 V 是节点集合，E 是网络链接集合，每个链接对应一个服务器，该服务器为网络链接上的起始节点上的数据提供服务；数据被处理后，会送达下一个目标节点。网络链接的起点和终点分别用 $q(i)$ 和 $h(i)$ 表示。假设数据可以在任意节点进入网络，数据在任意节点经过处理就会离开系统进入下一个拓扑。按数据目的地划分，有 j 个客户类别，每一类的目标节点为 V_j，在每个节点 l，所有的消息队列都需要排队，在每个时隙 t，新的数据可以到达网络，同时数据分配到节点，节点 l 做出路由和调度决策将数据传递到相对应的目的地[47]。

考虑具有 N 个节点的网络，在时隙 $t \in \{0,1,2,\cdots,n\}$ 操作。背压算法将数据包划分为不同的类别，称为一种商品。将发往节点的数据记为商品 $c \in \{1,2,\cdots,n\}$，令 $Q_n^{(c)}(t)$ 表示时隙 t 内，节点 n 上 c 类商品的队列长度。

若 $c = n$，则

$$Q_n^{(c)}(t) = 0 \qquad (2-1)$$

上式代表节点没有存储目的地为自身的商品（数据包）。

在时隙 t，每个节点都可以将数据传输到其他节点，同时数据将从上一个节点删除，转而添加到第二个节点的队列。令矩阵 $\mu_{ab}(t)$ 代表在时隙 t 上通过 (a,b) 链路的传输速率，矩阵中的值是一些随时间变化的传输速率。具体来说，网络中有着随时间变化的信道和节点的可移动特性，会对每个时隙的传输能力造成影响。设定 $S(t)$ 为网络的拓扑状态，即时隙 t 上影响传输的网络属性，$\varGamma_{s(t)}$ 表示在拓扑状态 $S(t)$ 下可用的传输速率集。在每个时隙 t，网络流量控制器根据 $S(t)$ 选择传输速率 $\mu_{ab}(t)$。

在背压算法中，针对每个时隙 t 的决策一般分为三步：首先，对于任意链路（a,b），选择最佳的数据集（商品）$C_{ab}^{opt}(t)$ 来传输；其次，在传输速率集 $\varGamma_{s(t)}$ 中选择合适的矩阵 $\mu_{ab}(t)$；最后，确定链路（a,b）所传输的数据集（最大速率为 $\mu_{ab}(t)$）。

1．对于任意链路（a,b），选择最佳的数据集（商品）$C_{ab}^{opt}(t)$

每个节点观察自己的队列积压以及邻近节点的队列积压。一般地，一个节点有 $n-1$ 个邻近节点，但是 $\varGamma_{s(t)}$ 会根据传输距离或者传输信号的强度选择少于 $n-1$ 的邻居节点。以图 2-19 为例，数据集可以从任一节点进入，能够直接互相通信的 5 与 6、4 与 5、4 与 6 均为邻近节点。

铁道供电中心数据集

时间	设备类型	设备位置	采样值
2018-11-20 00:00:196	3	02003k3-Ia	14.417 58
2018-11-20 00:00:196	5	020058	0.000 00
2018-11-20 00:00:196	14	020143	6.424 00
…	…	…	…
2018-11-20 00:00:196	9	020092	10 000.641 00
2018-11-20 00:00:196	9	020094	5.951 40

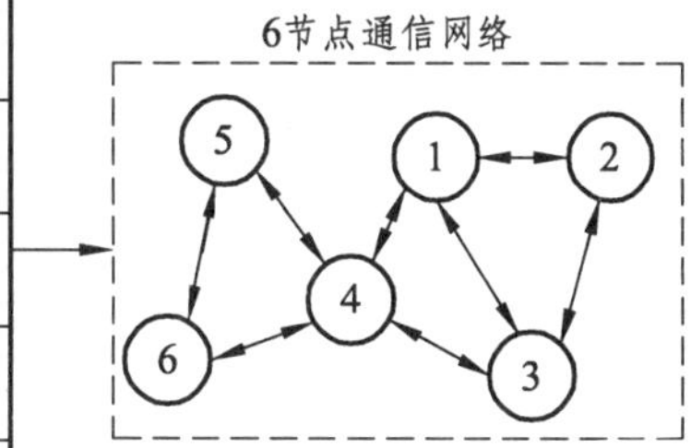

图 2-19　6 节点通信网络

一系列的邻近节点可以确定当前时隙 t 所组成的链路集，时隙 t 下，在 $c \in \{1,2,\cdots,n\}$ 时，最佳的数据集（商品）$C_{ab}^{opt}(t)$ 的队列积压差量为

$$Q_a^{(c)}(t) - Q_b^{(c)}(t) \quad (2\text{-}2)$$

如图 2-20 所示例子，在节点 A 与节点 B 中，分别有三组队列，链路 (A,B) 中每个队列的积压差量为

$$Q_A^{(1)}(t) - Q_B^{(1)}(t) = 1 \quad (2\text{-}3)$$

$$Q_A^{(2)}(t) - Q_B^{(2)}(t) = 2 \quad (2\text{-}4)$$

$$Q_A^{(3)}(t) - Q_B^{(3)}(t) = -1 \quad (2\text{-}5)$$

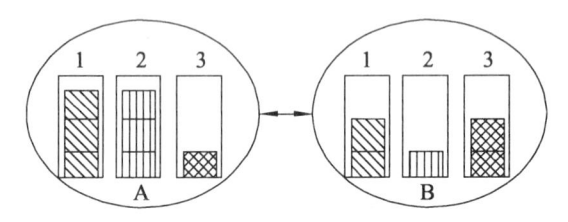

图 2-20　邻近节点队列状态

因此可以通过链路 (A,B) 发送的最佳数据集为 2；与之对应，通过链路 (B,A) 发送的最佳数据集为 3。

2．选择最优链路 $\pi(t)$

一旦确定了每个链路 (a,b) 传输的最佳数据集后，每条链路的权重 $W_{ab}(t)$ 为

$$W_{ab}(t) = \max\left[Q_a^{\left(C_{ab}^{opt}(t)\right)}(t) - Q_b^{\left(C_{ab}^{opt}(t)\right)}(t), 0 \right] \quad (2\text{-}6)$$

在所有可调度的链路集合 Γ 中选择最优链路 $\pi(t)$：

$$\pi(t) = \arg\max_{\pi \in \Gamma} \sum_{a,b} \mu_{ab}(t) W_{ab}(t) \quad (2\text{-}7)$$

其中，$\mu_{ab}(t)$ 为链路 (a,b) 的传输速率。

3．选择路由路径

假设时隙 t 下，链路 (a,b) 已经确定了最佳数据集 $C_{ab}^{opt}(t)$ 以及传输速率 $\mu_{ab}(t)$。如果链路 (a,b) 上最佳数据集的队列积压差量为负，则该时隙

t 没有数据通过该链接；否则，网络将以 $\mu_{ab}(t)$ 传输数据集：

$$\mu_{ab}^{(c)}(t) = \begin{cases} \mu_{ab}(t), & C = C_{ab}^{opt}(t) \text{ and } Q_a^{C_{ab}^{opt}(t)}(t) - Q_a^{C_{ab}^{opt}(t)}(t) \geq 0 \\ 0, & otherwise \end{cases} \quad (2\text{-}8)$$

当节点的队列积压没有足够的数据量来支撑数据集 c 的速率，即

$$Q_n^{(c)}(t) < \sum_{b=1}^N \mu_{nb}^{(c)}(t)$$

这时会产生队列下溢，即数据发送了所有的 $Q(t)$ 并使用空数据填补了速率的额外部分。这时的溢出情况并不会影响网络的吞吐量和稳定性，反而说明队列积压量较少，说明节点比较健康。

2.2.6 小 结

本节先分析海量数据的处理技术有三类：批计算、微批计算和流计算，并分别阐述对比各项技术的优劣特性和适用的数据对象，从而分析得到流计算较适合铁道供电数据的实时计算。

接下来分析目前主流的流计算系统，Heron 的系统架构从底层体现了该处理系统的容错特性，资源利用率更好；Heron 可以使用喷口/螺栓编程模型创建拓扑并将其部署到 Aurora 调度器，并引入了背压机制来应对数据洪流。

2.3 铁道供电监测中心的实时处理集群设计

针对铁路供电调度监控中心海量监测数据的处理延迟越来越大、服务器队列任务不均衡的问题，搭建以 Heron 流计算模块为核心的铁道供电中心监测原型系统，对监测系统的整体架构进行深入研究，同时对各个功能模块进行设计。

2.3.1 铁道供电中心监测处理的集群架构

铁道供电数据中心监测原型系统以三类调度监控信息流（一是现场传感器或终端采集得到的状态数据，二是远程操作命令或额定阈值及报警参数，三是历史数据流包括事件记录及报警时间）为处理对象，通过 HDFS 保存拓扑文件并将文件分发给各个工作节点，为分布式协调计算提供基础。调度部分由 Apache Mesos 以及 Apache Aurora 作为集群框架，基于多资源多平台调度，为实时电力数据的连续流计算提供资源保证，满足基于不同数据源的不同策略控制。最后在实时流处理部分，主要由以 Heron 为核心的多线程并行处理系统构成，提高了应对线路供电突发事件的处理能力，满足铁道供电对于处理数据实时性的要求。铁道供电监测数据实时流处理系统的数据处理过程如图 2-21 所示。

2.3.2 铁道供电监测数据的实时处理子系统

采用以 Apache Heron 为框架的原型系统对铁道供电监测数据进行处理，流计算的 Spout 由数据库数据或结构化表的纯文本序列作为数据来源，将数据进行预处理之后分类提交给不同的 Bolt（计算程序中的运算或者函数）进行计算处理，同时根据拓扑集群的主控节点将 Bolt 交由不同的从属节点进行并行处理，从而提高数据的整体处理效率和负载均衡程度[48]。

流计算分布式集群采用工程现场实际设置的两台 SCADA 数据节点服务器和双机冗余的主备调度节点计算机，建立 1 个由 1 个主控节点和 3 个从属节点组成的铁路供电四机调度监控集群，其配置如图 2-22 所示。

因 Apache Heron 适用于 Linux 系统下，因此操作系统采用以桌面应用为主的 Linux 系统——Ubuntu_x64，其界面操作方便，可帮助调度中心的操作员较快掌握系统，同时其开源社区可以解决出现的安全漏洞，安全性与可靠性较高。在安装核心应用 Heron 之前，系统软件方面需要安装能够编译 Java 程序的 Java Development Kit（JDK），易于管理数据的分布式应用程序协调服务的 Zookeeper，提取可用计算资源的分布式系统内核 Mesos，基于 Mesos 框架的多进程管理器 Aurora 以及分发拓扑任务的分布式数据管理器 HDFS，架构如图 2-23 所示。

2.3 铁道供电监测中心的实时处理集群设计

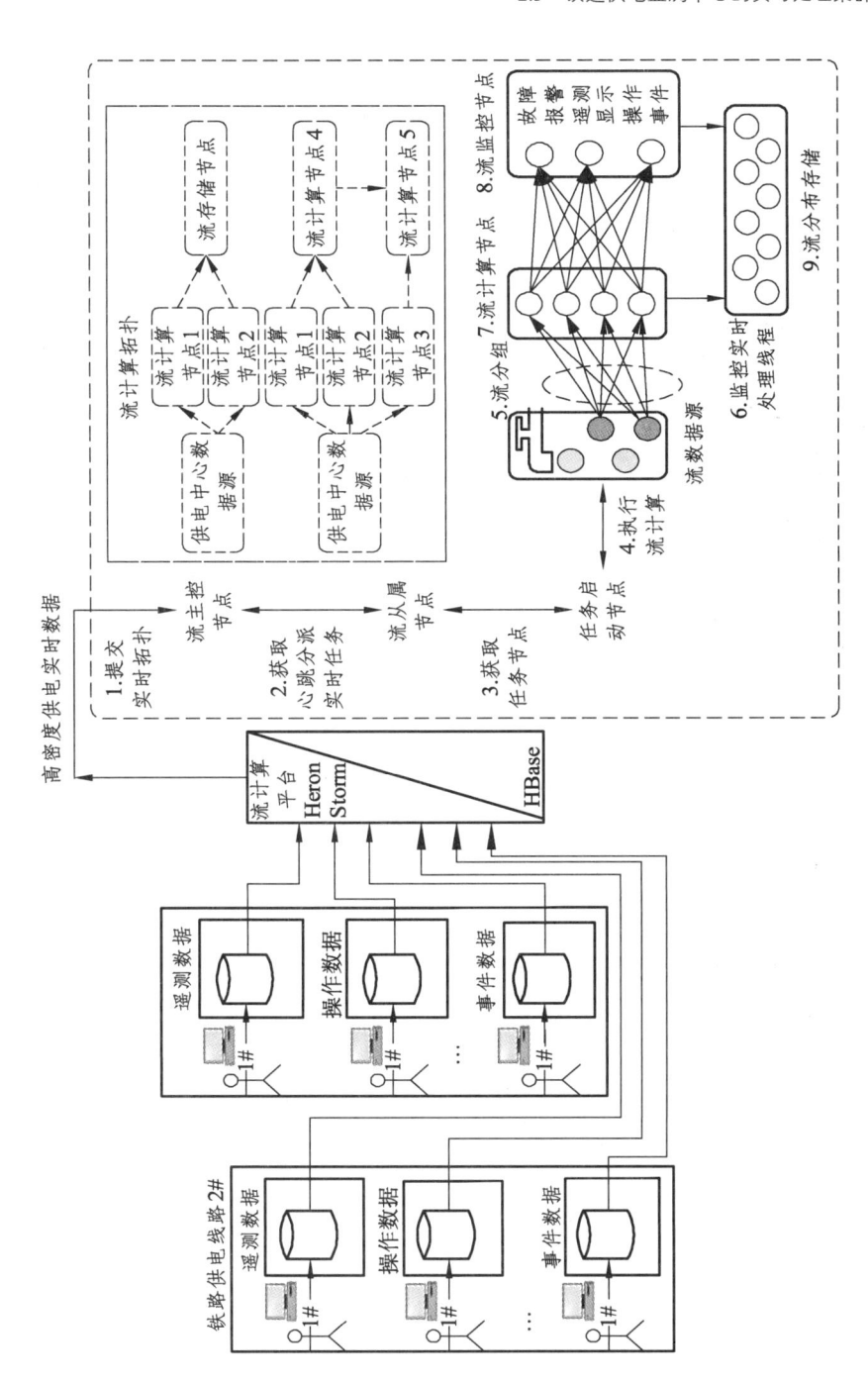

图 2-21 铁道供电监测数据实时流处理平台

2 铁道供电监控大数据的集群均衡调度方法

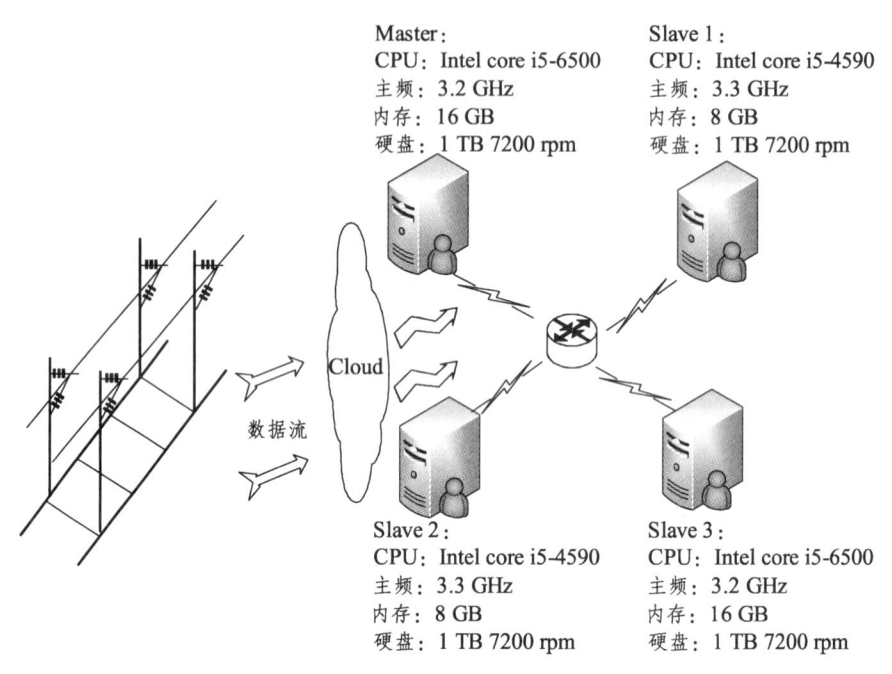

Master：
CPU：Intel core i5-6500
主频：3.2 GHz
内存：16 GB
硬盘：1 TB 7200 rpm

Slave 1：
CPU：Intel core i5-4590
主频：3.3 GHz
内存：8 GB
硬盘：1 TB 7200 rpm

Slave 2：
CPU：Intel core i5-4590
主频：3.3 GHz
内存：8 GB
硬盘：1 TB 7200 rpm

Slave 3：
CPU：Intel core i5-6500
主频：3.2 GHz
内存：16 GB
硬盘：1 TB 7200 rpm

图 2-22　铁道供电监测数据流计算集群

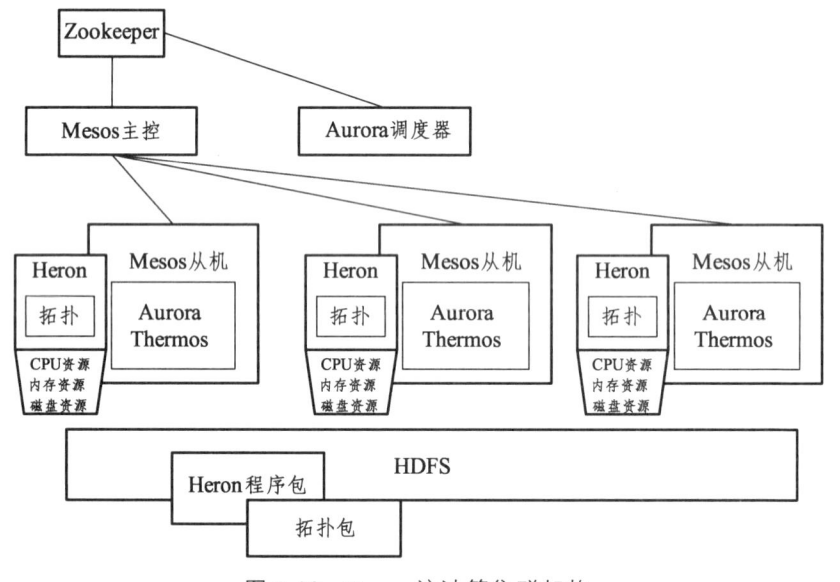

图 2-23　Heron 流计算集群架构

集群安装及配置的主要过程如图 2-24 所示。

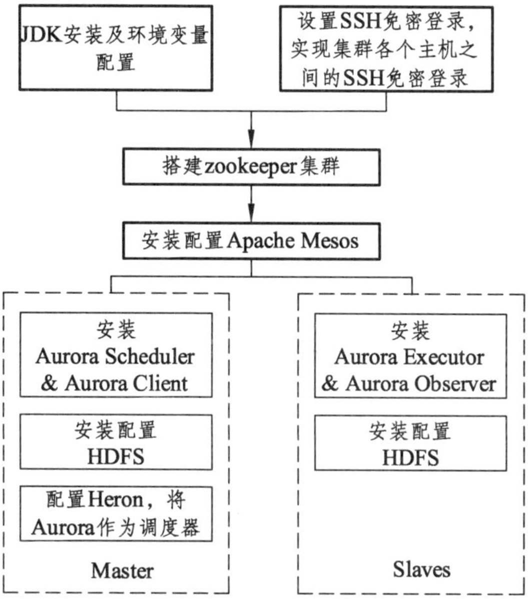

图 2-24 集群安装的主要过程

1．分布式流计算节点网络配置

关闭防火墙：

 1. sudo ufw status //查看防火墙状态

 2. sudo ufw disable //关闭防火墙

在/etc/hosts 文件中修改各节点的主机名以及 IP 地址，建立节点间的局域网：

 3. 192.168.2.102 heron01

 4. 192.168.2.101 heron02

 5. 192.168.2.104 heron03

 6. 192.168.2.103 heron04

为加速连接铁道供电数据中心监测集群中的各计算机，省略数据传输过程中输入用户名和密码的过程，配置了适用于安全传输的 SSH 协议并完成了多机之间的免密登录。以下为 Heron01 与 Heron02 之间的 SSH 免密登录示例，需要注意集群内各个节点均需要双向 SSH 基于密钥的免密登录。

7. sudo apt install openssh-server //安装ssh

8. sudo service ssh start //开启ssh

9. ssh-keygen -t rsa //生成key

10. cat ./id_rsa.pub >> ./authorized_keys //将公钥添加至authorized_keys

11. ssh-copy-id lin@heron02 //将密钥复制到heron02，建立信任关系

12. ssh heron02 //从heron01登陆到heron02

13. 结果：

14. Welcome to Ubuntu 16.04.3 LTS (GNU/Linux 4.13.0-32-generic x86_64)

15. * Documentation: https://help.ubuntu.com

16. * Management: https://landscape.canonical.com

17. * Support: https://ubuntu.com/advantage

18. 159 packages can be updated.

19. 0 updates are security updates.

2．JDK 的安装

由于监控集群的各个节点需要部署 Java 应用程序，因此需要在 Oracle 官网下载 JDK 来构建 Java 的开发环境并且在系统文件/etc/profile 或配置 ~/.bashrc 环境变量，如下所示：

20. export JAVA_HOME=/usr/local/jdk1.8.0_144

21. export JRE_HOME=${JAVA_HOME}/jre

22. export CLASSPATH=.:${JAVA_HOME}/lib:${JRE_HOME}/lib

23. export PATH=${JAVA_HOME}/bin:$PATH

2.3 铁道供电监测中心的实时处理集群设计

结果如图 2-25 所示，即为配置成功。

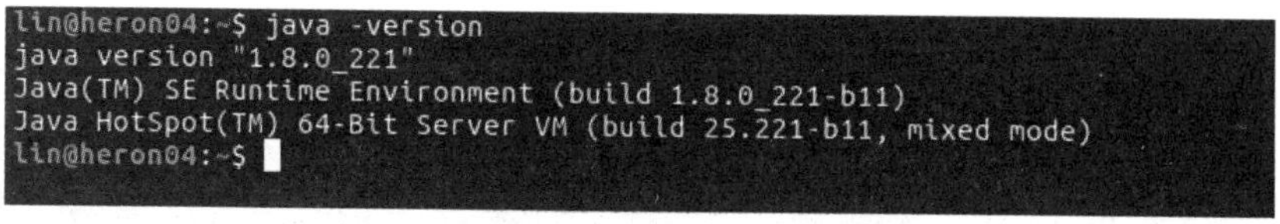

图 2-25　终端配置成功示意图

3．分布式应用程序协调服务 Zookeeper 的配置

本次集群 Zookeeper 采用的是 3.4.10 稳定版本，将 zookeeper-3.4.10.tar.gz 解压到合适文件夹后，修改 zoo.cfg 文件，使得四个节点在同一个 quorum 中提供相同的服务，并在 myid 文件中写入各自节点的标注 server.X。

24. tickTime=2000　　　　　　　　//zookeeper的时间单元

25. dataDir=/home/lin/zookeeper/dataDir

26. dataLogDir=/home/lin/zookeeper/logDir　//固定日志文件，当zk出错时及时排查

27. clientPort=2181　　　　　　　//客户端与服务端的通信端口

28. initLimit=5

29. syncLimit=2

30. /*

31. server.X=IP:port1:port2

32. 第一个端口（port1）是从follower连接到leader机器的端口，第二个端口（port2）是用来进行leader选举时所用的端口*/

33. server.1=heron01:2888:3888

34. server.2=heron02:2888:3888

35. server.3=heron03:2888:3888

36. server.4=heron04:2888:3888

安装成功后，各节点通过内置选举机制，选出主控节点（leader）、从

属节点（follower），如图 2-26 所示。

图 2-26　Zookeeper 各节点状态

4．分布式系统内核 Mesos 的安装与配置

在分布式监控集群的 4 个节点下载 mesos-1.4.1，并下载相关的依赖库，为 Mesos 的编译做准备。在进行编译时，Mesos 的安装占用 CPU 的资源较多，要注意将节点的 CPU 资源尽可能预留，否则会造成核心数或内存不够导致的编译失败。具体操作命令如下：

37. sudo apt-get install -y openjdk-8-jdk　　　　//安装openJDK

38. sudo apt-get install -y autoconf libtool　　　　//安装autotool

39. sudo apt-get -y install build-essential python-dev python-six python-virtualenv libcurl4-nss-dev libsasl2-dev libsasl2-modules maven libapr1-dev libsvn-dev zlib1g-dev

//安装Mesos的依赖库

40. /*编译Mesos*/

41. mkdir build

42. cd build　　　　　　　　　　　//新建build文件夹并设为目标文件夹

43. ../conFig. --prefix=/home/lin/mesosinstall/　　//确定mesos的安装路径

44. make –j 3

45. make install –j 3　　　　　　　// 确定编译占用的CPU核心数

2.3 铁道供电监测中心的实时处理集群设计

在 4 个节点重复该 Mesos 配置过程后，对集群中节点安排角色，在 Heron03 节点创建 Masters 配置文件，在其余三个节点创建 Slaves 配置文件，并且在主节点 Heron03 修改 mesos-master-env.sh，在从属节点修改 mesos-slave-env.sh 及 mesos-agent-env.sh，在系统配置文件/etc/profile 中添加 Mesos 环境变量，如下所示：

46. /*主节点配置文件*/

47. export MESOS_log_dir=/home/lin/mesosdata/log　　　　//设置日志缓存文件夹

48. export MESOS_work_dir=/home/lin/mesosdata/data　　//设置工作数据文件夹

49. export MESOS_ZK=zk://heron01:2181,heron02:2181,heron03:2181,heron04:2181/mesos　　//各节点的zookeeper接口地址，要与之前配置的zookeeper一致

50. export MESOS_quorum=1 # 在使用zookeeper时必须设置　　　　//使用基于replicated-Log的注册表时，复制的份数

51. /*从属节点配置文件*/

52. export MESOS_master=heron03:5050　　　　//master所在的IP地址以及默认端口号5050

53. export MESOS_log_dir=/home/lin/mesosdata/log

54. export MESOS_work_dir=/home/lin/mesosdata/run

55. /*环境变量*/

56. export MESOS_HOME=/home/lin/mesosinstall　　　　//mesos编译后的文件
57. export PATH=${MESOS_HOME}/sbin:${MESOS_HOME}/bin:$PATH

启动 Mesos 后，由于其采用浏览器/服务器架构模式（B/S 模式），可以在任意节点的浏览器输入 http：//heron03：5050 查看 Mesos 当前探查到可分配的资源总数，为后续合理调度资源提供了数据支撑，示例如图 2-27 所示。

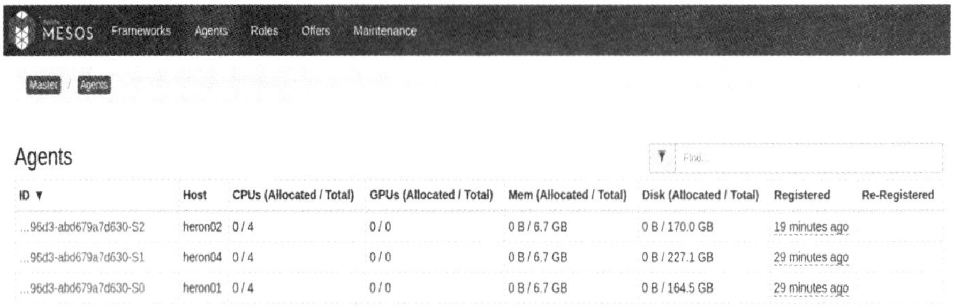
MESOS
Frameworks
Agents
Roles
Offers
Maintenance
Master / Agents
Agents
Find...
ID ▼
Host
CPUs (Allocated / Total)
GPUs (Allocated / Total)
Mem (Allocated / Total)
Disk (Allocated / Total)
Registered
Re-Registered
...96d3-abd679a7d630-S2 heron02 0 / 4 0 / 0 0 B / 6.7 GB 0 B / 170.0 GB 19 minutes ago
...96d3-abd679a7d630-S1 heron04 0 / 4 0 / 0 0 B / 6.7 GB 0 B / 227.1 GB 29 minutes ago
...96d3-abd679a7d630-S0 heron01 0 / 4 0 / 0 0 B / 6.7 GB 0 B / 164.5 GB 29 minutes ago

图 2-27 Mesos Agents 可调配资源图

5. 服务调度程序 Aurora 的安装

Aurora 是在 Apache Mesos 之上运行的服务调度程序，能够支持常驻服务，对于铁道供电监控中心来说可以提供更充足的节点资源，并且可以实时检测各节点的健康状况。与前面的部件不同，主节点 Heron03 和从属节点 Heron01、Heron02、Heron04 要安装不同的 Aurora 组件。

在主节点 Heron03 安装 Aurora Scheduler_0.17.0 并修改 scheduler 配置文件，实现资源隔离，具体修改如下：

```
58. sudo add-apt-repository -y ppa:openjdk-r/ppa
59. sudo apt-get update
60. sudo apt-get install -y openjdk-8-jre-headless wget                //安装openjdk
61. sudo update-alternatives --set java /usr/lib/jvm/java-8-openjdk-amd64/jre/bin/java    //设置openjdk为第一选择
62. wget -c https://apache.bintray.com/aurora/ubuntu-trusty/aurora-scheduler_0.17.0_amd64.deb    //下载aurora-scheduler
63. sudo dpkg -i aurora-scheduler_0.17.0_amd64.deb                //dpkg安装deb包
```

修改 scheduler 文件中 LIBPROCESS_IP、ZK_ENDPOINTS、MASTERS_IP。

2.3 铁道供电监测中心的实时处理集群设计

64. LIBPROCESS_PORT=8083
65. LIBPROCESS_IP=192.168.2.104   //设置用于与libprocess进行通信的IP
ZK_ENDPOINTS="heron03:2181"   //重新设置ZK_ENDPOINTS
66. THERMOS_EXECUTOR_FLAGS="--announcer-ensemble 192.168.2.104:2181" //将MASTER_IP换成了Heron03

如图 2-28 所示，Aurora 的 URL：http：//heron03：8081 为 B/S 的浏览器界面，有功能插件可以查看资源的利用率以及各节点的计划任务。

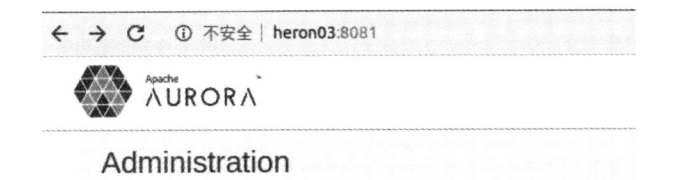

```
← → C  ⓘ 不安全 | heron03:8081

Apache
AURORA

Administration

Enduser Interface

/mname
/scheduler
/updates

Cluster Overview

/agents
/cron
/maintenance
/offers
/pendingtasks
/quotas
/tiers
/utilization
```

图 2-28 Aurora Scheduler 界面

在从属节点安装 Aurora Executor 和 Observer，Executor 负责执行.aurora 文件中记录的工作任务，并定时对执行任务的运行状况检查，Observer 提供 Agent 在浏览器的访问能力，图像化显示集群监控节点的运行状态。安装及配置过程如下，从机运行结果如图 2-29、图 2-30 所示。

67. sudo apt-get install -y python2.7 wget　　　//安装必需的python2.x以及wget
68. sudo apt-get -y install libcurl4-nss-dev　　//安装相关库
69. wget -c https://apache.bintray.com/aurora/ubuntu-trusty/aurora-executor_0.17.0_amd64.deb

//下载aurora-executor

70. sudo dpkg -i aurora-executor_0.17.0_amd64.deb　　//dpkg安装executor

Agent Hosts

Host	Agent ID	Maintenance mode	Attributes
heron01	03020d65-2ab1-4b26-96d3-abd679a7d630-S0	NONE	
heron04	03020d65-2ab1-4b26-96d3-abd679a7d630-S1	NONE	
heron02	03020d65-2ab1-4b26-96d3-abd679a7d630-S2	NONE	

图 2-29　Agent Hosts 运行状态

图 2-30　每个从属节点的 Task 任务

如图 2-31 所示，在 Mesos 的 5050 端口也可以看到框架为 Aurora 的资源利用，可以看到框架目前的活跃任务、CPU、内存以及磁盘的利用率。

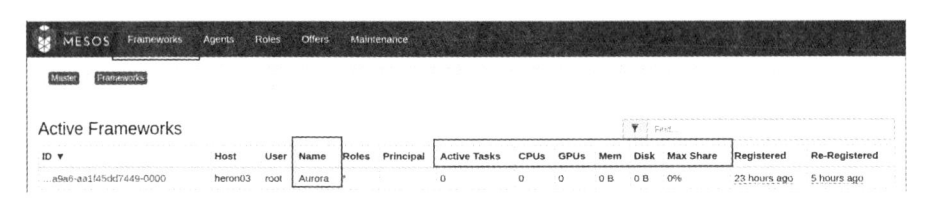

图 2-31　Mesos Framework 界面

6．分布式文件系统 Hadoop 配置

此处采用 Hadoop2.7.6 版本进行安装配置，对 HDFS 的三个配置文件

2.3 铁道供电监测中心的实时处理集群设计

进行修改，结果如下：

```
</configuration>
1.      /*         在slaves文件中添加从属节点        */
2.      heron01
3.      heron02
4.      heron04
5.
6.      /*         在core-site.xml文件添加地址         */
7.
8.      <configuration>
9.        <property>
10.         <name>hadoop.tmp.dir</name>
11.         <value>file:/home/lin/hadoop/hadoop-2.7.6/tmp</value>     //设置缓存文件夹
12.         <description>Abase for other temporary directories.</description>
13.       </property>
14.       <property>
15.         <name>fs.defaultFS</name>
16.         <value>hdfs://heron03:9000</value>          //更改为主节点的IP
17.       </property>
18.     </configuration>
19.
20.     /*         配置hdfs-site.xml           */
21.     <configuration>
22.       <property>
23.         <name>dfs.namenode.secondary.http-address</name>
24.         <value>heron03:50090</value>
25.       </property>
26.       <property>
27.         <name>dfs.replication</name>
28.         <value>1</value>
29.       </property>
30.       <property>
31.         <name>dfs.namenode.name.dir</name>
32.         <value>file:/home/lin/hadoop/hadoop-2.7.6/tmp/dfs/name</value>
33.       </property>
34.       <property>
35.         <name>dfs.datanode.data.dir</name>
36.         <value>file:/home/lin/hadoop/hadoop-2.7.6/tmp/dfs/data</value>
37.       </property>
38.     </configuration>
```

其余从属节点也一并更改这三个文件，将 namenode.secondary 和默认文件系统的地址更改为 Heron03 所在的 IP 地址，同时在各个节点设置元信息目录和将 HDFS 文件系统的数据设置为 /home/lin/hadoop/hadoop-2.7.6。完成以上步骤后，在所有主机初始化 HDFS，并在主节点启动 HDFS 集群，在 URL：http：//heron03：50070 查看集群状态，启动后界面如图 2-32 所示。

2　铁道供电监控大数据的集群均衡调度方法

In operation

Node	Last contact	Admin State	Capacity	Used	Non DFS Used	Remaining	Blocks	Block pool used	Failed Volumes	Version
heron02:50010 (192.168.2.101:50010)	0	In Service	174.99 GB	28 KB	14.63 GB	151.45 GB	0	28 KB (0%)	0	2.7.6
heron01:50010 (192.168.2.102:50010)	0	In Service	169.54 GB	28 KB	16.57 GB	144.33 GB	0	28 KB (0%)	0	2.7.6
heron04:50010 (192.168.2.103:50010)	2	In Service	232.08 GB	28 KB	173.76 GB	46.5 GB	0	28 KB (0%)	0	2.7.6

Hadoop　Overview　Datanodes　Datanode Volume Failures　Snapshot　Startup Progress　Utilities

Overview 'heron03:9000' (active)

Started:	Thu Dec 19 09:07:20 CST 2019
Version:	2.7.6, r085099c66cf28be31604560c376fa282e69282b8
Compiled:	2018-04-18T01:33Z by kshvachk from branch-2.7.6
Cluster ID:	CID-8ceb79bd-297f-4205-a1ed-c4ab9aec282a
Block Pool ID:	BP-137817903-192.168.2.104-1576717620923

图 2-32　Hadoop 启动界面

2.3.3　分布式实时流处理平台

在完成之前子系统的安装后，以 Aurora 作为调度程序部署在集群中，以 zookeeper 跟踪拓扑的状态，包括其逻辑计划、物理计划以及执行状态，同时以分布式文件系统将拓扑的 jar 文件分发到各从属节点。最后在搭建好的集群框架下，再在用于提交拓扑的主控节点 Heron03 中安装 Heron 系统，安装过程如下所示：

71. wget https://github.com/twitter/heron/releases/download/0.17.5/heron-install-0.17.5-ubuntu.sh　　//从github下载heron0.17.5

72. chmod +x heron-install-0.17.5-ubuntu.sh　　//改变文件的读写许可

73. ./heron-install-0.17.5-ubuntu.sh --user　　//运行安装脚本

在主控节点 Heron03 安装完成后，需要将文件夹共享到其他节点，同时将之前安装的分布式子系统的接口添加到 Heron 的配置文件中。将 Zookeeper 的地址写入 statemgr.yaml：

74. heron.class.state.manager: com.twitter.heron.statemgr.zookeeper.curator.CuratorStateManager //将本地状态管理器换为zookeeper

75. heron.statemgr.connection.string: "heron03:2181" //这里配置zookeeper所在主机的的IP

76. heron.statemgr.root.path: "/heron" //State manager的root路径，在配置heron_tracker.yaml中会用到

77. heron.statemgr.localfs.is.initialize.file.tree: True

将 Aurora Scheduler 作为调度程序，修改原调度文件 scheduler.yaml 为：

78. heron.**class**.scheduler:com.twitter.heron.scheduler.aurora.AuroraScheduler //分发拓扑的调度器

79. heron.**class**.launcher:com.twitter.heron.scheduler.aurora.AuroraLauncher //提交和启动拓扑的程序

80. heron.directory.sandbox.java.home:/usr/local/jdk1.8.0_144 //java位置

81. heron.scheduler.is.service:False   //调用库

将 HDFS 作为拓扑的上传器，HDFS 提供可扩展机制来分发任务，将上传器的配置文件 uploader.yaml 修改如下

82. heron.**class**.uploader:"com.twitter.heron.uploader.hdfs.HdfsUploader" //用于将拓扑jar/tar文件传输到存储的uploader类

83. heron.uploader.hdfs.config.directory: "/home/lin/hadoop/hadoop-2.7.6/etc/hadoop" //为本地文件系统上载程序上载拓扑的目录的名称

84. heron.uploader.hdfs.topologies.directory.uri: "/heron/topologies/${CLUSTER}" //hdfs文件系统中的路径

2.3.4　铁道供电监测数据拓扑

拓扑编程模型的组件主要包括 Spout 和 Bolt，Spout 是监控拓扑流的来源，一般从外部数据源（SCADA 数据表）中读取数据，然后转化为拓扑内部的源数据，接口函数采用 nextTuple（），调用此函数，就可以从外部数据生成拓扑源数据。

而 Bolt 是拓扑中进行数据处理的环节，Bolt 可以对某线路上重要配电

2 铁道供电监控大数据的集群均衡调度方法

所的监测电压、电流、温度、湿度和线材磨损的传感器进行越限值监测，将得到的结果传输到监控系统界面并存储到数据库当中，如图 2-33 所示。

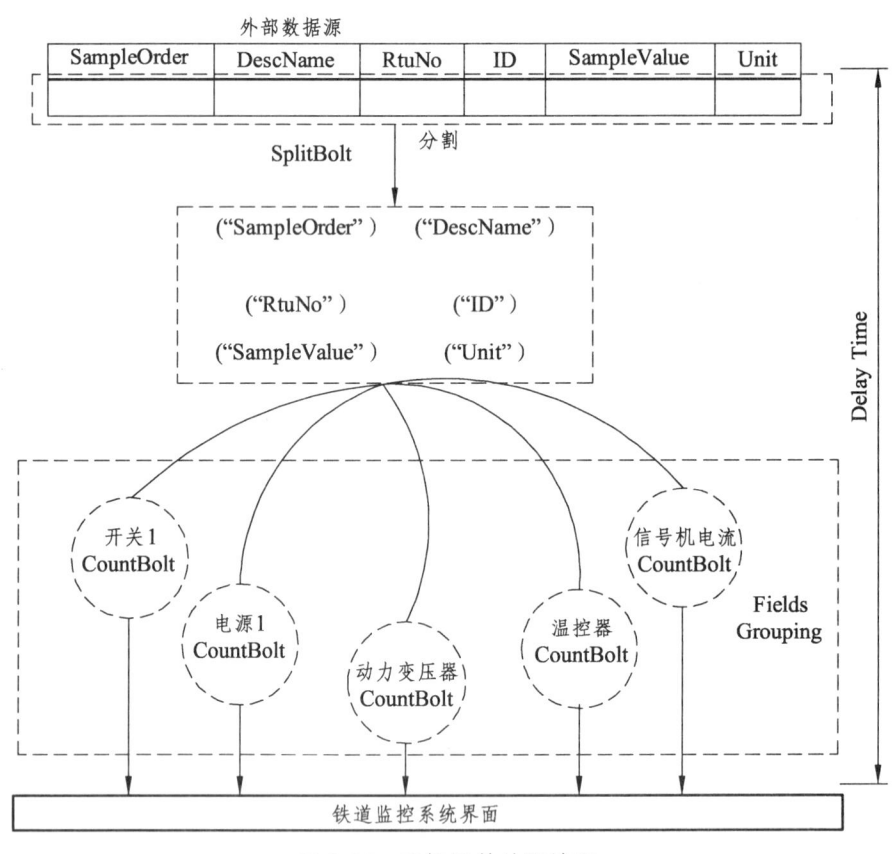

图 2-33 监控拓扑处理流程

使用 IntellJ IDEA 和 Maven 建立以 Java 语言为基础的流式拓扑，拓扑实现通过如图 2-34 所示的步骤进行关键代码的开发，同时可以在拓扑当中调整并行度。

（1）使用 new 关键字创建拓扑生成器 TopologyBuilder，用于指定执行的拓扑，可以调用 setSpout 函数对监测数据 Spout 进行设置，调用 setBolt 函数对数据处理 Bolt 进行设置。

2.3 铁道供电监测中心的实时处理集群设计

流程	代码
导入工具包	import com. twitter. heron. api. Config; import com. twitter. heron. api. HeronSubmitter; …
创建拓扑生成器对象（Topology Builder）	import com. twitter. heron. api. topology. TopologyBuilder; Topology Builder builder=new TopologyBuilder();
添加监测数据Spout组件（DateSourceSpout）	builder. setSpout("Data Source Spout", new DataSourceSpout(), Parallelism);
添加切割数据组件（SplitBolt）	builder. setBolt("SplitBolt", new SplitBolt()), shuffleGrouping("DataSourceSpout");
添加数据越限等功能组件（LimitBolt）	builder. LimitBoit("LimitBolt", new LimitBolt()). ShuffleGrouping("DataSourceSpout");
添加计数组件（CountBolt）	builder. setBolt("CountBolt", new CountBolt()). shuffleGrouping("SplitBolt");

设置集群对象相关参数	Config conf =new Config();
	conf. put(Config. TOPOLOGY_WORKERS, num);
	conf. put(Config. TOPOLOGY_DEBUG, true);
	LocalCluster cluster=new LocalCluster()

提交拓扑	HeronSubmitter. submitTopology(args[0], conf, builder. createTopology());

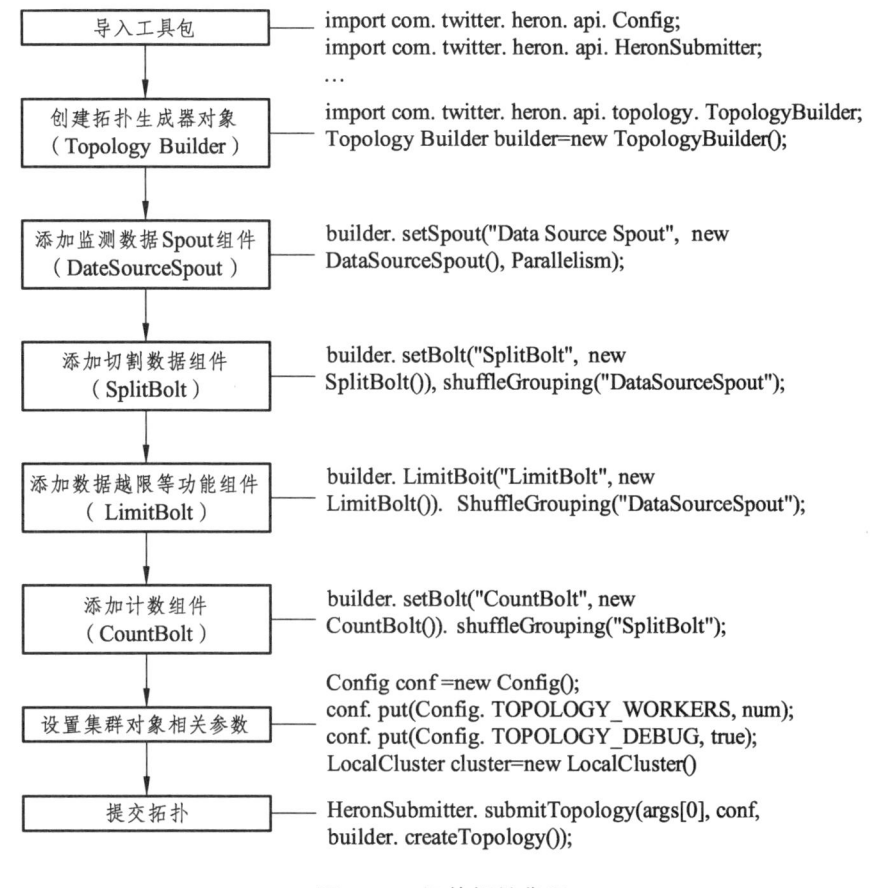

图 2-34　拓扑相关代码

（2）添加相关组件（DataSourceSpout、SpiltBolt、LimitBolt 以及 CountBolt）并根据计算任务调整并行度（parallelism），对不同字段的对象按照特征值进行分组。

（3）将拓扑通过 IntelJ IDEA 打包成 jar 文件，使用 HeronSubmitter 提交给集群执行越限检测的任务，并开启 Heron-tracker 和 Heron-UI 跟踪集群的资源利用率。

2.3.5 集群算例测试情况

1. 监控集群的内存使用率

在对铁道供电监控数据进行处理时，流计算集群的内存的占用率决定了数据加载速度、线程并发程度以及 I/O 交互的速率。每个节点的内存是一定的，内存的使用率要保持在一定的范围，内存占用率过高会导致系统响应缓慢，内存占用率过低会造成系统资源浪费，因此要监控各个节点的内存使用率，为后续集群节点的调整做准备。以某动车段的 10 kV 电力调度监控 SCADA 系统中工程实测数据作为测试算例，系统如图 2-35 所示。

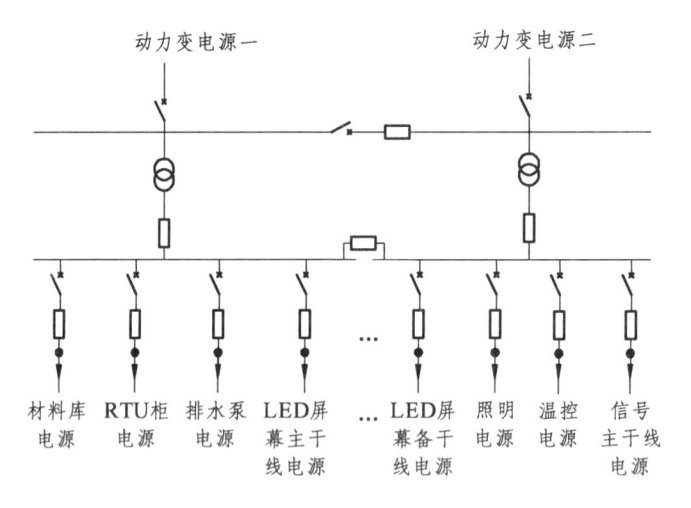

图 2-35　某动车段配电所供电示意图

取 2.3×10^6，3.4×10^6，1.3×10^7 等多组遥测数据作为数据源输入，在流计算监控计算集群运行拓扑任务一定时间，记录三个从属节点的内存占用率，比较在两种工作节点调度方法下，每台工作节点的内存使用情况，结果如图 2-36 所示。

2.3 铁道供电监测中心的实时处理集群设计

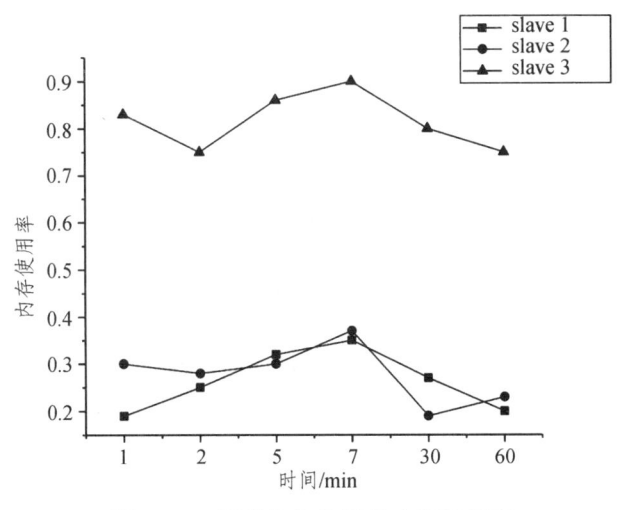

图 2-36 集群监控各节点内存使用率

在以 10^6 条数据持续输入的情况下，默认调度算法的 Slave 3 的内存使用率上升到了接近 90%，系统响应明显变缓，而 Slave 1 和 Slave 2 的内存占用率却不足四成，使得集群负载极不均衡，差值最大时相差 50%。该实验说明随着监控数据的处理，集群节点没有出现内存使用率 90% 以上，处理海量数据方面有一定优势，但是节点之间内存使用不均衡，会给后续数据处理造成一定的延时问题。

2．集群监控的延时性

在工程实际中，数据洪峰的出现往往伴随着列车的启动与刹车等事件，此时的电气参数、温度系数等指标都会大幅度改变并传输回调度中心，是监控的重点时刻，本次实验采取时间戳来计算获取分片后的数据处理延时。统计延时时间是在铁道供电监控数据源 Spout 打上起始时间戳，结束时在功能螺栓 CountBolt 中将处理结束时间减去起始时间戳，就可以得到监控数据的总处理时长。

本次延时测试实验取 1×10^6，3.4×10^6，1.3×10^7 三组 SCADA 遥测数据，在集群节点数一定的情况下，并行度为 8，统计不同数据级别的遥测数据流的处理延时，得到图 2-37 所示结果。

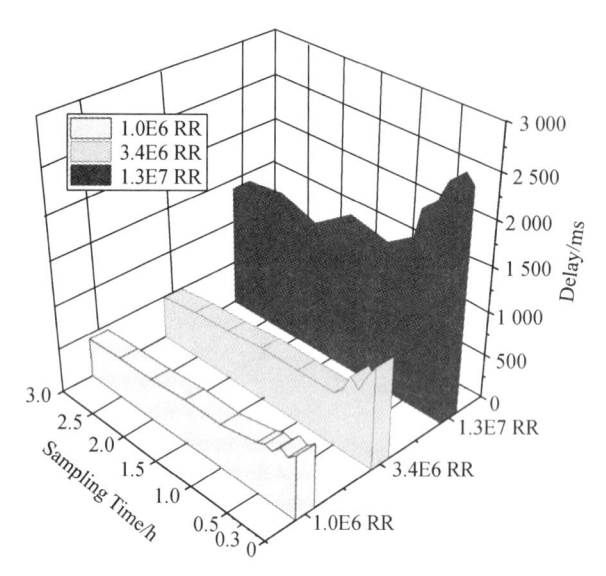

图 2-37　不同遥测数据流的处理时延

由图 2-37 可知，本研究的流计算模型在处理 10^7 级别的数据时延时在千毫秒级别，不同数量级的遥测数据流延时不一样，在 10^6 的数据流下延时在 500 ms 左右，而在 10^7 的数据流下，流控平稳后延时也会到达 1 800 ms，说明延时与数据流的大小呈正相关。在前面 0.5 h 多次记录延时情况，得到数据在初始时刻延时都接近 1 s，数据体量大的甚至到达 2.5 s，说明在初始阶段受数据体量影响较大，因此在前面 0.5 h 系统处于震荡状态，需要一定时间才能平稳处理数据。

2.3.6　小　结

本节主要对铁道供电中心的实时处理系统的结构进行研究探讨，在两台 SCADA 数据服务器和双机冗余的主备调度计算机的基础上，搭建了四机集群。在主节点安装了 Mesos Master，Aurora Master/Client，HDFS Master，Zookeeper 以及 Heron；在三个从属节点安装了 Mesos Agent，Aurora Thermos，HDFS 数据节点以及 Zookeeper，构成了基于 Heron 流处理系统的铁道供电数据处理集群。

同时本节根据拓扑并行处理模型，设计了针对铁道电力数据的拓扑，以监测数据接入 Spout，并对功能 Bolt 组件进行编程，设计的代码结构在文章中做了解析。

为测试 Heron 对处理大批量供电数据的处理性能，观测了集群监控的内存利用率，证明了流处理系统对于处理海量数据有一定的优势；在延时方面，该系统处理速度的优势十分明显，能够达到百毫秒级别，从结果证明了流计算系统在处理铁道供电数据方面有着低延时的特性，但在资源利用方面存在一定短板，为后续的优化研究奠定了基础。

2.4 铁道供电监控集群的并行度对实时处理的影响

2.4.1 铁道供电监控集群信息通信模型

通信数据向调度中心传输时，满足以下三个条件：

（1）通信服务具有随机性，单位时间内到达的通信信息量和信息服务时间相互独立。

（2）在 Δt 充分小时，在区间 $[t, t+\Delta t)$ 内，每条信息到达的概率与时间无关，与区间长度成正比，即

$$P_1(t, t+\Delta t) = \lambda \Delta t + O(\Delta t) \tag{2-9}$$

其中，当 $\Delta t \to 0$ 时，$O(\Delta t)$ 是关于 Δt 的高阶无穷小。$\lambda > 0$ 是常数，它表示在单位时间内一条信息到达调度中心的概率，称 λ 为概率强度。

（3）对于充分小的 Δt，在时间区间 $[t, t+\Delta t)$ 内，有两条或两条以上的信息到达的概率很小，可以忽略，即

$$\sum_{n=2}^{\infty} P_n(t, t+\Delta t) = O(\Delta t) \tag{2-10}$$

如图 2-38 所示，一般地，数据回传到调度中心的概率符合泊松分布，设到达率为 λ[49]，调度监控系统中的服务器的服务时间服从负指数分布，则服务器处理数据时间的函数分布为

2 铁道供电监控大数据的集群均衡调度方法

$$P(v \leqslant t) = 1 - e^{-\mu t} (t \geqslant 0) \qquad (2\text{-}11)$$

μ 表示单个服务器节点的工作效率，那么 $\dfrac{1}{\mu}$ 就可以表示单个服务器节点的处理数据的时间，设

$$\rho_1 = \dfrac{\lambda}{\mu} \qquad (2\text{-}12)$$

$$\rho = \dfrac{\lambda}{n\mu} \qquad (2\text{-}13)$$

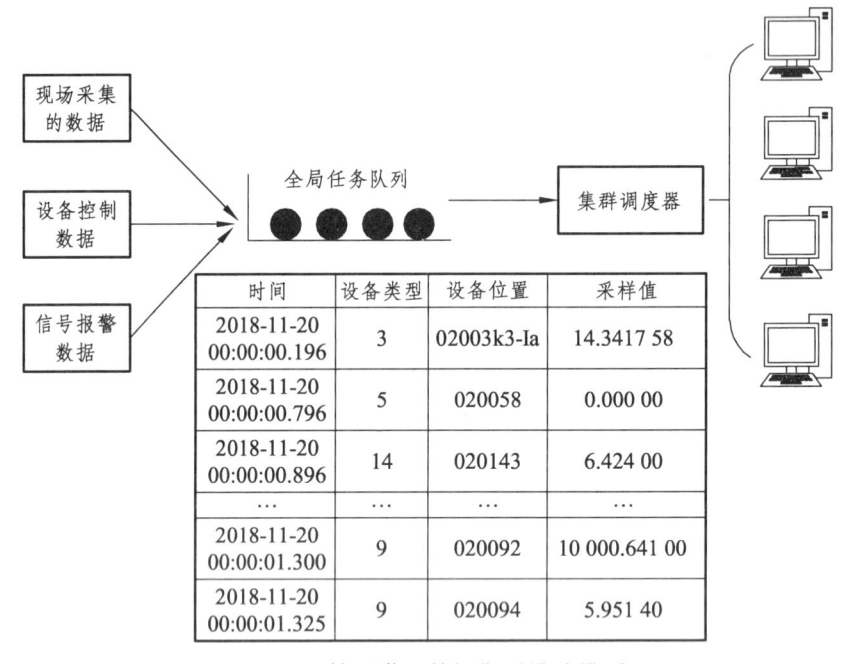

时间	设备类型	设备位置	采样值
2018-11-20 00:00:00.196	3	02003k3-Ia	14.3417 58
2018-11-20 00:00:00.796	5	020058	0.000 00
2018-11-20 00:00:00.896	14	020143	6.424 00
…	…	…	…
2018-11-20 00:00:01.300	9	020092	10 000.641 00
2018-11-20 00:00:01.325	9	020094	5.951 40

图 2-38 铁道供电数据集群排队模型

因此该模型可以用 M/M/n 来表示[50][51]，第一个字母代表数据流输入过程中所遵循时间间隔的分布规律，第二个字母代表集群服务器处理节点提供服务时间的分布规律，第三个字母代表集群中提供服务的节点的数量。根据排队标准，M/M/N 也就是信息流入过程为泊松流，服务器节点处理数据的时间遵循负指数分布规律，调度监控中心有 n 个服务器，假设该信息队列的容量是无穷的，故该队列的可能状态集为 $\Phi = \{0, 1, 2, \cdots\}$。

2.4.2 铁道供电监控集群消息队列

监控集群消息队列的状态转移如图 2-39 所示。其中状态 $k(0 \leqslant k \leqslant n)$ 表示调度中心内有 k 个服务器节点正在处理现场信息流，其余 $n-k$ 个服务器节点空闲；当服务器节点 $k>n$，表示 n 个服务器节点都在被信息流所占用，而其余作业在排队等待处理[52]。现假定此处只有一个等待队列，当服务器节点出现资源空闲时，排队等待的信息流按先后顺序进行处理，当系统处于平衡状态，定义信息流队列长度的平均期望为 L_q，信息流处理等待时间的平均期望 T_q，信息流处理时间的平均期望为 T_s，队列中消息数为 n 的概率为 P_n，因此可得到 K 氏代数方程[53]：

$$P_k = \begin{cases} \dfrac{\rho_1^k}{k!} p_0 = \dfrac{n^k}{k!} \rho^k p_0' & (0 \leqslant k < n) \\ \dfrac{\rho_1^k}{n! n^{k-n}} p_0 = \dfrac{n^k}{k!} \rho^k p_0' & (k \geqslant n) \end{cases} \quad (2\text{-}14)$$

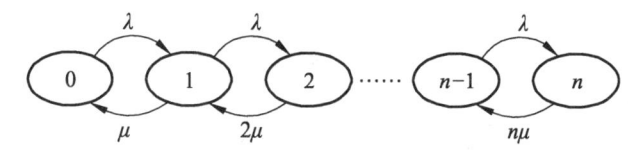

图 2-39 监控集群消息队列状态转移图

由正则性条件

$$\sum_{k=0}^{\infty} p_k = 1 \quad (2\text{-}15)$$

当 $\rho<1$ 时，可得

$$\left(\sum_{k=0}^{n-1} \frac{\rho_1^k}{k!} + \sum_{k=n}^{\infty} \frac{\rho_1^k}{n! n^{k-n}}\right) p_0 = \left(\sum_{k=0}^{n-1} \frac{\rho_1^k}{k!} + \sum_{k=n}^{\infty} \frac{\rho_1^n}{n!(1-\rho)}\right) p_0 = 1 \quad (2\text{-}16)$$

由此可得

$$p_0 = \left(\sum_{k=0}^{n-1} \frac{\rho_1^k}{k!} + \sum_{k=n}^{\infty} \frac{\rho_1^n}{n!(1-\rho)}\right)^{-1} \quad (2\text{-}17)$$

根据 Litter's law（利特尔法则），若调度监控中心接收现场传来的信息流达

到稳定时，系统中任一时刻的平均排队队长 L_q 和调度中心中作业中队伍长度 L_s 为

$$L_q = \sum_{k=n}^{\infty}(k-n)p_k = \sum_{l=1}^{\infty} lp_{l+n} = \frac{\rho(n\rho)^n}{n!}p_0 \sum_{l=1}^{\infty} l\rho^{l-1}$$

$$= \frac{\rho_1^{n+1}}{(n-1)!(n-\rho_1)^2}p_0 \qquad (2\text{-}18)$$

$$L_s = L_q + \rho_1 \qquad (2\text{-}19)$$

监控信息流平均等待时间 W_q 与作业处理时间 W_s 为

$$W_q = \frac{L_q}{\lambda} = \frac{\rho_1^n p_0}{\mu n \cdot n!(1-p)^2} = \frac{\left(\frac{\lambda}{\mu}\right)^n \left(\sum_{k=0}^{n-1}\frac{\rho_1^k}{k!} + \sum_{k=n}^{\infty}\frac{\rho_1^n}{n!(1-\rho)}\right)^{-1}}{\mu n \cdot n! \cdot \left(1-\frac{\lambda}{n\mu}\right)^2} \qquad (2\text{-}20)$$

$$W_s = \frac{L_s}{\lambda} = W_q + \frac{1}{\mu} \qquad (2\text{-}21)$$

通过对上述公式的分析可知，在信息流传输较稳定时，节点的工作效率对于处理时间 W_s、等待时间 W_q 影响比较大，需要合理安排每个节点的权重，进行服务器节点之间的调度，从而大幅缩短处理时间 W_s。但是到达率 λ 过大，服务器节点会在信息洪流到来时处于崩溃状态，尤其是调度节点无法承受海量数据带来的压力，从而导致调度失效，各个数据服务节点也会因此宕机。

为防止此类情况，在流处理器前端引入背压机制。在铁路调度集群监控中心，数据到达是有一定时间规律性的，在 6 点~24 点时，高速铁路与普速铁路都处于繁忙的运行当中，数据量较大，且容易产生数据洪峰，一个遥测点的数据流量就达到 90 组/秒，而调度监控中心一般监测数百个遥测点甚至更多，数据量在 1 s 内就可以达到 10^4 级别，在数据洪峰来临时，耽误 10 s 就有可能无法将报警数据上传到调度中心，就可能导致关键报警信息的迟报、漏报或误报，因此需要将数据设定一定的阈值，节点处理到达该数值时，需要进行背压处理，将数据及时分散出去，避免耽误数据处理，具体流程如图 2-40 所示。

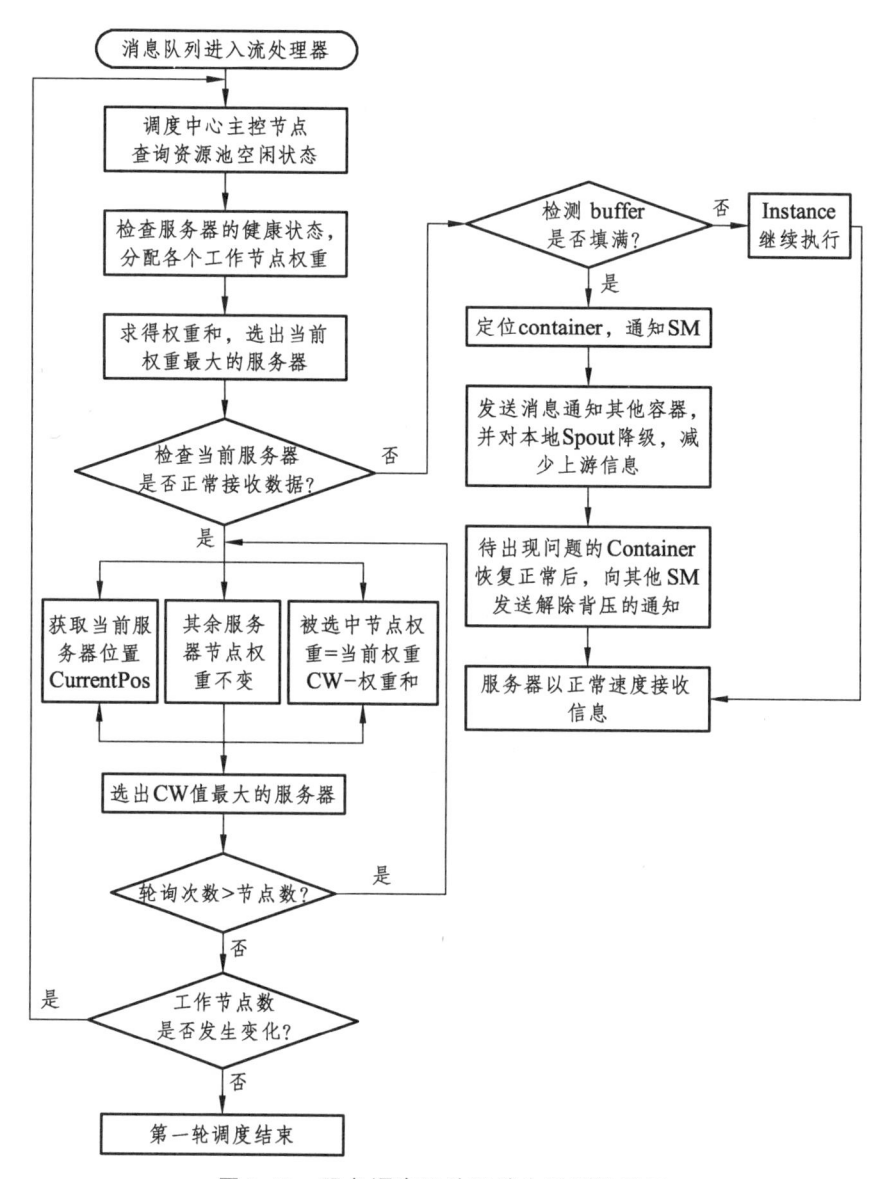

图 2-40　服务调度器处理消息队列流程图

2.4.3　铁路供电监控集群拓扑并行度参数选取

取铁路 10 kV 电力调度监控 SCADA 系统中的 1.3×10^7 条遥测数据作

2 铁道供电监控大数据的集群均衡调度方法

为输入数据源,在集群节点数一定的情况下,改变拓扑并行度,统计监测数据流在不同调度方式时,并行度为 1、2、4、6、8、10 得到的背压机制、CPU 占用率及内存占用率,如图 2-41 所示。

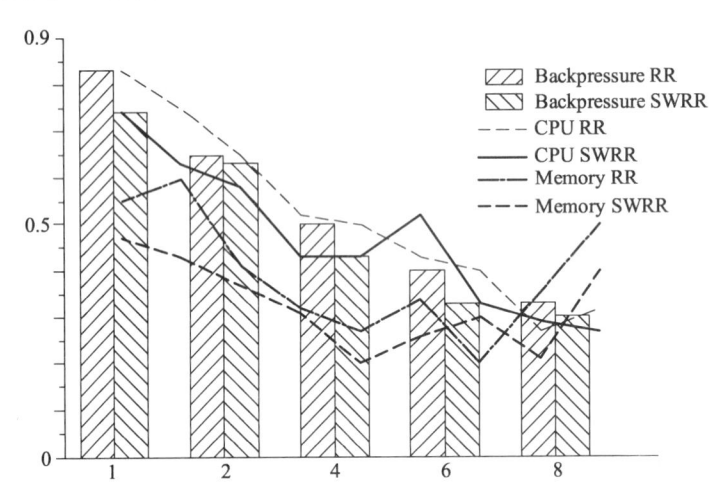

(a)并行度为 1、2、4、6、8 下的主控节点的 CPU 占用率、内存占用率及背压触发概率

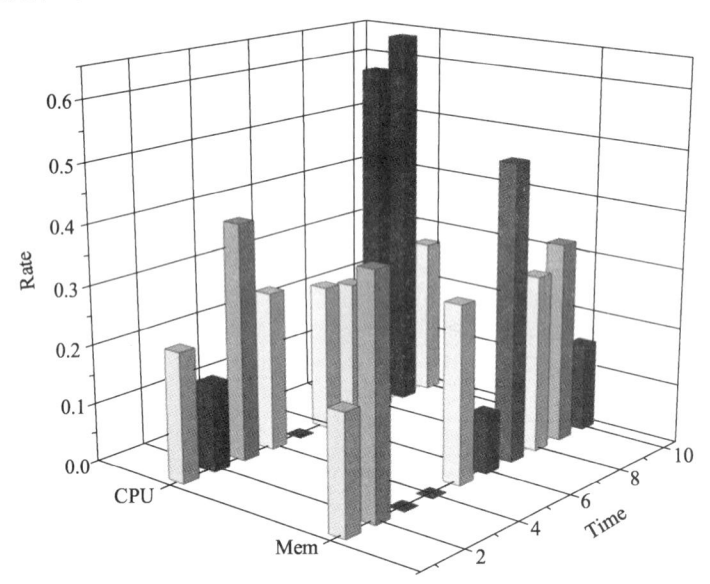

(b)并行度为 10 的 CPU 及内存占用率

图 2-41 CPU 占用率、内存占用率及背压触发概率图

2.4 铁道供电监控集群的并行度对实时处理的影响

图 2-41（a）表明，随着拓扑的并行度的增加，为一个 component（组件）创建了多个实例运行在不同的 container（容器），其中 task（任务）与 executor（执行）设置是一致的。由上小节的 L_q 公式可得，系统的信息服务强度为 $\rho = \dfrac{\lambda}{4\mu}$，$W_s$、$W_q$ 与并行度有关，因此合理分配并行度可以缩短信息流等待时间 W_q。当拓扑并行度从 1 变为 8 时，主控节点的 CPU 占用率在逐渐降低，尤其是在 2 变为 4 时，在轮询调度算法下，由 75% 变为 52%，平滑轮询调度算法由 58% 变为 43%，降幅达 23% 与 15%，内存降幅也在 15% 左右，提高了系统的灵活性，因此继续增大并行度的尝试，CPU 和内存的占用率也如预期般下降。当并行度增大到 10 时，CPU 和内存的振幅突然出现较大的波动，在持续监控 10 min 后，得到如图 2-41（b）所示的波动图，并且 CPU 占用率出现了 0% 的情况，内存也出现了占用率极低的采样值，说明拓扑暂停运行。因此在集群中资源有限且一定的情况下，将并行度盲目增大，CPU 会出现如 65% 和 0% 的极大差值，内存占用率的变化也不符合资源的增长，证明此时并行度虽然没有造成背压机制被触发，但是 CPU 和内存资源有限，并行度增加代表 CPU 和内存进行多次分割，会导致二者会出现极高的占有率，使得拓扑在运行过程中出现停止的状况，从而出现了较大的波动。

由此可得，并行度的调整虽然对于减少 CPU 和内存的占有率有着明显效果，但是在并行度增加到一定程度时，内存和 CPU 的占用率会出现极大的波动，造成系统难以及时处理数据，甚至有可能出现集群监控节点的瘫痪。

2.4.4 小　结

本节使用 M/M/n 来表示当前铁道供电监控信息与调度中心的通信模型，并且提出使用排队论来构建消息队列，消息队列的处理效率与服务器节点的设置有关，并采用现场工程数据来测试在不同并行度下的 CPU 占用率及内存占用率。实验结果表明：并行度的调整虽然对于减少 CPU 和内存的占有率有着明显效果，但是并行度设置过大，会导致后台节点资源产生竞争和等待，导致内存和 CPU 的占用率出现极大的波动，影响集群的整体处理效率。

2.5 基于 Heron 的集群 BF-SWRR 任务调度改进方法

2.5.1 数据服务器节点轮询调度算法

铁路供电大数据系统一般由多个节点构成，每个节点的资源不一，一般情况下考虑该类情况为轮询模型来进行分析研究并加以改进。

轮询系统基本模型可以表述为：由一个主控节点和 n 个从属节点组成，主控节点依照一定规则按照一个方向依次对队列中的每一个从属节点进行操作，队列中最后一个从属节点操作完成后再返回第一个从属节点，多节点共享一个资源池，并且为有服务需求的节点提供资源的使用权[54]。

轮询系统可以假设所有节点的处理性能都相同，不关心每个节点的当前连接数和响应速度，设有 n 台服务器 $S = \{S_1, S_2, S_3, \cdots, S_n\}$，指示变量 CurrentPos 表示当前选择的服务器 ID，CurrentPods 的初始值为 -1，以铁路供电监控工程现场实际服务器节点数为例，一般铁道调度中心主要配置 4 台服务器和调度计算机。若配置权重为 $\{3, 1, 1, 1\}$，调度过程如表 2-2 所示。

表 2-2　调度请求表

请　求	Currentpos	选中的服务器
1	0	A
2	1	B
3	2	C
4	3	D
5	0	A

从调度请求表可以得到，此种算法不考虑服务器的性能分配，只是按顺序从 A 轮询到 D，然后下一轮还是从服务器 A 开始，不关心数据是否处

理完成，适用于服务器的软硬件一致、请求间隔保持在一定时限内的情况；对于工程现场，{3,1,1,1}的权重比会造成工作节点的不平衡，导致"闲者愈闲，忙者愈忙"。

因此需要对轮询算法中的服务器进行权重配比，从而达到资源的合理利用。那么服务器如何合理分配权重就是改进该方法的重点。

2.5.2 加权轮询调度的权重分配

首先确定评价服务器流计算处理能力的指标为内存、CPU、磁盘。以一个筛选遥测信息拓扑的计算任务为例，若任务实例 I_i 分配到节点 n_k 的容器为 C_j，每个实例所需要的资源为 C_{is}，内存需要的资源为 M_{is}，磁盘需要的资源为 D_{is}，每个容器 CPU 所需要的资源为 C_{cs}，内存需要的资源为 M_{cs}，磁盘需要的资源为 D_{cs}。（一个节点包括一个或多个容器）

由此可得资源约束条件：

$$\sum C_{is} + \sum C_{cs} \leq \alpha C_n \tag{2-22}$$

$$\sum M_{is} + \sum M_{cs} \leq \beta M_n \tag{2-23}$$

$$\sum D_{is} + \sum D_{cs} \leq \gamma D_n \tag{2-24}$$

在铁路供电大数据监控系统中，为使各个工作节点不会出现满负荷状态，造成系统卡顿、调度不畅的问题，需要为每个工作节点预留一定的资源空间。因此上面的 α，β，γ 分别为调度员设定的资源阈值参数，该参数可根据要求进行调整。

一般地，集群有 n 个评价指标，由 m 个台服务器节点评价指标进行权重系数设定，构成原始数据矩阵 X（CPU 占用率，内存占有率，磁盘资源等数据），$X_{ij} = (x_{ij})_{n \times m} (i=1,2,\cdots,n; j=1,2,\cdots,m)$，节点分布的容器一般有一定标准且占有资源较少。

（1）对任务实例的 CPU 占用率 C_{is}、内存占有率 M_{is}、磁盘资源 D_{is} 进行熵值法的数据标准化处理，标准化后的矩阵为 R：

$$R = \begin{bmatrix} R_{11} & \cdots & R_{1j} \\ \vdots & \ddots & \vdots \\ R_{i1} & \cdots & R_{ij} \end{bmatrix} \quad (2\text{-}25)$$

其中，$R_{ij} = \dfrac{x_{ij} - \min(x_{ij})}{\max(x_{ij}) - \min(x_{ij})}$

（2）定义熵值：n 个评价指标，m 台服务器节点，则第 i 个评价指标的熵 H_i 定义为

$$f_{ij} = \dfrac{r_{ij}}{\sum\limits_{i=1}^{n} r_{ij}} \quad (i = 1, 2, \cdots, n; j = 1, 2, \cdots, m) \quad (2\text{-}26)$$

$$k = \dfrac{1}{\ln m} \quad (2\text{-}27)$$

$$H_i = -k \sum_{j=1}^{m} f_{ij} \ln f_{ij} \quad (2\text{-}28)$$

（3）计算差异性系数 g_j、差异性系数比 D 与映射比 R：

$$g_j = 1 - H_i \quad (2\text{-}29)$$

$$D = \dfrac{\max(1 - H_i)}{\min(1 - H_i)} \quad (2\text{-}30)$$

$$R = \sqrt[a-1]{\dfrac{D}{a}} \quad (2\text{-}31)$$

式中，a 为动态调整系数，当 $D \leqslant 9$ 时，则 a 取最接近 D 的整数；当 $D > 9$ 时，取 $a = 9$。开 $(a-1)$ 次方是为了将 D 均匀分布在 $1 \sim 9$ 标度的映射值。

（4）通过 R 标度值的计算分别乘以 $1 \sim 9$ 标度再按照减一次方式算出标度映射值，如表 2-3 所示[55]。

表 2-3　标度映射值

标　度	1	2	3	4	5	6	7	8	9
映射值	$1R^1$	$2R^1$	$3R^2$	$4R^3$	$5R^4$	$6R^5$	$7R^6$	$8R^7$	$9R^8$

2.5 基于 Heron 的集群 BF-SWRR 任务调度改进方法

（5）建立判断矩阵。

计算两两评价指标的差异性系数比：

$$r_{jk} = \frac{g_j}{g_k} \tag{2-32}$$

若 $r<1$，则计算 $r_{jk} = \frac{g_k}{g_j}$。取 r 与标度映射值的差最小的标度为比较的结果，如若 r_{jk} 接近映射值 $6R^5$，则指标 j 与指标 k 的相对重要性为 6。

（6）构造出基于信息熵的判断矩阵后，求指标权重法与层次分析赋权法相同，同时由于可以利用差异性系数比获得相对重要性，因此无需进行一致性检验。

各项指标的权重系数为

$$W_i = \frac{g_i}{\sum g_i} = \frac{1-H_i}{\sum(1-H_i)} = \frac{1+k\sum_{j=1}^{m}f_{ij}\ln f_{ij}}{\sum\left(1+k\sum_{j=1}^{m}f_{ij}\ln f_{ij}\right)} \tag{2-33}$$

但是权重大的服务器节点容易连续被调用，而在实际中，这种现场请求会造成节点被频繁调用，任务分配过重，严重时甚至宕机。因此本研究引入平滑的加权轮询调度，来改进权重轮询分配法。

2.5.3 铁路供电集群 BF-SWRR 调度实现流程

如图 2-42 所示，可设计调度监控中心的 BF-SWRR 任务调度优化处理流程步骤如下：

Step1：将现场测量点的实际数据表（包括 SampleOrder，DescName，RTUNo，ID 等，见表 2-4）作为流处理切片的数据源。

Step2：利用主客观综合赋权法 AHP-Entropy Approach 对服务器节点的 CPU、内存、磁盘 I/O 进行综合评估，将服务器赋予不同的权重。

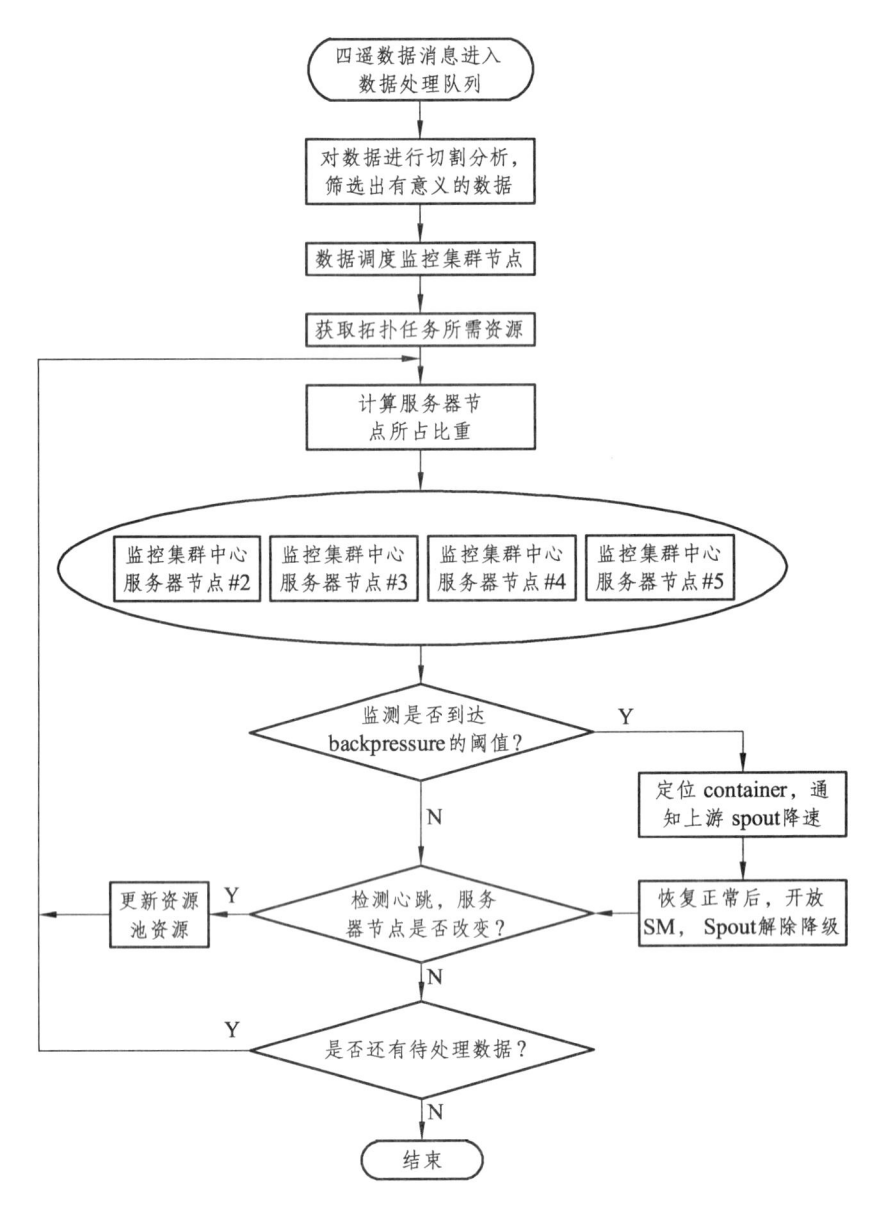

图 2-42 BF-SWRR 调度优化处理流程

2.5 基于 Heron 的集群 BF-SWRR 任务调度改进方法

表 2-4 遥测数据样表

SampleOrder	DescName	RTUNo	ID	SampleValue	Unit
22	V022	20	0220VBC	14.5	kV
23	V023	20	0220VCA	30.9	kV
24	V024	20	0220I1A	2.5	A
25	V025	20	0220I1B	12.9	A
26	V026	20	0220I1C	8.6	A

Step3：利用平滑的加权轮询调度算法，每个回合的当前调度权重都会改变，进而调度变得均衡，根据服务器状态来实时动态调整服务器节点的权重，每个服务器的负载不会过重，从而能合理使用当前资源池。

Step4：根据信息流模型的特点，将信息流类比为泊松排队模型，对到达率和服务率综合考虑。

Step5：设置一个合理的阈值，引入 backpressure 机制，预防数据洪流对铁路供电监控集群的冲击所造成的宕机，拓扑强制降级，在源头把控数据流，以一个稳定合理的速度处理数据[52]。

2.5.4 铁路供电综合监控 BF-SWRR 调度法

假设集群有 n 台服务器节点 $S=\{S_1, S_2, S_3, \cdots, S_n\}$，根据改进的熵值法计算得到的配置权重 $W=\{w_1, w_2, w_3, \cdots, w_n\}$，有效权重 CW

$$CW=\{cw_1, cw_2, cw_3, \cdots, cw_n\} \quad (2-34)$$

每个服务器除了存在一个配置权重外，还有一个当前有效权值 cw_i，且其初始值为 cw_0，指示变量 CurrentPos 表示当前选择的服务器 ID，初始值为 -1，所有服务器权重和不变。调度算法可以描述为：

Step1：

（1）初始每个实例 i 的当前有效权重 CW_i 为配置权重 W_i；

（2）求得配置权重和 weightSum。

Step2：

（1）选出当前有效权重最大的实例；

（2）选中的实例 CW_i 减去所有实例的权重和 weightSum，且变量 currentPos 指向此位置。

Step3：

（1）将每个实例 i 的当前有效权重 CW_i 都加上配置权重 W_i；

（2）将所有服务器按照降序排序。

Step4：取变量 currentPos 指向的实例作为工作服务器。

Step5：每次调度重复上述 Step2、Step3、Step4。

举例而言，假设某铁道配电网大数据监控集群有 4 台服务器节点，配置权重为 {4，2，3，1}，则调度方式如表 2-5 所示。

表 2-5 平滑的加权轮询调度

请求	选中前的 cw	currentPos	选中的服务器	选中后的 cw
1	（4，2，3，1）	0	A	（-6，2，3，1）
2	（-2，4，6，2）	2	C	（-2，4，-4，2）
3	（2，6，-1，3）	1	B	（2，-4，-1，3）
4	（6，-2，2，4）	0	A	（-4，-2，2，4）
5	（0，0，5，5）	2	C	（0，0，-5，5）
6	（4，2，-2，6）	3	D	（4，2，-2，-4）
7	（8，4，1，-3）	0	A	（-2，4，1，-3）
8	（2，6，4，-2）	2	B	（2，-4，4，-2）
9	（6，-2，7，-1）	2	C	（6，-2，-3，-1）
10	（10，0，0，0）	0	A	（0，0，0，0）
11	（4，2，3，1）	0	A	（-6，2，3，1）

由表 2-5 分析得出，在一个调度周期内，对集群中处理遥测消息的服务器节点先进行权重降序排序，得到对应的权重序列 CW_1={4，2，3，1}，选择权重最大的服务器 A 进行消息处理；第二轮选择服务器时，将上一轮被选中的服务器 A 减去权重和，其他服务器节点权重保持不变，即全部服务器节点的 CW_2={-6,2,3,1}，再次将服务器的权重按照降序排序，找到当前权重 CW_2 的最大的服务器 C；从第三轮开始以此类推，在第 n 轮时（n 为权重和），完

成一整个周期的调度。可以得到该调度十分均匀，且第 11 次调度时当前有效权重值又回到 {0，0，0，0}，实例的状态同初始状态一致，不会发生多次任务重复发送给一个服务器节点，避免造成铁路供电遥测数据堆积。

1．不同调度方式下集群工作节点内存使用率对比测试

在拓扑并行度一定的条件下，取 $2.3×10^6$，$3.4×10^6$，$1.3×10^7$ 等多组遥测数据作为数据源输入，在集群中拓扑运行一定时间后，记录三个从属节点的内存占用率，比较在两种工作节点调度方法下，每台工作节点的内存使用情况，结果如图 2-43 所示。

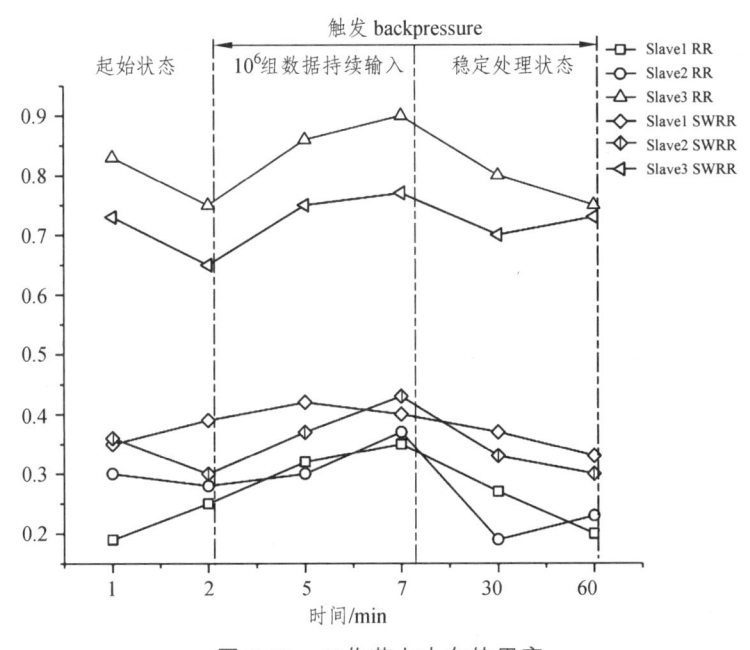

图 2-43　工作节点内存使用率

拓扑在两种调度方法下，起始状态都没有超过设定的资源阈值，但其中 RR 调度只考虑了任务实例的分配，而没有考虑实际运行的负载情况从而影响集群的整体性能。因此本研究采用 SWRR 算法后，优先考虑服务器节点的差异化，赋予不同的权重值，将任务实例按照一定顺序分配给服务器节点，使配置高、性能好的服务器在一个调度周期内多次处理任务，使配置略差的

2　铁道供电监控大数据的集群均衡调度方法

服务器，也能在调度周期内得到利用，这样才能实现集群最大化，任务处理的速度最快。由图 2-43 可以得到 SWRR 算法有效降低了 Slave3 的内存占用率，同时均衡地提高了节点 1 和节点 2 的内存占比，可以使得集群中每个服务器都参与到拓扑计算中，由实验数据可知，节点 3 由 83% 降低到 65%，说明集群中调度"分散化"，不会一直调用性能好的服务器；节点 1 和节点 2 由 20% 提高到 35% 左右，提高了其余节点的使用率，数据能够平稳均衡地调度给其他节点，共同分担集群的压力，有效提高了集群的处理能力。

在触发背压流控后，可以将数据流减缓，内存占用率的浮动不超过 10%，说明基于背压机制的 SWRR 可以有效防止短时间内大量数据的流入，优化了集群中节点的调度，同时避免了负载不均带来的拓扑中止问题。

2．不同集群调度方式对延时性的影响

取 1×10^6，3.4×10^6，1.3×10^7 三组 SCADA 遥测数据，在集群节点数一定，并行度为 8 的情况下，统计不同遥测数据流的处理延时，如图 2-44 所示。

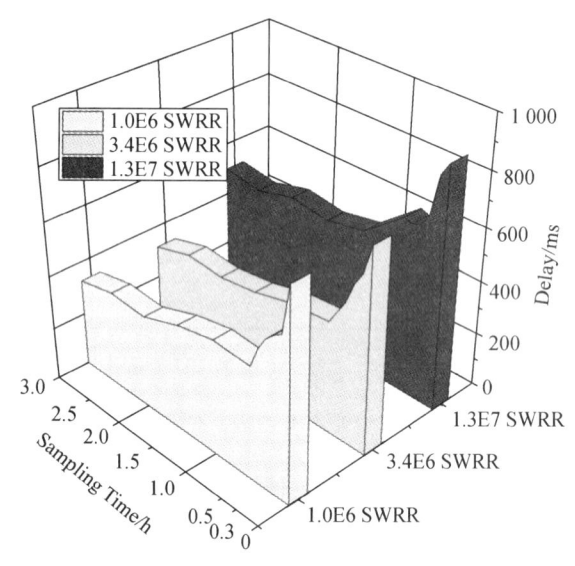

图 2-44　不同遥测数据流的 BF-SWRR 调度法的处理时延

如图 2-44 所示为控制调度方法一定时，从不同数据流的角度入手分析数据流带给延时的影响。说明在观察记录的初始阶段，通常延时比 2～3 h

2.5 基于 Heron 的集群 BF-SWRR 任务调度改进方法

左右高 20%，说明在数据大量涌入时服务器在初始阶段较难快速处理，而在 1 h 之后背压流控较平稳时，就会使得延时回落到正常的状态，说明背压流控机制比较灵活，可以较好地结合当前资源进行动态伸缩。

图 2-45 从多角度（不同数据流，不同调度方法）分析延时与不同调度方法之间的关系，以光谱作为延时的参考坐标，波长越长的光代表延时越长，图中较好地反映出不同方法的趋势。由图可得，在 0.5 h 以前，每 0.1 h 记录一次，观察得到延时起伏波动较大，说明反压流控在调用阶段需要一定时间来稳定，而 RR 调度方法最长需要 1 h 以上才能稳定到 1 s 内，BF-SWRR 调度方法仅需要 0.2 h 就可以调节到 0.7 s 内，缓解了数据堆积带来的压力。

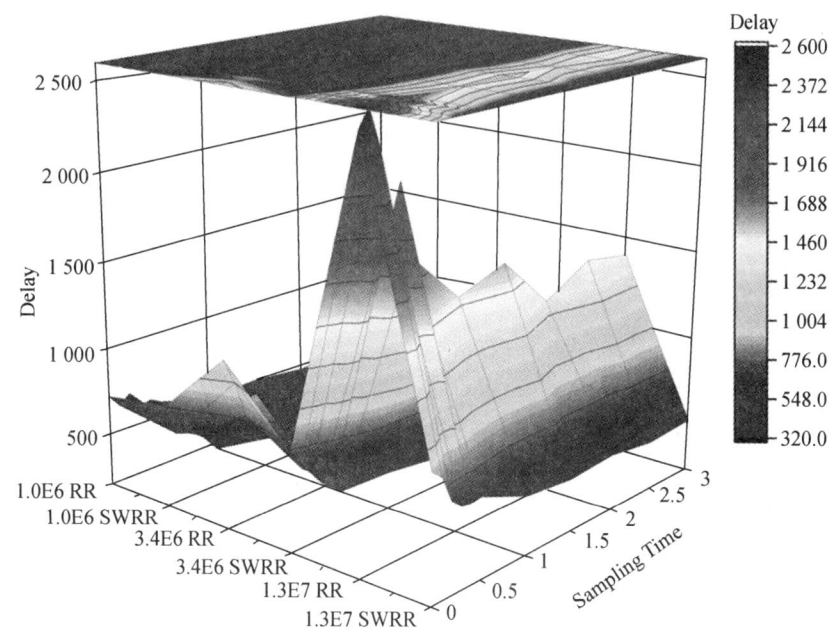

图 2-45 不同遥测数据流的处理延时

在 0.5 h 后，由于系统较为稳定，本研究以 0.5 h 作为时间间隔，在观察记录多次后可以得到：在数据处理的阶段，起始阶段时间要比中后期延时更长，中后期由于触发了背压流控，将数据处理平稳分配给不同权重的服务节点，时间下降了 12%～20%；在数据量由 10^6 级别升到 10^7 级别时，BF-SWRR 调度方法在 700 ms 左右，比 RR 方法性能更好。

2.5.5 小　结

本节主要针对流计算集群的默认调度算法进行研究，提出工作节点不平衡导致资源不合理使用的问题，因此对该方法进行了改进研究。

首先对各工作服务器的权重进行了分配，但是权重大的服务器节点容易连续被调用，又会造成节点占比较高的服务器被连续调用，导致节点宕机的概率增大；又对 WRR 算法进行改进，引入 BF-SWRR 调度。数据 Spout 端采取背压流控机制，在面对大量数据涌入，尤其是高速列车启动的一瞬间形成的数据洪峰时，为数据有序进入 Bolt 中做准备。

本节以某动车段的 SCADA 系统工程数据为算例，进行内存占用率以及系统延时的多组数据测试。结果表明，与 RR 调度机制相比，BF-SWRR 均衡调度算法，合理设置并行度可有效降低 CPU 占用率 15%～20%，内存占有率降低至 40% 左右，同时提高对数据峰值的处理能力，将时间缩短到百毫秒级，有助于提高监测海量配电遥测数据的动态响应能力，提高铁道供电调度监测的性能。

3

配电网准实时数据的倒排二级索引集群均衡处理技术

3.1 引　言

在电力生产和电气化铁道的生产过程中，将信息化供电设备采集的并且能在次秒级到达调度数据中心处理环节的数据称为准实时数据[60][61]。准实时数据是供配电数据业务的基础，新采集的准实时数据可将供电状态参数近实时更新至调度系统，累积的准实时数据能多维展现供配电历史运行状态[62][63]。目前配电网准实时数据规模已呈爆炸性增长趋势，随着国家电网公司坚强智能电网和泛在电力物联网"两网"建设的展开，配电网将产生更多准实时数据，构建电网物理信息融合系统，支撑电网企业向能源互联网企业转型[64-66]。配电网准实时数据累积规模已超出传统关系数据库 TB 级容量限制，且累积数据增长速度超出计算机性能增长速度[67]，使传统数据存取方式受到严重挑战[68][69]。如何针对海量数据进行准实时处理，成为配电网调度数据中心亟待解决的问题[70][71]。

针对海量准实时数据的查询处理方法一般可分为两类。第一类是改进传统数据库方法，具体可分为两种方式：一种是将热点数据驻留内存数据库[72][73]，使随机访问热点数据的时间达到访问磁盘时间的 5‰，但由于内存数据库的容量与准实时数据体量相差越来越大，这种方式难以突破准实时数据的容量限制；另一种是采用数据服务器并列运行方式，将海量准实时数据分别存储在不同主机磁盘上[74]，这种方法是对传统关系数据库的横向延伸，通过增加主机数量增大数据库容量，但需采用造价昂贵的高性能计算机，运行维护的代价较大。第二类是采用 NoSQL（not only SQL）数据库集群技术，NoSQL 数据库的典型代表是 HBase 分布式列数据库，它具备良好的水平扩展能力，通过 Key-Value 键值对形式存储数据，能高效地快速查询基于主键的海量数据记录[75]。但分布式键值对数据库技术缺少非主键索引能力，在处理以非主键为条件的查询请求时需全表扫描，效率低下，时延和磁盘开销过大[76]。

为解决该问题，主要考虑以下两种思路。一种思路是设计数据库集群节点进程，可分为两类，一类利用协处理器（coprocessor）技术，为非主键属性建立单独的索引表，并将索引表保存在数据库中，通过巧妙地设计索引表主键，将对非主键查询转换成基于索引表主键的查询[77][78]，为确保根据每个非主键属性对配电网准实时数据的查询都能快速完成，需为每个属性构建索引表，这不仅导致索引数据冗余，大量索引表维护还将降低数据库读写性能。另一类为分解聚合（MapReduce）技术，先对数据进行预处理生成元数据，查询时读取元数据构造查询树，在各数据节点进行并行处理[79][80]，由于必须运行在数据节点集群，与集群其他进程竞争资源，在竞争进程占用资源过多时可能导致查询进程响应缓慢甚至无响应。

另一种思路是专门搭建索引集群作为海量准实时数据的二级索引[81]。倒排索引结构能显著提高根据非主键属性查询记录的效率[82]，多主机集群能有效化解单主机集中处理海量数据查询的瓶颈[83]，支撑对单表超过亿级数据记录集的索引。索引集群与数据库集群可在物理上划分，以避免进程相互干扰，且通过增加节点的方式可拓展集群索引数据的规模[84]。但一方面，若不能使倒排索引数据在集群中合理分布，可能导致出现单机热点和集群网络传输开销瓶颈，拖慢查询时间；另一方面，若不考虑索引集群中不同节点的角色和性能差异，任务分配不合理将影响查询返回速度，甚至可能造成分布式死锁，因此索引集群需要进行均衡处理。目前已有对分布式分片技术的研究[84]，但仍缺乏对分片数设置的深入研究，若分片数设置不当将导致数据分布不合理。目前研究的任务分配法主要面向分布式计算集群[85][86]，其处理计算任务的节点没有角色区分，而倒排索引的更新任务和查询任务需由集群不同角色处理，二者情况有所不同。针对倒排索引集群均衡处理技术的研究尚鲜见文献报道。

鉴于此，本研究推导了倒排二级索引集群查询时间和集群内请求被转发次数期望的计算公式，定义了集群内主机负载和性能差异量化指标，通过选择集群拓扑，设计索引数据分布策略及带权重定向任务分配，研究了一种针对海量准实时数据的倒排二级索引集群的均衡处理方法，并以算例数据建立倒排二级索引，进行测试验证。

3.2 倒排二级索引集群的设计

3.2.1 列式数据库系统架构

Hbase 是用 Java 编写的面向列的数据库，前身是 Google 的 BigTable，后改名为 Hbase。Hbase 可以存储数十亿行和数百万列的数据表，且空值不占内存空间，可将表自动分片，并且有成熟的实时查询机制，也可提供 Java API 供客户端访问，专为高并发低延时的处理需求而建，具有出色的读写性能。

列式数据库 Hbase 的系统架构如图 3-1 所示，HMaster 主服务器监控管理着众多 HRegionServer 从服务器。在分布式环境中，主服务器发挥资源调度、负载均衡、故障容错等功能。Hbase 保存的数据表随着数据增加按行键范围水平划分为不同的 Region，每一个 Region 包含一个或多个列族，其默认大小是 256 MB。Region 内的数据保存在 MemStore 与 StoreFile 之中，前者存在于内存之中，后者持久化于硬盘。StoreFile 内的数据块以 HFile 的形式保存，每一个 StoreFile 对应一个 HFile。HFile 是 HBase 中的键值对数据存储格式，存储于分布式文件系统 Hadoop 之上。

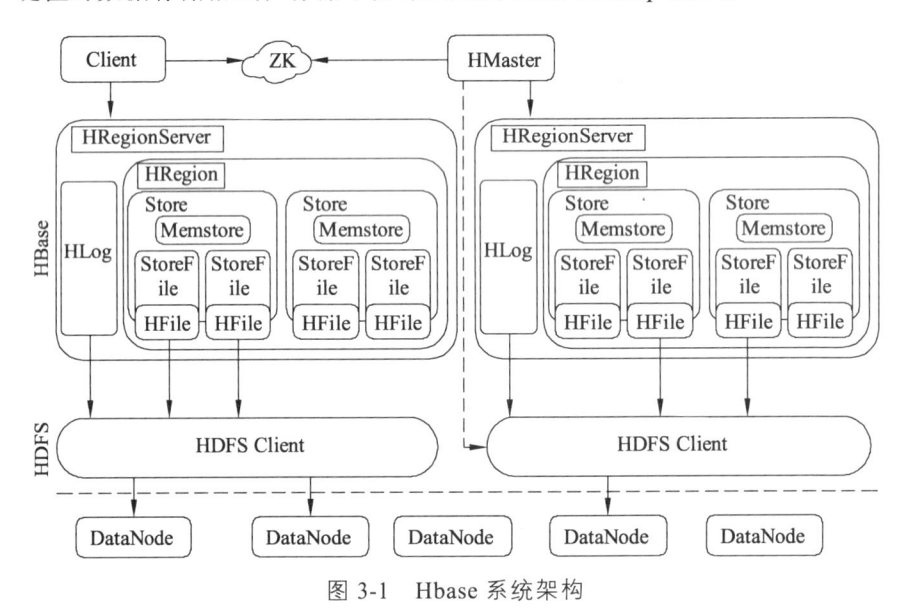

图 3-1 Hbase 系统架构

Zookeeper 作为 Hbase 集群重要组件之一，与 Master、Region、Client 客户端都会通过心跳机制（RPC 通信）保持联系。Zookeeper 实时监控 RegionServer 的状态（在线或离线），保证有一个活跃的 HMaster，记录 Hbase 元数据表（Schema）里的内容。在 Hbase 读写数据过程中，客户端 Client 在做 DDL（创建，修改，删除表）时，会从 Zookeeper 中获得主机 Master 的地址，之后客户端就可以和主机通信完成 DDL 操作。

3.2.2 列式数据库存储模型

列式数据库 Hbase 的存储模型是基于日志化结构合并存储（LSM）思想。日志化结构合并存储引擎模式（LSM）适用于大体量数据写入场景。该模式支持对内存数据的增删查改，其特点在于批量数据的写入堆积于内存而不直接关联磁盘，这使得磁盘 I/O 减少，提升了写性能，如图 3-2 所示。

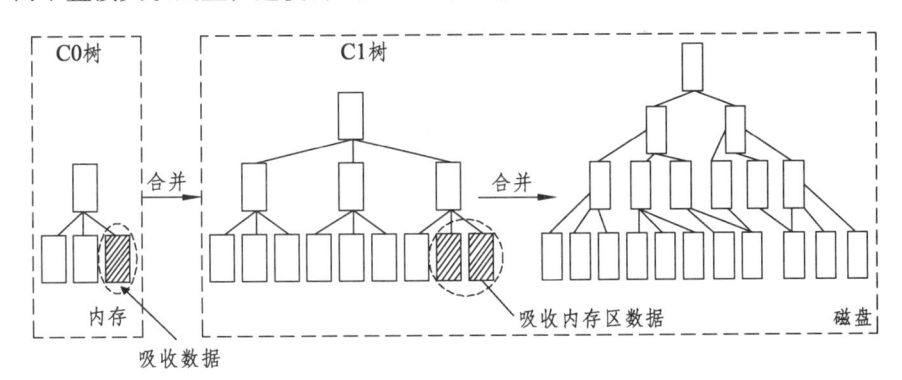

图 3-2 日志化结构合并存储模式

日志化结构合并存储引擎原理在于把所有记录拆分成一部分存储于内存中，将随机写入的数据记录方式通过归并排序转化成顺序写入方式，达到阈值时追加到磁盘尾部。

1. 列式数据库写模型

Hbase 写数据模型如图 3-3 所示，客户端提交 Hbase 写数据请求，Zookeeper 接收请求信息，向客户端提供-ROOT-表的位置，客户端寻址找到元数据表,服务器根据写入数据 Rowkey 分配合适的 Region 信息,Region 对应的 RegionServer 检查 Region 是否满足写入权限,如果满足,则同时写入 MemStore(写缓存)和 Hlog。MemStore 写入数据达到设定的阈值时,会刷新至 StoreFile 进行持久化存储。当 StoreFile 数量增多达到设定阈值时,会合并成一个。为了保证内存中的数据不丢失,Hbase 具有预定日志机制(write-ahead-log),能够记录数据的读写操作。在写入数据时,只有 Hlog 记录输入数据完毕,数据才算成功写入。即使内存中的数据溢出或者丢失,服务器也能够依据 Hlog 记录找回丢失内容。

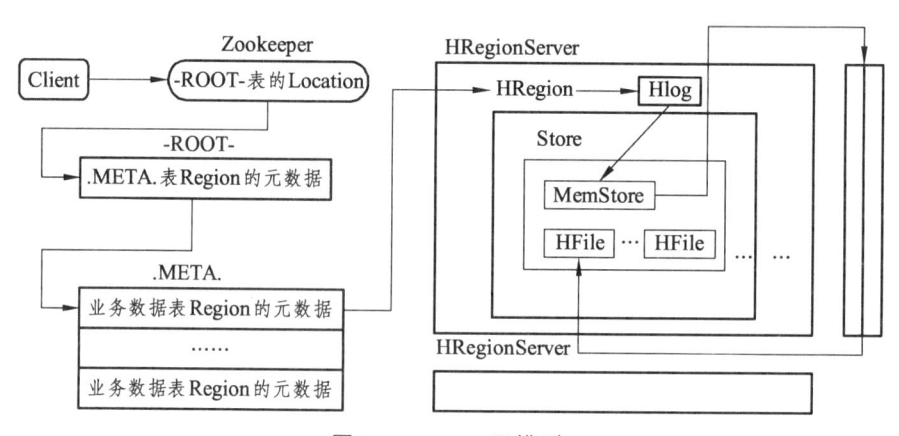

图 3-3 Hbase 写模型

2. 列式数据库读模型

Hbase 读数据模型如图 3-4 所示,客户端提交 Hbase 读数据请求,Zookeeper 接收请求信息,向客户端提供-ROOT-表的位置,客户端寻址找到元数据表,服务器根据客户端提供的有效信息,由 ZK 处获取需要的 Region 信息及具体的 RegionServer,并将查到的相关信息存入缓存 BlockCache 中,方便下次直接访问。在 RegionServer 中查找的顺序依照 BlockCache、MemStore、StoreFile 依次搜索相关内容并整合输出至客户端。由于访问不同层级的系统速度有差异,尤其是扫描磁盘的耗时较长,导致读速度明显低于写速度。同样读操作被记录于 Hlog 之中,防止操作中断带来的信息丢失。

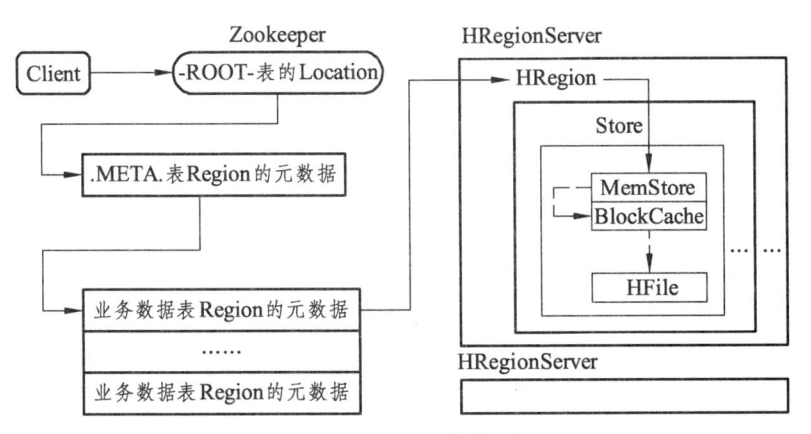

图 3-4 Hbase 读模型

3.2.3 列式数据库内存组织形式

Hbase 集群环境根据业务逻辑需求，需要设置不同的内存规划。在现实应用场景中，业务请求集中在 20% 的热点数据上，将这些数据缓存到内存就不会有文件 I/O 请求，读写性能将会大幅提升。HBase 在实现形式中提供了两种缓存结构：MemStore 和 BlockCache。读取刚写入的数据时会先从 MemStore 中查询，并将结果存入 BlockCache。

1．BucketCache 内存组织形式

Hbase 中最小的数据存储单元称为 Block，默认大小为 64 KB，可在建表语句中通过参数设定，Block 分为四种类型：Data Block，Index Block，Bloom Block 和 Meta Block。Data Block 用于存储实际数据，Index Block 与 Bloom Block 用于优化随时读的查找路径，Meta Block 存储 HFile 的元数据。在 Hbase 的默认缓存结构 BlockCache 中，Block 数据块全部存储于 Java 虚拟机的堆内存中（JVM heap）。BlockCache 从逻辑上可以分为 single-access 区、multi-access 区、in-memory 区。single-access 区用于存储被用户访问过一次的数据，multi-access 区用于存储被用户多次访问的数据，in-memory 区用于存储频繁访问且数据量小的数据（例如元数据），用户也可能通过建表设定属性 in-memory=true，将表中列族放入 in-memory

区。当 BlockCache 总量达到设定阈值之后就会启动淘汰机制，最少使用的 Block 会被淘汰。此方案的弊端在于数据块全部由 JVM 管理，JVM 的垃圾回收机制会导致程序长时间失去响应，为了改进此类方案，Hbase 的 BucketCache 方案应运而生。BucketCache 有三种工作模式：堆内存（heap）、堆外内存（offheap）、文件（file）。在 BucketCache 工作模式中，堆内存模式从 Java 虚拟机中分配内存，调用 byteBuffer.allocate 方法，而堆外内存模式从操作系统中分配内存，调用 byteBuffer.allocateDirect 方法，相比之下，后者无论如何都不会导致内存溢出。此外在读写性能方面，各有不同，分配内存时堆内存模式需要先从操作系统分配内存拷贝至 Java 虚拟机，而堆外内存直接从操作系统中分配，相比前者更省时。读取缓存数据时，堆外内存需要将结果拷贝至 Java 虚拟机显示，相比更费时。

Bucket 组织逻辑结构如图 3-5 所示，Hbase 启动之后会在内存中申请大量的 Bucket，标准大小为 2 MB。每个 Bucket 中都会有一个基础位移量（baseoffset）与一个 size 标签，baseoffset 表示该 Bucket 存在于内存中实际的物理起始地址，size 表示 Bucket 实际可以存放数据块 Block 的大小，如图中 size 为 65 KB 的 Bucket 可以存放 64 KB 的 Block，size 为 129 KB 的 Bucket 可以存放 128 KB 的 Block。

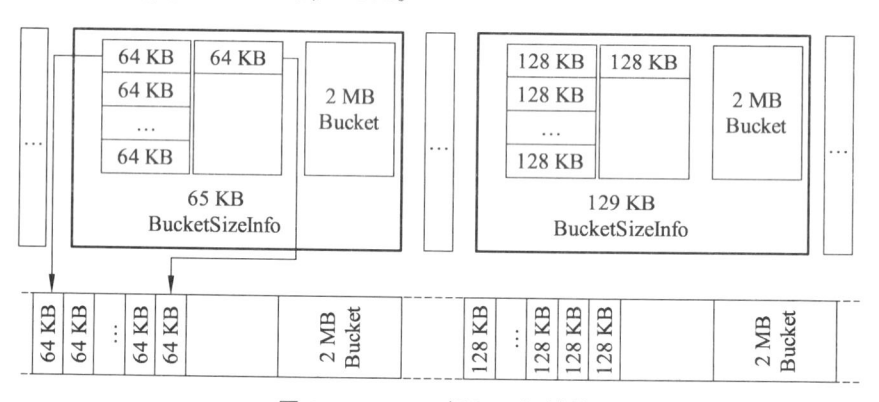

图 3-5　Bucket 组织逻辑结构

2．MemStore 内存组织形式

实现 MemStore 模型的数据结构是跳表（skiplist），JDK 原生支持跳表的实现只有 ConcurrentSkipListMap，本质上是 Map 类，不过 Map 中的元素是有序的，其内存组织形式如图 3-6 所示。

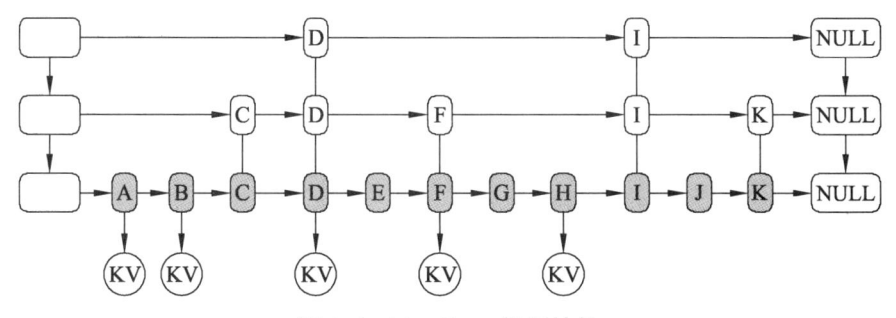

图 3-6 MemStore 组织结构

图中白色矩阵（方框）表示索引，灰色矩阵表示结点，圆圈表示实例对象。高并发存储结构跳跃表包含多级索引，每个级别的索引都是按照其关联的数据结点的关键字升序排列，高级别索引是低级别索引的子集，原始链路层的数据节点将由用户选定的关键字进行升序排列。数据节点保存键值对的数值和指向下一个数据节点的指针。由于每个节点都不仅包含指向下一个结点的指针，可能包含指向很多个结点的指针，这样就可以跳过一些不必要数据的查找，提高查询效率。这是一个典型的以空间换取时间的算法。当数据体量逐渐增大，多层次索引关联引用小对象数量增大，加重垃圾回收负担。

3.2.4 列式数据库部署

在 Ubuntu18.04 系统环境下，按工程中典型调度主站两台数据服务器和两台主、备调度工作站四机配置，部署为主节点和 3 个工作节点构成的四机分布式调度监控列式数据库集群。其中主节点 IP 地址为 192.168.1.100，中央处理器采用 Intel(R) Core(TM) i7-7700，3.60 GHz 主频，8 GB 内存，工作节点的配置与主节点一致，IP 地址设置为 192.168.1.101、192.168.1.102、192.168.1.103。主节点集群搭建流程如图 3-7 所示，依次完成其基本配置步骤，在集群各个节点上分别部署 Hbase。

081

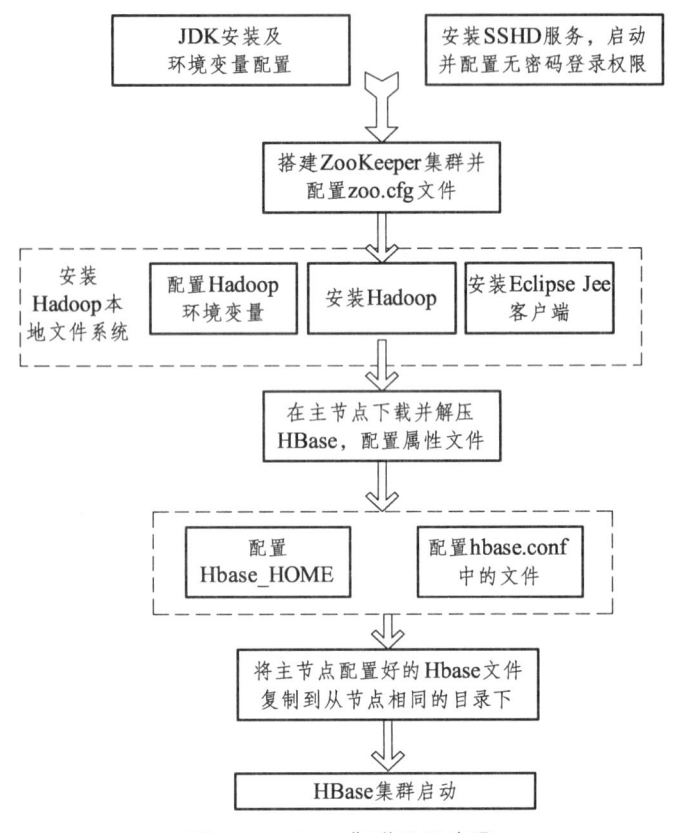

3 配电网准实时数据的倒排二级索引集群均衡处理技术

图 3-7 Hbase 集群配置步骤

1. Hadoop 云集群搭建

在 Hadoop 集群配置前，Ubuntu 系统下的各节点首先要完成 JDK1.7.0_07 和无密码 SSH 服务的安装及配置，提供给 hadoop 集群基本的运行环境。

然后可按照以下基本步骤，配置 Hadoop 为完全分布式集群：

（1）在各节点自定义的 Hadoop 目录下解压安装 hadoop-2.7.1.tar.gz 程序包。

$ cd /home/user/hadoop

$ tar -zxvf hadoop-2.7.1.tar.gz

（2）配置属性文件 hadoop-env.sh：通过向文件中添加环境变量

JAVA_HOME，即 Java 的实际安装目录信息，实现了 Hadoop 启动对 JDK 的访问。

（3）配置属性文件 core-site.xml：主要设置 HDFS 文件系统的临时地址和名字节点端口号。

<property>

 <name>fs.default.name</name>

 <value>hdfs：//hdp：9000</value>

</property>

<property>

 <name>hadoop.tmp.dir</name>

 <value>/home/user/hadoop/hdfs/tmp</value>

</property>

（4）配置属性文件 hdfs-site.xml：主要设置数据节点的数据存储目录、名字节点的元数据存储目录和系统的冗余备份副本数。

<property>

 <name>dfs.name.dir</name>

 <value>/home/user/hadoop/hdfs/namenode</value>

</property>

<property>

 <name>dfs.data.dir</name>

 <value>/home/user/hadoop/hdfs/datanode</value>

</property>

<property>

 <name>dfs.replication</name>

 <value>2</value>

</property>

（5）配置属性文件 mapred-site.xml（主要设置 MapReduce 程序运行时，JobTracker 所使用的端口号）：

3　配电网准实时数据的倒排二级索引集群均衡处理技术

<property>
　　<name>mapred.job.tracker</name>
　　<value>hdp1：9001</value>
</property>

（6）向 conf/masters 文件添加主节点主机名 hdp1，conf/slaves 文件添加从节点主机名 hdp2 和 hdp3、hdp4。利用 SSH 服务将主节点 hdp1 的 Hadoop 配置文件拷贝到其他从节点相同目录下。

$ scp　-r　conf　hdp2：/home/user/hadoop

$ scp　-r　conf　hdp3：/home/user/hadoop

$ scp　-r　conf　hdp4：/home/user/hadoop

按照上述配置步骤，基本完成了对 Hadoop 分布式集群的搭建，下一步则有必要进行云集群的 HDFS 系统启动测试，来验证 Hadoop 集群是否配置成功，即通过 Ubuntu 的命令行终端操作，进入 Hadoop 原安装目录，在首次执行 HDFS 文件系统格式化命令 bin/hadoop namenode-format 后，使用 bin/start-all.sh 来启动所有节点上的 hadoop 集群服务。hadoop 集群搭建完毕。

2．Hbase 列式数据库搭建

在已搭建好的 Hadoop 云集群上安装并配置 Hbase 数据库，具体步骤如下：

（1）在各节点自定义的 Hbase 目录下解压安装 hbase-1.2.0-bin.tar.gz 程序包。

$ cd /home/user/hbase

$ tar　-zxvf　hbase-1.2.0-bin.tar.gz

（2）配置属性文件：向文件中添加环境变量的路径，并使用自己管理的 ZooKeeper 服务集群。

（3）配置属性文件：主要设置 Hbase 在 HDFS 中的数据存储目录、HBase 完全分布式运行模式、HMaster 服务器的主机节点及端口号、

ZooKeeper 节点信息等配置项。

    <property>

        <name>hbase.rootdir</name>

        <value>hdfs：//hdp1：9000/hbase</value>

    </property>

    <property>

        <name>hbase.cluster.distributed</name>

        <value>true</value>

    </property>

    <property>

        <name>hbase.master</name>

        <value>hdfs：//hdp1：60010</value>

    </property>

    <property>

        <name>hbase.zookeeper.quorum</name>

        <value>hdp1，hdp2，hdp3，hdp4</value>

    </property>

（4）在文件 RegionServer 中添加所有 Hadoop 集群中的从节点 hdp2、hdp3。

（5）删除/home/user/hbase/lib/hadoop-core-2.7.1.jar，并拷贝 hadoop-2.7.1 版本的 Hadoop 核心 jar 包到 HBase 的 lib 目录下。

（6）将 HMaster 服务器 hdp1 上配置好的 HBase 文件夹通过 SSH 复制到其他从节点上。

    $ scp   -r   hbase

    $ scp   -r   hbase

完成上述配置步骤后，至此也实现了 HBase 分布式数据库集群的搭建，为了验证集群配置的正确性，同理可通过在系统命令行终端中先后执行图 3-8 所示命令，启用 jps 查看节点和服务是否启动。

3 配电网准实时数据的倒排二级索引集群均衡处理技术

```
hadoop@ubuntu:/usr/local/hbase$ jps
5676 Jps
5451 HMaster
5586 HRegionServer
5389 HQuorumPeer
3296 NameNode
3606 SecondaryNameNode
3408 DataNode
```

图 3-8　Hbase 集群相关服务进程成功启动

成功启动 HBase 集群之后可以进入 Web 端输入 https://localhost:60010 查看各个节点的信息，如图 3-9 所示。

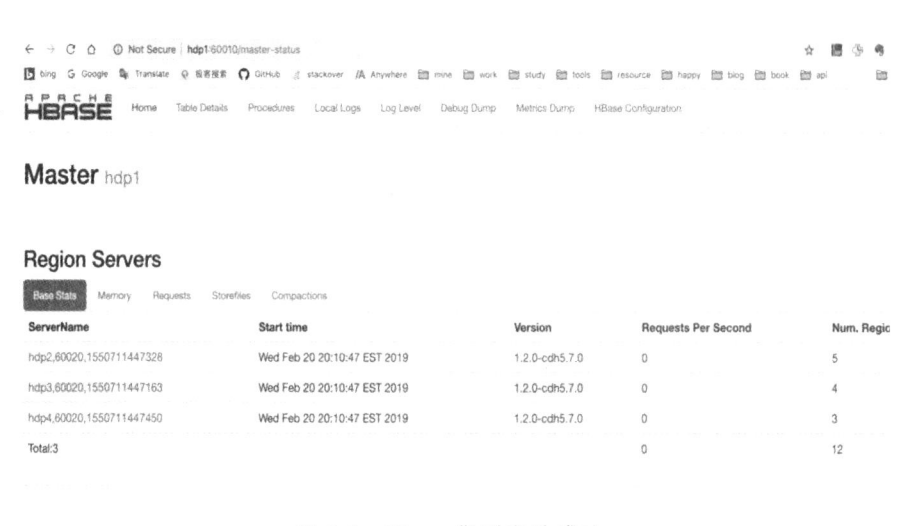

图 3-9　Hbase 集群启动成功

3．Hbase 列式数据库内存配置

根据实际业务逻辑需求不同，需要给 Hbase 集群配置运行内存大小。线上 Hbase 集群一般有两种模式：读多写少型+BucketCache 与写多读少型+LRUBlockCache。需将遥测数据表不断导入至 Hbase 列式数据库备份则为写多读少型模式，备份成功之后，要对数据库查询则为读多写少模式，内存配置按需分配。

业务负载分布中，30% 读、70% 写的具体步骤如下：

（1）系统内存基础上规划 RegionServer 内存，四机共享内存大小为

4×8 GB，设置分配给 JVM 内存大小为 4×8 GB×2/3≈22 GB。

设置 JVM 参数如下：

-XX:SurvivorRatio=2 -XX:+PrintGCDateStamps -Xloggc:$HBASE_LOG_DIR/gc-regionserver.log -XX:+UseGCLogFileRotation -XX:NumberOfGCLogFiles=1 -XX:GCLogFileSize=512M -server -Xmx22g -Xms22g -Xmn2g -Xss256k -XX:PermSize=256m -XX:MaxPermSize=256m -XX:+UseParNewGC -XX:MaxTenuringThreshold= 15 -XX:+CMSParallelRemarkEnabled -XX:+UseCMSCompactAtFullCollection -XX:+CMSClassUnloadingEnabled -XX:+UseCMSInitiatingOccupancyOnly -XX:CMSInitiatingOccupancyFraction=75 -XX:-DisableExplicitGC

（2）设置 hbase-site.xml 中 MemStore 相关参数：Memstore.upperLimit 设置为 0.45，Memstore.lowerLimit 设置为 0.40，Memstore.upperLimit 表示 RegionServer 中所有 MemStore 占有内存在 JVM 内存中的比例上限。如果所占比例超过这个值，RS（Region Server）会首先将所有 Region 按照 MemStore 大小排序，并按照由大到小的顺序依次执行 flush，直至所有 MemStore 内存总大小小于 Memstore.lowerLimit，一般 lowerLimit 比 upperLimit 小 5%。

<property>

  <name>hbase.regionserver.global.memstore.upperLimit</name>

  <value>0.45</value>

</property>

<property>

  <name>hbase.regionserver.global.memstore.lowerLimit</name>

  <value>0.40</value>

</property>

（3）设置 hbase-site.xml 中 LRUBlockCache 相关参数：hfile.block.cache.size 表示 LRUBlockCache 占用内存在 JVM 内存中的比例：30% 读、70% 写，因此设置为 0.3。

3 配电网准实时数据的倒排二级索引集群均衡处理技术

```
<property>
    <name>hfile.block.cache.size</name>
    <value>0.3</value>
</property>
```

3.2.5 监测时序数据的集群化存储

SCADA 的通信和信息传输处理系统，按照统一通信标准和时序向调度数据中心上传数据，经通信前置机接收预处理后，接收到的准实时数据按时序被写入分布式存储系统。

如图 3-10 所示，采集的一次设备开关量和模拟量等信息经过通信网络到达调度数据中心，调度数据中心的通信前置机为每条监测数据生成唯一标识编号 Id，作为记录主键，而采样时间戳、模拟量值、开关状态和设备信息等均作为记录的非主键，然后将数据广播给分布式海量数据库集群进行储存并生成索引，工作站运行的业务程序通过海量数据库集群访问准实时数据。

3.2.6 监测数据的倒排索引集群设计

倒排索引是一种以属性值为索引核心，由属性值及具有该属性值的记录的主键组成的索引系统，因通过记录的非主键反向定位主键，称其为倒排索引。绘制负荷曲线、编制日月报表等业务需通过特定属性值在海量数据中查询对应记录，借助倒排索引结构反向定位主键，再由主键迅速定位数据记录，可避免逐条过滤扫描非主键属性值筛选记录。

倒排索引集群主机运行的服务称为副本，逻辑上集群内所有副本被划分成若干片，片内副本数据冗余备份，副本通过选举成为该片的领导者。执行查询处理时，任务在集群中并行执行，每片只负责对片内储存数据的查询，各片完成任务后通过网络将结果汇总得到最终结果。

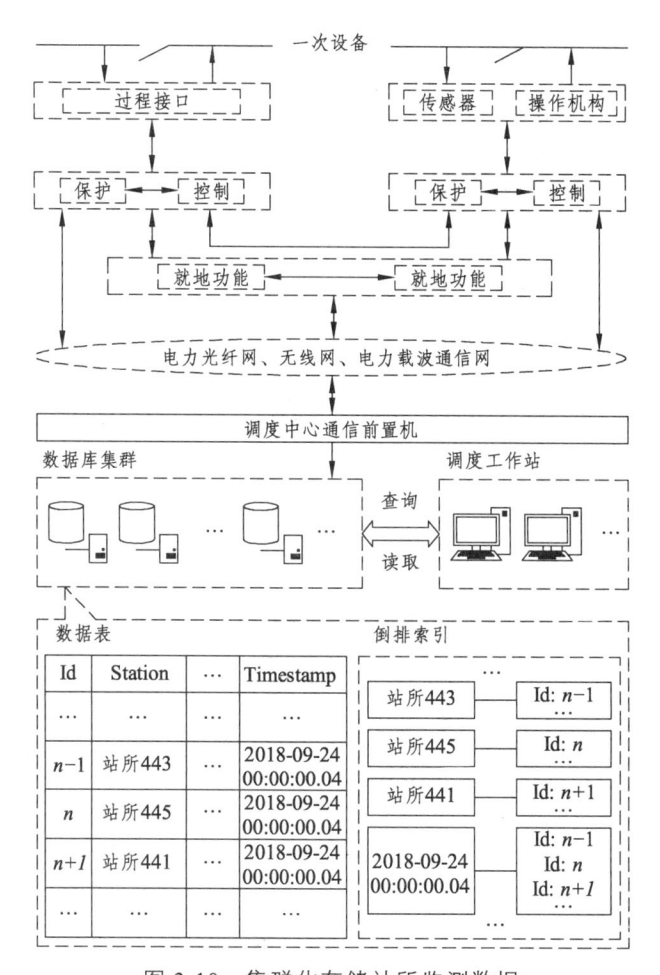

图 3-10 集群化存储站所监测数据

倒排索引的域是某个字段所有属性值的索引集合，分布存储于各片副本中。如图 3-11 所示，以变电站状态数据为例，数据的终端采集时间、归属站、测控终端编号、采集对象标识、采样值等非主键建有倒排索引。如倒排索引的归属站域中，全体属性值为"站所 443"记录的索引被分片储存，其中归属分片 1 的索引存储形式为元组"站所 443{Id：1、Id：2、…}"，将属性值"站所 443"映射为主键 Id 值"1、2、…"，由此将对非主键值"站所 443"的查询转化为对主键值"1、2、…"的查询，实现了准确筛选，从而避免数据库全表扫描，准实时数据倒排索引的其他域也同样可将各属性值映射到变电站遥测状态数据的 Id。

	Id	Timestamp	Station	RTU	Analogname	Analogvalue
数据表	1	2018-09-24 00:00:00.04	站所443	站所443	遥测16385	1 800.0
	2	2018-09-24 00:00:00.05	站所443	站所443	遥测16386	8 200.0
	3	2018-09-24 00:00:00.08	站所427	站所427	遥测16351	2 600.0
	4	2018-09-24 00:00:00.21	站所331	站所331	遥测15999	6 600.0
	5	2018-09-24 00:00:00.36	站所173	站所173	遥测14832	5 400.0
	…	…	…	…	…	…

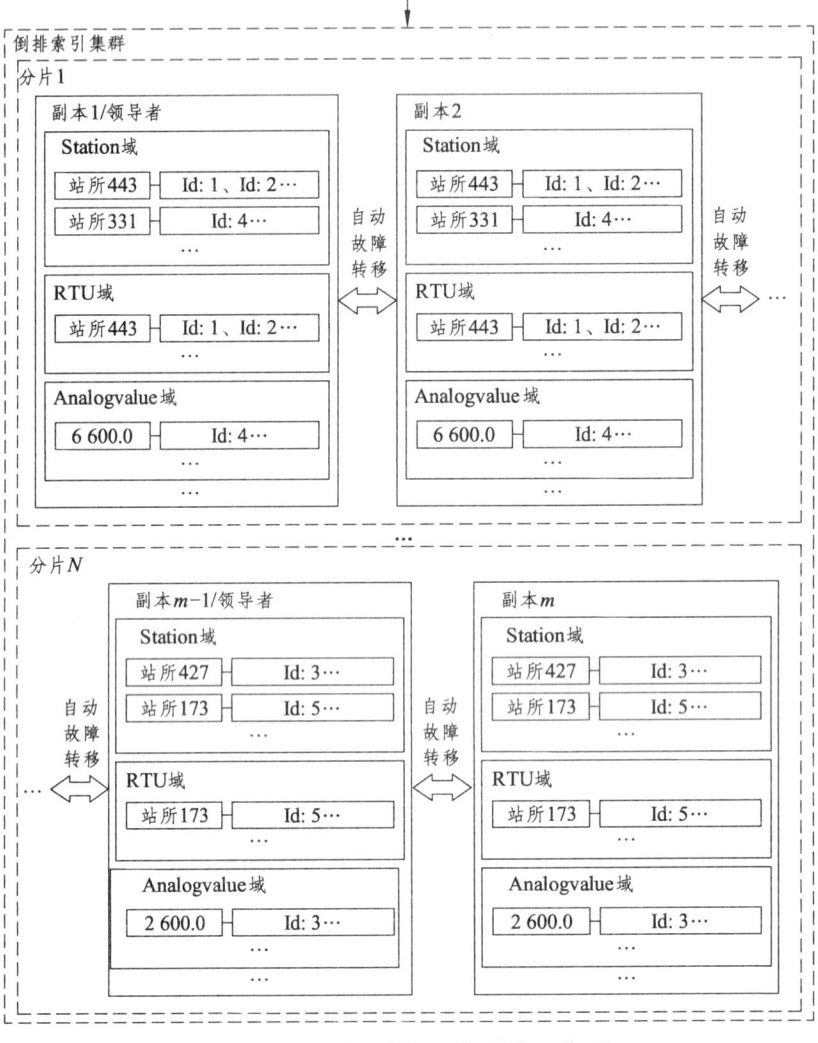

图 3-11　准实时数据的倒排索引集群

3.2.7 基于倒排索引集群的二级索引策略

对准实时数据的非主键属性值查询记录时，先建立倒排索引集群将非主键值映射为记录的主键，再基于主键在分布式数据库中查询记录，以实现快速查询。

以变电站状态数据为例，数据二级索引的策略如图 3-12 所示。向分布式数据库写入记录"{Id：1，…，Analogname：遥测 16385，…}""{Id：9，…，Analogname：遥测 16385，…}"，倒排索引集群收到数据更新广播后在相应分片构建完成数据索引更新。

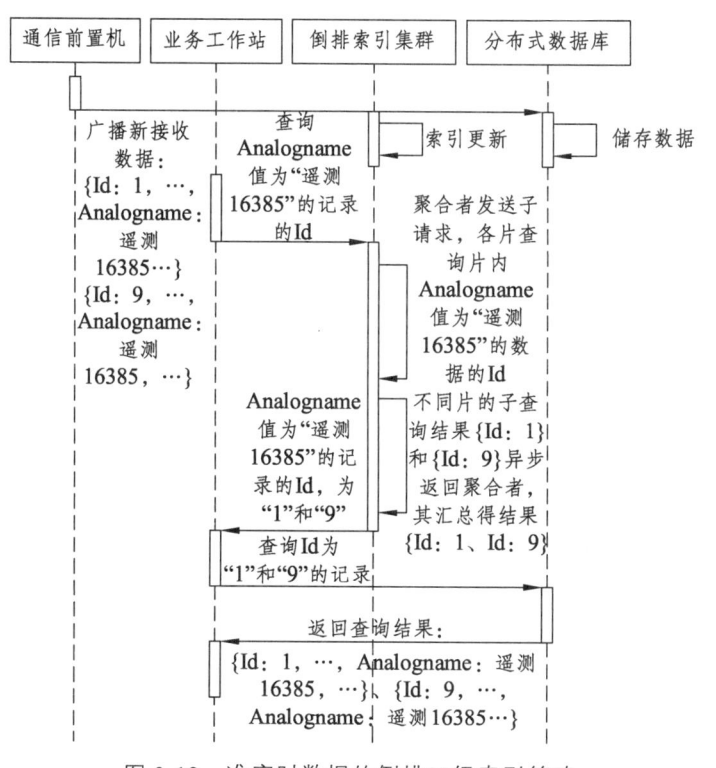

图 3-12 准实时数据的倒排二级索引策略

业务工作站查询 Analogname 值为"遥测 16385"的记录时，先向索引集群发送顶级查询请求，接收到此请求的副本作为本次查询的协调者，其

3 配电网准实时数据的倒排二级索引集群均衡处理技术

构造子请求分发给除所在分片外的其他分片下的某个副本，每个收到子请求的副本立即响应，将本地存储的属性值为"遥测 16385"记录的主键返回给协调者，协调者汇总得全部目标主键，业务工作站使用协调者返回的主键在分布式数据库查询即得目标数据记录。

3.3 倒排二级索引集群的拓扑选择

3.3.1 倒排二级索引集群的查询时间模型

设倒排二级索引集群的分片数为正整数 n，每片完成子查询的时间为 t_{qi}，查询的结果集需通过网络传输部分的数目为 b，网络传输查询结果的速度为 v，聚合者构建子查询的时间为 $\tau_s(n)$，聚合者汇总子查询结果，形成查询最终结果集的时间为 $\tau_t(n)$。

对某一查询而言，在完成子查询速度最慢和最快的分片完成子查询相差的时间内，都有子查询结果集通过网络返回给协调者时，倒排二级索引集群的查询时间有最小值：

$$T_{\min} = \max_{i=1,2,\cdots,n} \{t_{qi}\} + \tau_s(n) + \tau_t(n) + \frac{b - (\max_{i=1,2,\cdots,n} \{t_{qi}\} - \min_{i=1,2,\cdots,n} \{t_{qi}\})v}{v} \tag{3-1}$$

即

$$T_{\min} = \min_{i=1,2,\cdots,n} \{t_{qi}\} + \frac{b}{v} + \tau_s(n) + \tau_t(n) \tag{3-2}$$

在完成子查询速度最慢和最快的分片各自完成子查询相差的时间内，没有结果集通过网络返回协调者，即每个分片的子查询结果集都等完成子查询速度最慢分片完成子查询后，再通过网络返回给协调者，查询时间有最大值：

$$T_{\max} = \max_{i=1,2,\cdots,n} \{t_{qi}\} + \frac{b}{v} + \tau_s(n) + \tau_t(n) \tag{3-3}$$

一般情况下，查询时间因各片完成各自子查询的顺序和子结果集大小等原因具有一定的随机性，在完成子查询速度最慢分片和完成子查询速度最快分片各自完成子查询相差的时间内不一定每刻都有结果集通过网络返回协调者，引入调节因子 α（0~1），描述该时间内网络传输有效利用的程度，一般查询时间有：

$$T = \max_{i=1,2,\cdots,n} \{t_{qi}\} + \tau_s(n) + \tau_t(n) + \frac{b - \alpha(\max_{i=1,2,\cdots,n}\{t_{qi}\} - \min_{i=1,2,\cdots,n}\{t_{qi}\})v}{v} \qquad (3-4)$$

可见 T 实为以 $T_{\max}$ 为上界、$T_{\min}$ 为下界的区间内的随机值，考虑到讨论内容为查询时间随分片数变化的趋势，具体的参数与机器配置有关，为便于讨论，将查询时间统一记为

$$T = t_{qi} + \frac{b}{v} + \tau_s(n) + \tau_t(n) \qquad (3-5)$$

式中，t_{qi} 的函数形式与每片查询时间的函数形式相同，但其函数值不是具体某片完成子查询的时间，而是反应集群各片平均完成子查询的时间。

3.3.2 倒排二级索引集群的数据分布策略

设计基于准实时数据的主键进行一致性哈希计算的数据分布策略，借助一致性哈希的特性保证索引数据在集群分片间均匀分布。设使用哈希函数 H 计算得到的哈希值是一个 q 位无符号整形，将整个哈希值空间按顺时针方向组织成一个 0 和 2^q-1 重合的虚拟圆环，基于虚拟节点机制使用哈希函数 H 计算分片关键字的哈希值，确定分片在哈希环上的位置，使用相同函数 H 计算每条准实时数据记录主键的哈希值，确定每条数据在哈希环上的位置，并将数据沿顺时针方向映射到哈希环上最近的虚拟分片，数据索引归属虚拟分片对应的索引集群分片。

图 3-13 以两分片倒排二级索引集群的数据分布为例，具体说明基于一致性哈希的集群数据分布策略，图中选用的哈希函数计算结果为 32 位无符号整形，为每个实际存在的分片引入 8 个虚拟分片并命名为虚拟分片 1~8，

分别计算 8 个虚拟分片的哈希值，确定其在环上的位置。

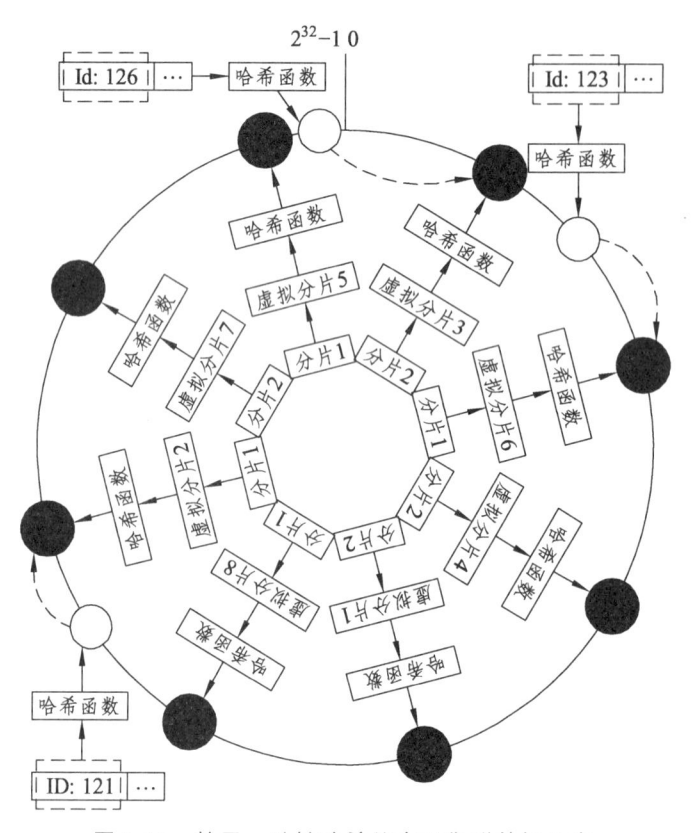

图 3-13 基于一致性哈希的索引集群数据分布

使用相同的哈希函数计算 3 条记录（ID 值为"121""123""126"）的哈希值，得对应数据在环上的位置，按顺时针方向将 3 条数据位置分别映射到最近的虚拟分片 2、虚拟分片 6 和虚拟分片 3，再由虚拟分片和索引集群分片的对应关系，确定 3 条数据索引分别归属分片 1、分片 1、分片 2。

3.3.3 倒排二级索引集群拓扑选择策略

设倒排二级索引集群每片完成子查询的时间 t_{qi} 与归属每分片索引的数据量 I_i 间的函数关系式为 $t_{qi} = \phi_i(I_i)$。函数 $\phi_i(I_i)$ 具有单调不减性，函数

的实际定义域为 $I_i \subset$ 正整数，为便于讨论极值，考虑连续定义域 $I_i > 0$。采用基于主键进行一致性哈希计算的数据分布策略时，准实时数据被近似均匀地分布在各片中，设准实时数据的总数目为 c，某次查询的结果集总数目为 x，此时集群每分片的数据量 $I_i = I = c/n$，结果集需通过网络传输的数据量 $b=(n-1)x/n$，把 n 实际能取值的正整数间的区间切分为长度趋于零的无限多个小区间，使 I、b、$\tau_s(n)$、$\tau_t(n)$ 成为关于 n 的连续函数，将式（3-5）改写为

$$T = \phi(I) + \frac{(n-1)\frac{x}{n}}{v} + \tau_s(n) + \tau_t(n) \tag{3-6}$$

将查询时间 T 对分片数 n 求偏导：

$$\frac{\partial T}{\partial n} = \frac{\mathrm{d}\phi(I)}{\mathrm{d}I} \cdot \frac{\partial I}{\partial n} + \frac{x}{vn^2} + \frac{\mathrm{d}\tau_s(n)}{\mathrm{d}n} + \frac{\mathrm{d}\tau_t(n)}{\mathrm{d}n} \tag{3-7}$$

令偏导数为零，得

$$\left.\frac{\mathrm{d}\phi(I)}{\mathrm{d}I}\right|_{I=\frac{c}{n}} \cdot \frac{c}{n^2} = \frac{x}{vn^2} + \frac{\mathrm{d}\tau_s(n)}{\mathrm{d}n} + \frac{\mathrm{d}\tau_t(n)}{\mathrm{d}n} \tag{3-8}$$

$$\left.\frac{\mathrm{d}\phi(I)}{\mathrm{d}I}\right|_{I=\frac{c}{n}} \cdot c = \frac{x}{v} + \left(\frac{\mathrm{d}\tau_s(n)}{\mathrm{d}n} + \frac{\mathrm{d}\tau_t(n)}{\mathrm{d}n}\right) \cdot n^2 \tag{3-9}$$

在监测数据的总数目 c 一定的情况下，讨论某次查询使集群时间取得极值的分片数。集群分片内的数据量 I 为分片数 n 的反比例函数，当分片数达到一定值后，继续增多分片将使每片的数据量变化较小，即式（3-9）等号左边部分的值在分片数大于一定值后平缓趋于常数，而 $\tau_s(n)$、$\tau_t(n)$ 与 n 呈正比关系，等号右边部分的值及导数值都随分片增多而增大，所以分片数超过一定值时，集群查询时间将随分片增多而单调增长。式（3-9）的大于零实数解 n_j 是使查询时间取极值的理论点，针对不同查询类型而言，解的个数和数值存在差异：

（1）不存在大于零实数解的情况下，集群查询时间必定是随分片数增

加而增加。

（2）存在单个大于零实数解的情况下，解为使集群查询时间取极小的分片值。

（3）存在 2 个以上大于零实数解的情况下，最大解是使集群查询时间开始单调增大的临界分片值，最小解是使集群查询时间停止单调减小的临界分片值，介于其间的解使集群查询时间呈增减交替变化。在解区间内部及端点取值时，分片数由 n_1 变为 n_2 导致的集群查询时间变化，取决于定积分 $\int_{n_1}^{n_2} (\partial T/\partial n) \mathrm{d}n$ 值与零的大小关系，但因 $\mathrm{d}\phi(I)/\mathrm{d}I$ 的值有实际意义不会剧烈变化，积分值约等于零，即分片数在此区间内取值使集群查询时间变化不大。

确定集群拓扑选择的策略为：从不分片开始逐次增加分片，每次测试查询耗时，耗时上升时停止测试，取耗时上升前的最大分片数。对应式（3-9）无解和仅有一个解的情况，其就是全局最小点，对于式（3-9）有多个解的情况，虽可能为局部最小点，但该局部最小点近似为全局最小点。

随索引数据增多，单片内的查询时延再次成为瓶颈，可在此时从当前的分片数开始测试，再次按策略确定新取值。

3.4 倒排二级索引集群的任务分发

3.4.1 倒排二级索引集群角色

倒排二级索引集群基于领导者—副本架构设计。分片领导者的职责是响应对本片倒排二级索引的顶级更新请求，协调包括自身在内的片内所有副本完成更新，分片内的副本仅负责响应顶级查询请求，由于领导者本质上也是一个副本，可同样响应顶级查询请求。为降低业务系统与倒排二级索引集群的耦合性，有能自动重定向顶级请求给实际负责处理的副本的机制，以实现索引集群黑盒化。请求重定向机制的流程如图 3-14 所示。

3.4 倒排二级索引集群的任务分发

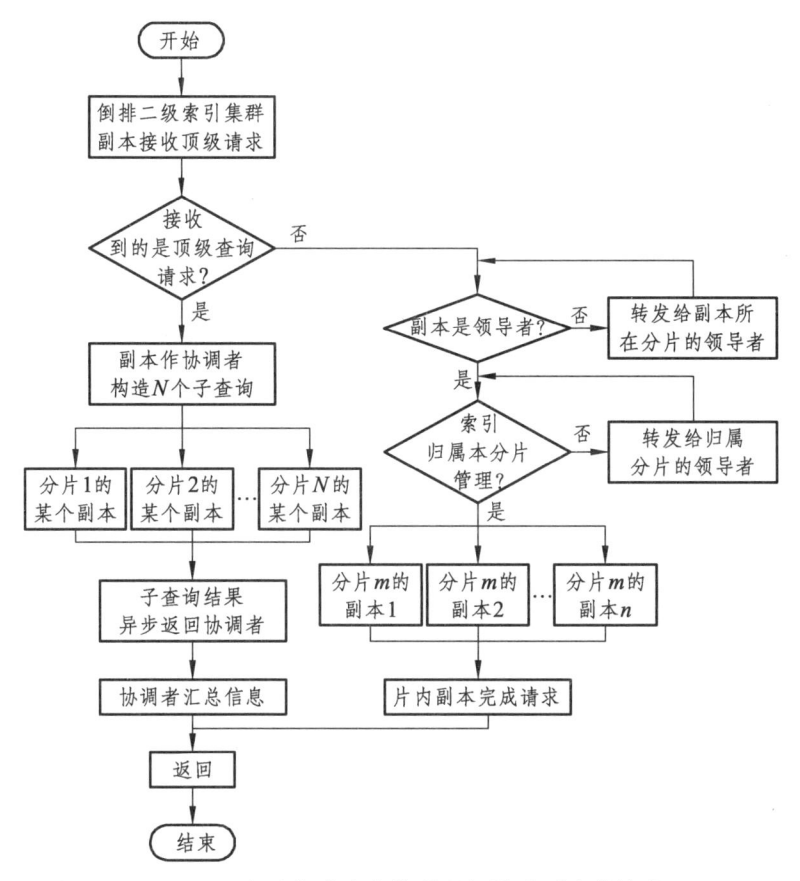

图 3-14 索引集群确定处理顶级请求副本的流程

若某片的领导者接收到顶级更新请求,将基于数据分布策略判断索引在集群中归属的分片,若不归属本片,则将其重定向给归属分片的领导者,对应分片的领导者接受到请求后会组织协调片内所有的副本建立索引,若某片非领导者的副本接收到该请求,将请求重定向给所在分片的领导者,同片领导者再进行上述处理。任意副本接收到顶级查询请求都将作为协调者响应请求。

3.4.2 带权重定向任务分配法

在倒排二级索引集群与业务系统之间设计针对顶级请求的任务均衡

097

3 配电网准实时数据的倒排二级索引集群均衡处理技术

器，解决因无法均衡分配接收顶级请求的副本，而导致的热点问题和分布式死锁以及集群网络带宽浪费。

均衡器从逻辑上把集群副本划分到两个资源池，各分片领导者组成资源池 Pool1，负责有关数据索引增、删、改的顶级请求，其余的副本组成资源池 Pool2，专门负责有关查询数据索引的顶级请求。每个资源池统一封装副本开放的接口，业务系统直接连接相应资源池。由此可把顶级请求导入资源池而不再随机发送给副本，达到定向分配的效果，并保持索引集群黑盒化。资源池在分配响应顶级请求的副本时，根据副本所在主机性能进行权重轮询，使顶级请求被均匀分配。

量化资源池内副本所在主机的处理器运算能力、内存容量和硬盘读写能力得到值 CA_i、MC_i、HA_i，由此计算衡量副本处理顶级请求的理论能力值 $TRV_i = \bar{\omega} \cdot [CA_i \quad MC_i \quad HA_i]'$，向量 $\bar{\omega} = [\omega_1 \quad \omega_2 \quad \omega_3]$、$\sum_{i=1}^{3} \omega_i = 1$ 是反应主机处理器运算能力、内存容量和硬盘读写能力影响顶级请求处理的权重。TRV 值越大表示副本处理能力越强。

考虑数据库集群内每个副本所在主机除倒排二级索引集群的相关进程还可能有名称节点服务（NameNode，NN）、第二名称节点服务（Secondary NameNode，SNN）、分布式数据库主节点服务（HMaster，HM）、数据库区域节点服务（HRegion，HR）、分布式应用程序协调服务（ZooKeeper，ZK）和资源监控服务（ResourceManager，RM）等集群进程，量化它们导致副本处理顶级请求的能力损失 $LD_i = \vec{\xi} \cdot [NN \quad SNN \quad HM \quad HR \quad ZK \quad RM]'$。向量 $\vec{\xi} = [\xi_1 \quad \xi_2 \quad \xi_3 \quad \xi_4 \quad \xi_5 \quad \xi_6]$、$\sum_{i=1}^{6} \xi_i = 1$ 用于设定每个集群进程对副本处理顶级请求的影响程度；列向量分量对应各集群进程，因这些进程在集群的不同主机上运行时占用的资源基本一致，定义分量为主机守护的集群进程的标志位，即主机有相应集群进程时值为 1，没有则值为 0；LD_i 值域为 [0, 1]，用于归一化表示能力损失的比例。

结合处理顶级请求的理论能力 TRV_i 和基础进程导致的损失 LD_i，可得分配顶级请求给副本的理想概率。由于两个资源池处理的顶级请求类型不同，针对资源池 Pool1 分配顶级更新请求给池内副本的理想概率 P_{1i} 和资源池 Pool2 分配顶级查询请求给池内副本的理想概率 P_{2i} 分别讨论：

（1）资源池 Pool2 处理的任务对硬盘资源开销较大，设置计算 TRV_i 和 LD_i 的权值为偏重硬盘资源的 $\bar{\omega}$ 和 ξ。

（2）资源池 Pool1 处理的任务对处理器和内存资源开销较大，按偏重处理器和内存资源修正用于计算 TRV_i 和 LD_i 的权值为 $\bar{\omega}'$ 和 ξ'。

P_{1i} 和 P_{2i} 的计算式 P_{Ni} 为

$$P_{Ni}=\frac{TRV_i\cdot(1-LD_i)}{\sum_{i=1}^{m}TRV_i\cdot(1-LD_i)}, i\subset \text{Pool}N(N=1,2) \qquad (3-10)$$

根据 P_{Ni} 值即可为资源池中副本设置轮询的权重，均衡器由此将经定向分流的顶级请求均衡地分配给资源池内相应节点处理。

对四副本两分片索引集群的顶级请求分配过程如图 3-15 所示，索引顶级更新请求被定向至分片 1 副本 1 和分片 2 副本 2 组成的资源池 Pool1，顶级查询被定向至分片 1 副本 2 和分片 2 副本 1 组成的资源池 Pool2，资源池 Pool2 中分片 1 副本 2 和分片 2 副本 1 的权重分别为 2 和 1，资源池 Pool1 的 2 个副本权重均为 1。顶级更新任务序列 U1-U2-U3-U4 和顶级查询任务序列 Q1-Q2-Q3-Q4-Q5 的各个顶级请求通过加权轮询策略将分配到相应副本，每个副本处理的顶级请求数量取决于副本的权重。

3.4.3 带权重定向任务分配法性能分析

通过设计的定向任务分配法把顶级请求导入资源池 Pool1，以避免集群中非领导者副本接收这类请求后至少需进行的一次转发。

设集群共有 r 个副本，其中 l 个被选举为领导者。普通索引集群中，每个顶级查询请求被转发次数的平均期望值 $E_q=0$，每个顶级更新请求被转发次数的平均期望值：

$$E_u=0\cdot\frac{1}{r}+\frac{\frac{r-l}{l}+(l-1)}{r}+\frac{2\left[\frac{r-l}{l}\cdot(l-1)\right]}{r}=\frac{-l^2+2rl-r}{rl} \qquad (3-11)$$

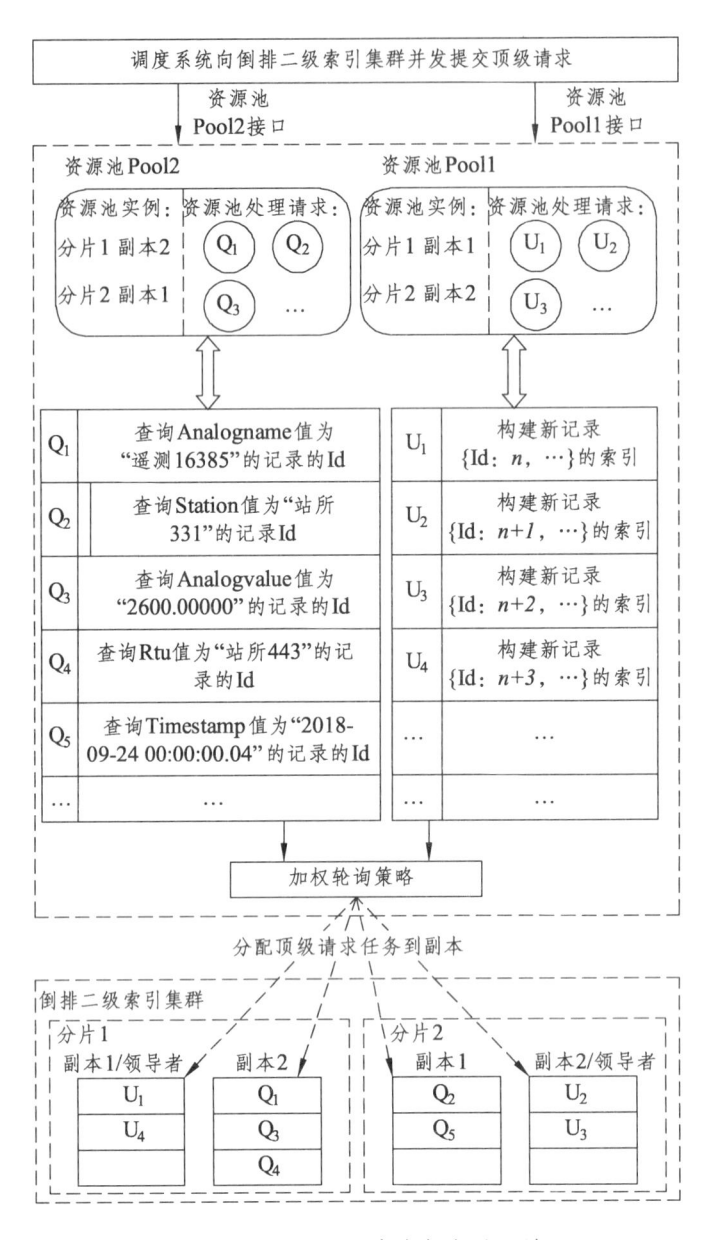

3 配电网准实时数据的倒排二级索引集群均衡处理技术

图 3-15 带权重的定向任务分配法

采用带权重定向任务分配法的权重定向集群中，每个顶级查询请求被转发次数的平均期望值 $E_q = 0$，每个顶级更新被转发次数的平均期望值：

$$E_u = 0 \cdot \frac{1}{l} + \frac{l-1}{l} = \frac{l-1}{l} \quad (3\text{-}12)$$

设顶级查询请求的概率为 q，则顶级更新请求的概率为 $(1-q)$，共有 m 次随机的顶级请求情况下，顶级查询请求数量的期望值为 mq，顶级更新请求数量的期望值为 $m(1-q)$。普通索引集群处理 m 次随机的顶级请求时，集群总共转发请求次数的期望值：

$$\begin{aligned} E_{\text{total},og} &= m \cdot (1-q) \frac{-l^2 + 2rl - r}{rl} \\ &= \frac{\dfrac{-ml^2}{r} + 2ml - m + \dfrac{mql^2}{r} - 2mql + mq}{l} \end{aligned} \quad (3\text{-}13)$$

而权重定向集群处理 m 次随机的顶级请求时，集群总共转发请求次数的期望值：

$$E_{\text{total},ip} = \frac{m(1-q)(l-1)}{l} = \frac{ml - m - mql + mq}{l} \quad (3\text{-}14)$$

设权重定向集群相较普通索引集群能使转发次数下降，即 $E_{\text{total},og} > E_{\text{total},ip}$，有

$$ml - mql - \frac{ml^2}{r} + \frac{mql^2}{r} > 0 \quad (3\text{-}15)$$

化简得

$$1 > \frac{l}{r} \quad (3\text{-}16)$$

因分片内至少要有 1 个副本，有 $r \geqslant l$ 恒成立。当集群的副本不全为领导者时，有 $r > l$ 使不等式（3-16）恒成立，即权重定向集群中顶级请求总转发次数下降，而当所有副本均为领导者时，有 $r = l$，权重定向集群中总转发次数仍与普通索引集群持平，但实际系统中调度数据中心考虑对可靠性的要求，一般不会采取这种无冗余结构。由式（3-13）、（3-14）计算转发次数平均期望减少值：

101

3 配电网准实时数据的倒排二级索引集群均衡处理技术

$$E_{dp} = m - mq - \frac{ml}{r} + \frac{mql}{r} = m(1-q)\left(1 - \frac{l}{r}\right) \qquad （3-17）$$

此外，把顶级请求定向导入 2 个资源池的策略有利于避免领导者处理顶级查询请求时因更新数据索引占用额外的线程和计算资源导致的响应时延增加。且资源池内由权重轮询最终确定响应顶级请求的副本，能使请求在整个集群中合理分配，避免某个副本上聚集过多顶级请求造成响应缓慢甚至导致分布式死锁。

3.5 算例测试

3.5.1 搭建查询集群测试

以某铁路 10 kV 配电网的 SCADA 系统采集的监测数据为数据源，导入集群测试性能。监测对象主要包括 10 kV 变配电所、10 kV 电力贯通线和 10 kV 自动闭塞线等，具有测量点多、变化快的特点，图 3-16 是供电部分示意图。

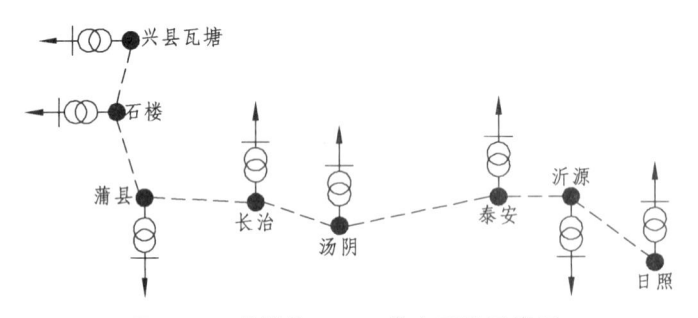

图 3-16 某铁路 10 kV 供电系统示意图

使用四副本倒排索引集群为数据的采集时间，归属站所，测控终端编号，采集对象标识以及采样值等非主行键构建索引，集群主机的详细配置如表 3-1 所示。在倒排二级索引集群中不设缓存的条件设置 3 组查询用于测试，其分别为：

表 3-1　HBase 倒排索引集群主机配置

主机名	主机配置	概　况
master01 @192.168.1.110	CPU：Intel®Core™ i5-6500@3.20GHz 内存：8 GB×2，DDR4 HDD：1 TB，7 200 rpm 网络：100 Mb/s 以太网	操作系统：Linux （CentOS7） 数据库：HBase1.2.0
master02 @192.168.1.111 slave02 @192.168.1.112 slave03 @192.168.1.113	CPU：Intel®Core™ i5-4590@3.30GHz 内存：4 GB×2，DDR3 HDD：1 TB，7 200 rpm 网络：100 Mb/s 以太网	

第Ⅰ组，单条件查询：采样值为"2600.00"的记录。

第Ⅱ组，双条件查询：采样对象为"遥测 16401"且归属站所为"站所 331"的记录。

第Ⅲ组，多条件查询：采样对象为"遥测 16399"且归属站所为"站所 420"以及采样值为"5800.00"的记录。

3.5.2　查询耗时受集群拓扑影响测试

在倒排二级索引集群的 4 个副本被分为 1 片、2 片、4 片的情况下测试，集群采用基于数据主键进行一致性哈希计算的数据分布策略，逐次增加导入的数据量，在数据规模为 1×10^7 条、4×10^7 条、8×10^7 条、1.2×10^8 条、1.6×10^8 条时进行 3 组查询测试，统计每组查询耗时，相同条件下的测试重复进行 12 次，舍弃最大值和最小值，对余下 10 个结果求平均，结果如图 3-17 所示。

由图 3-17 可得，索引集群分片数目对查询耗时影响明显。5 种数据规模下的第Ⅰ组和第Ⅱ组测试中，分片增加导致查询耗时最低的涨幅分别达 8% 和 17.4%，甚至数据规模为 1×10^7 的第Ⅱ组测试中，分片由 1 片增加到 2 片时查询耗时的涨幅高达 113%，造成结果的原因是分片增多带来的

3 配电网准实时数据的倒排二级索引集群均衡处理技术

分布式开销增长高于副本因单片数据量下降而提升的性能，此情况下式（3-8）等号右边部分的值大于左边部分的值导致式（3-7）值大于零，即分片过多致使查询耗时变大，1×10^7条数据下的第Ⅲ组测试结果也与其一致。4×10^7条数据下的第Ⅲ组测试中，分片由 1 片增加到 2 片时，查询耗时从 73 ms 下降到 64 ms，降幅达 12.3%，而分片继续由 2 片增加到 4 片时，查询耗时则回升至 67 ms，这表明此时解式（3-9）所得的合理分片数为 2。在数据规模为 8×10^7 条、1.2×10^8 条、1.6×10^8 条的第Ⅲ组测试中，分片由 1 片增加到 2 片时，查询耗时的下降幅度分别达 26.4%、26.9%、31.7%，继续由 2 片增加到 4 片时，查询耗时的下降幅度仍达 8.7%、14.9%、19.7%，这是因为分片增多带来的分布式开销增长低于此时副本因单片数据量下降而提升的性能，此情况下式（3-8）等号右边部分的值小于左边部分的值，导致式（3-7）的值小于零，在测试设置的分片区间内随分片增多查询耗时还处于下降阶段，但根据式（3-9）的分析和 4×10^7 条数据下的第Ⅲ组测试的结果可知：继续增多分片会得出使查询实验得到极小值的分片数目，而在此之后继续增多分片则出现与 5 种不同索引量下第Ⅰ组和第Ⅱ组测试一致的查询耗时上涨的结果。

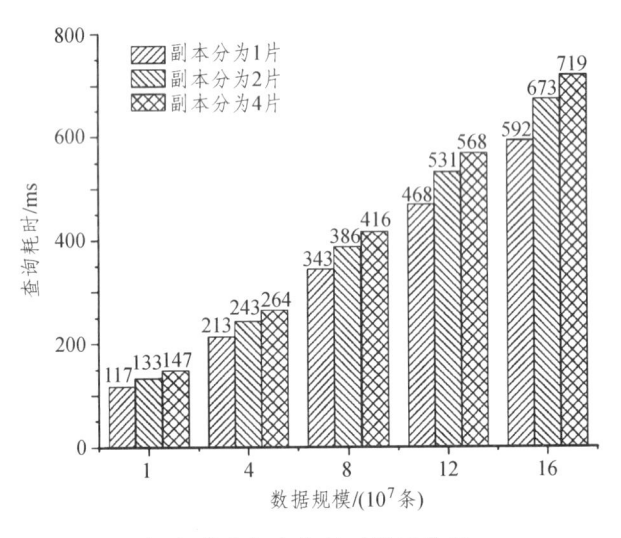

（a）第Ⅰ组查询耗时测试结果

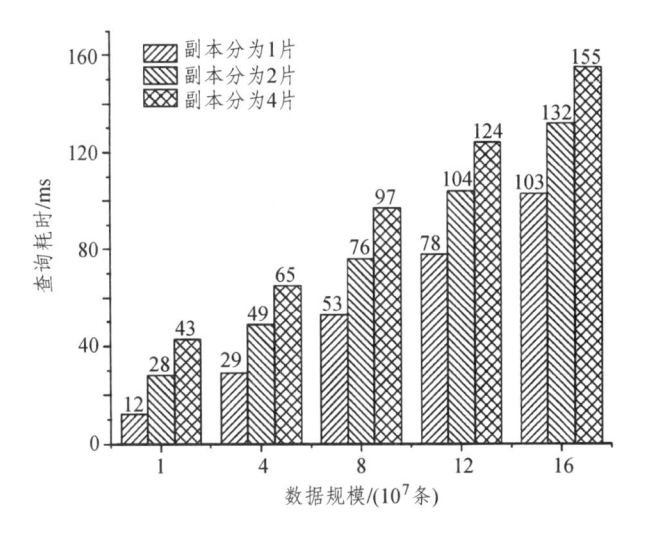

（b）第Ⅱ组查询耗时测试结果

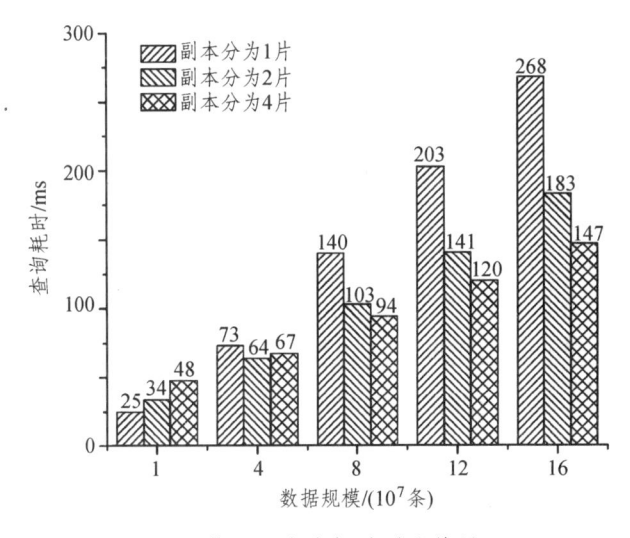

（c）第Ⅲ组查询耗时测试结果

图 3-17 查询耗时受集群拓扑影响测试结果

结果表明，集群分片的设置是平衡副本处理的时延和集群分布式开销的结果，同样的硬件配置下，分片过少会增加副本处理时延，而分片过多又会加大分布式开销,这都可使得查询耗时增长,而按拓扑选择策略设置的分片数是平衡两种开销的结果,有助于减小查询时延。

3.5.3 带权重定向任务分配法性能测试

设定索引集群分为 2 片,使得每片都有一个领导者和一个副本,一次性导入 1.6×10^8 条数据,在查询 3 组内容的顶级查询请求并发量小于集群副本的可用服务线程数 20 倍、10 倍和 5 倍的情况下进行测试,并且每次加入额外 10 组顶级更新请求,以测试有数据写入的影响,分别统计顶级请求并发提交给权重定向集群(方式 1)和直接将顶级查询请求提交给普通索引集群的领导者且将顶级更新请求提交给副本(方式 2)时的查询最大耗时,相同条件下重复 12 次测试,舍弃最大值和最小值,求余下 10 个值的平均数,最终结果如图 3-18 所示。

由图 3-18 可得,在查询并发量小于集群副本的可用服务线程数 20 倍的第 Ⅱ 组测试中,方式 1 耗时相比方式 2 有 5.56% 的降幅,这是因为由式(3-17)推导的转发次数减少和权重轮询将顶级查询请求平均分配给副本。而查询并发量小于可用服务线程数 10 倍的测试中,相比方式 2,方式 1 耗时降幅达 20% 以上,这不仅是因为权重定向集群的网络开销降低和定向顶级查询请求到非领导者副本,还因权重轮询减小了顶级查询请求因副本服务线程拥塞造成的时延,使集群的查询耗时进一步降低,而在查询并发量小于可用服务线程数 5 倍的测试中,方式 2 使得线程拥塞造成的时延占整个查询耗时的比例更大,采用方式 1 使耗时的降幅能达 50% 以上。

由此可见,相比普通索引集群,权重定向集群中请求转发次数下降,因副本服务线程阻塞造成的处理时延也变小,顶级请求在副本间分布更均衡,集群资源利用更合理,查询耗时明显降低。

（a）第Ⅰ组测试结果

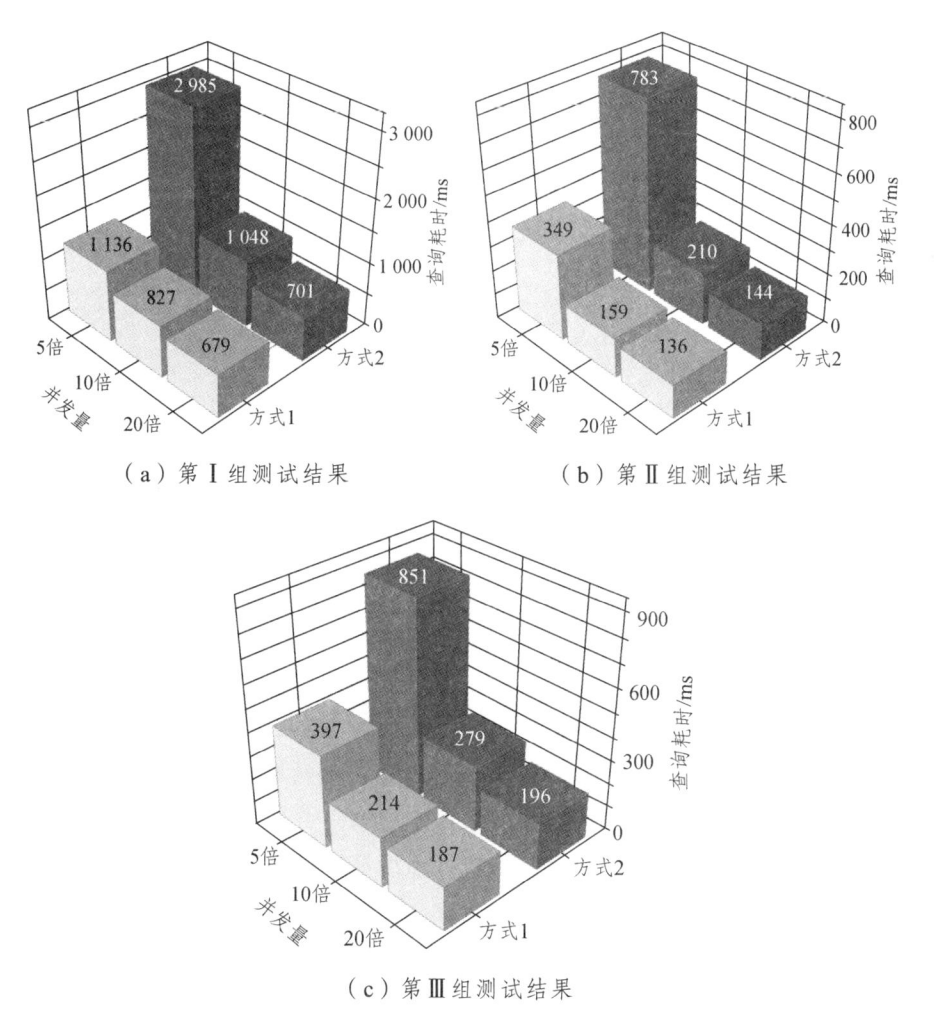

（b）第Ⅱ组测试结果

（c）第Ⅲ组测试结果

图 3-18 带权重定向任务分配法性能测试结果

3.5.4 分布式死锁测试

在带权重定向任务分配法性能测试的基础上，将额外加入的顶级更新请求改为持续写入数据且直接提交更新给领导者，并在查询并发量与集群副本的可用服务线程数大致相同、小于约 2 倍和小于 3 倍的 3 种情况测试索引集群因领导者产生热点问题而导致的分布式死锁。测试中将超过 5 s

3 配电网准实时数据的倒排二级索引集群均衡处理技术

仍未返回响应的情况视为产生分布式死锁，在权重定向集群和普通索引集群中相同条件下重复20次测试，并统计分布式死锁出现的频率，结果如图3-19所示。

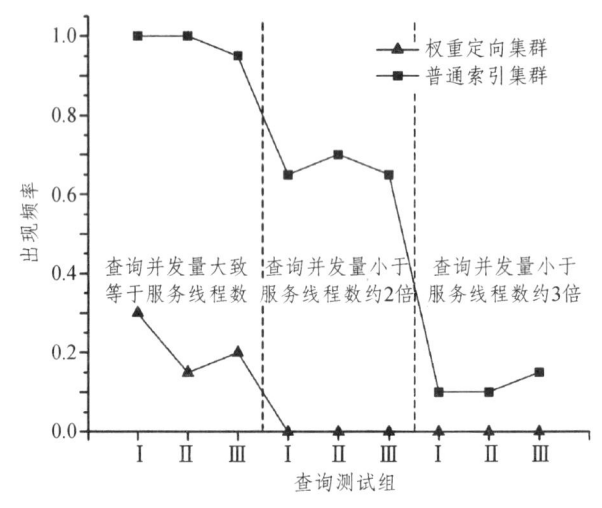

图 3-19 分布式死锁出现频率

由图 3-19 可得，在服务线程数大致等于查询并发量的情况下，普通索引集群出现分布式死锁概率较高，这是因为领导者拥有的可用线程不足以满足并发的顶级请求量，无法提供执行顶级请求时需要的线程，导致请求一直被阻塞产生分布式死锁，而权重定向集群疏导阻塞领导者的顶级查询请求至非领导者副本，使集群内线程最紧张副本的顶级请求量下降，再结合权重轮询辅助，使分布式死锁发生概率明显下降。在查询并发量小于可用服务线程数约 2 倍和 3 倍的情况下，普通索引集群也因线程数增加使分布式死锁出现概率减小，但在顶级更新请求并发量较大的情况下仍会产生分布式死锁，而此时权重定向集群已可避免分布式死锁产生。

3.6 结　论

（1）通过建立的倒排索引集群的查询时间模型，综合运用一致性哈希

3.6 结 论

数据分布，研究了一种倒排二级索引集群拓扑选择策略。以某铁路 10 kV 配电网 SCADA 监测数据为例，进行不同分片的测试，验证选择策略能找到均衡副本处理时延和集群分布式开销的分片数，有助于避免因拓扑规划不合理导致的查询耗时增长。

（2）基于定向分配思想和权重轮询策略提出的带权重定向任务分配法，克服黑盒化集群处理并发请求不均衡的缺点。利用算例数据进行不同并发量的查询测试，验证采用带权重定向任务分配法的权重定向集群分配顶级请求更加均衡。结果表明：权重定向集群中并发量小于服务线程数 5 倍时查询耗时降低 50% 以上，因领导者热点问题导致的分布式死锁产生概率显著降低。

4

按列存储的配电监测数据包区间编码正规化压缩处理

4.1 引　言

随着智能配电网技术向工业应用领域不断扩展，大量配电自动化装置接入电气化铁路工程中，配电调度自动化系统的容量及规模不断扩大，加上供电监控系统服役期长，使配电自动化监测信息量呈指数式激增，已达到了前所未有的数量级[88-90]。海量监控信息处理的 I/O 密集，使数据库服务器工作负载重，高效的压缩处理可以降低海量配电网监测信息存储体量，从而减轻服务器存储压力，已成为智能调度监测海量信息处理的重要研究方向[91-92]。

目前使用较广泛的开放内存数据库 fastdb 和非关系型（Not Only SQL，NoSQL）内存数据库 mongodb 均以吉字节（GB）级别的容量为限，SQLite 内存数据库则限制在 100 GB 内，在存储海量配电网监测信息时受到一定制约[93-96]。磁盘数据库按照内部数据存储架构主要分为行式数据库和列式数据库，行式数据库以记录为存储单元进行空间分配和数据处理，记录数据作为一个整体，更适合于在线交易性的 OLTP 应用，以 Oracle、MySQL 为代表，通过创建索引进行快速查询[97]，然而，对于海量配电网监控数据场景，维护索引占用的磁盘空间往往比数据本身要多出 3 倍以上，维护索引的成本开销也成倍增长，基于行存储的压缩算法的无损压缩率普遍不高[98-99]。伴随 NoSQL 的兴起，以列为单位组织数据存储和处理的列式数据库逐步成为新型的海量数据管理方式，按列存储处理的明显优势是同一列属性具有相同的数据类型和值域，规律性强、数据重复度高的特点利于高效压缩的实现，适合海量存储、数据分析和商业智能等应用[100-101]。以 HBase 和 InfoBright 等为代表的列数据库已应用于雅虎、思科、戴尔等知名企业的大数据系统[102-103]，本章基于列式存储和数据包存储模式，对配电自动化系统中海量监测数据进行了压缩存储研究，研究了一种扩展区间编码的正规化处理海量监测数据包的按列压缩存储技术。

通过搭建海量配电网监控数据列式存储平台，在数据包知识网格主架构下，以某配电网监测工程系统导出的数据为算例输入数据源，对配电网监测信息进行列式压缩处理实验，获得了海量配电网监测大数据集的整体高压缩比率。列式压缩处理的存储架构保证各存储单元的监测数据有很高的相似性和重复度，对发挥数据包区间编码和正规化压缩处理的效率比较有效。

4.2 配电调度监控信息的列存储

4.2.1 配电调度监控信息的列存储模式

按照数据包（Data Pack，DP）、数据包节点（Data Pack Node，DPN）、知识节点（Knowledge Node，KN）三层结构架构配电监测数据存储模式。由于按列分割的 DP 数据规律性强、相似性大的特点，原生便利于压缩，因此将 DP 数据包存储于最底层，以监控信息每列数据中的 64 KB 列值为单元。DPN 数据包节点和 DP 数据包之间建立一一对应关系，在监控数据加载时随 DP 创建，DPN 一对一记录监控信息的量测最值、均值、单元总计数等对应 DP 内存储、压缩统计及聚集数据等数据包的元数据。利用知识节点 KN 存储描述 DP 之间的依赖关系、分布状态统计信息、列间信息和表间关系的元数据集合，例如监控量测信息的数值范围、字符位置、列数据包之间的关联。大量 DPN 和 KN 一起构成知识网格（Knowledge Grid，KG）。

如图 4-1 所示，将某 10kV 配电网低压侧 1 号和 2 号母线负荷的监测信息融入三层列存储结构，将电压互感器和电流互感器信号经 RTU 采集传输处理后的遥测值按 V001，V002，…，V00*N* 列组织存储。

4.2 配电调度监控信息的列存储

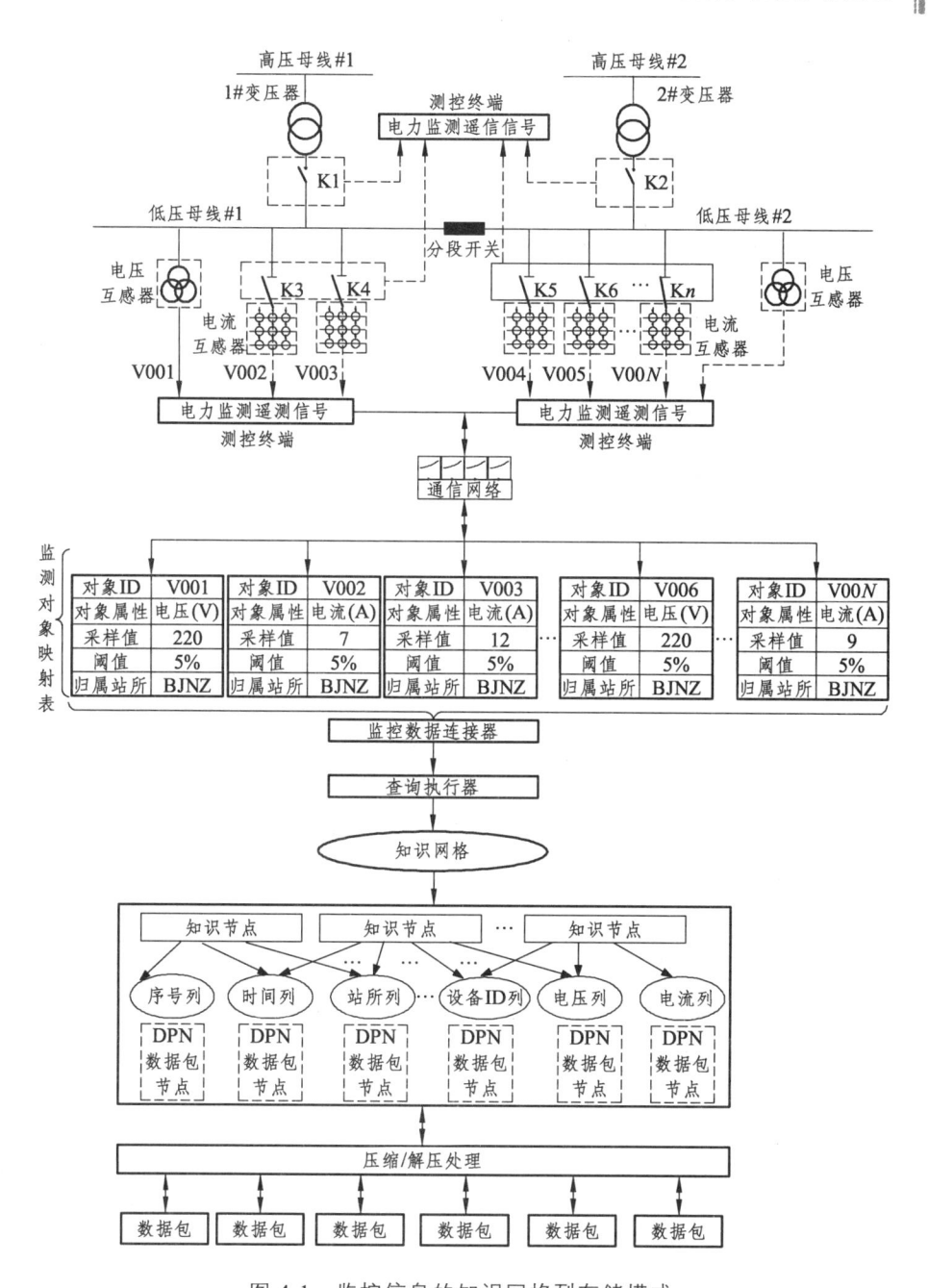

图 4-1 监控信息的知识网格列存储模式

4 按列存储的配电监测数据包区间编码正规化压缩处理

经量测值前置处理模块，由对象映射表按照时间序列加载进程，调通用接口类与列处理引擎的 SQL 层连接。启动数据引擎和执行器，将配电网监测信息按对象类，以每列对象 64 KB 为单位分割成多块 DP 数据包，生成与每块 DP 对应的 DPN 用于记录 DP 统计的元信息，记录包含 DP 间依赖、列信息等高级元数据的 KN，构建以 DPs 为 RTU 监测信息底层存储，DPNs 和 KNs 为表信息元数据集的配电网遥测值三层列存储架构。对 DP 数据包划分区间，进行并行压缩编码。

4.2.2 按列存储数据包

高数据压缩比主要依赖列存储方式和强大的压缩方法，每列数据分块压缩存放，每个压缩数据块由知识网格节点记录块内统计信息，将 RTU 遥测信号按三层知识网格架构存储，以配电自动化调度监测信息为例，每个监测点配置序列号、采样时间、站所、设备标识、电压值、电流值等不同类型的列存储信息，在底层存储上，按照以列为属性的方式，每列均以 64 KB 为单位分解的数据包形式单独存储数据。时间序列采集的配电监测数据的按列存储及其底层数据包压缩存储方式如图 4-2 所示。

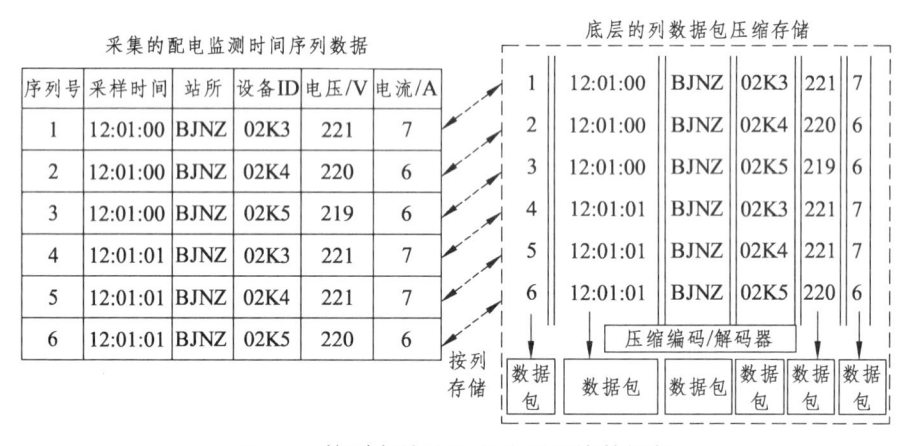

图 4-2 按列存储的配电监测压缩数据包

按列存储是指将归属于同一属性类的信息连续存放，首先将所有的采样时间类连续存放，然后依次再将站所、设备标识、电压类等连续存放，以此类推，直至监测信息全部存放完毕为止。传统的行存储数据库的压缩是对监测数据表和记录进行统一编码，各属性间数据类型差异，决定了其压缩率很难提高，而将监控信息按列存储，使各属性类的数据重复度非常高，因而有望大幅提高整体压缩率。

4.3 按列压缩的区间编码正规化处理

4.3.1 监测数据的区间压缩编码原理

首先将输入的监测数据信源进行区间化分割，分为高、低位部分[104]，对分割数据进行概率统计，将高、低位数据进行区间编码和合并存储，如图 4-3 所示。

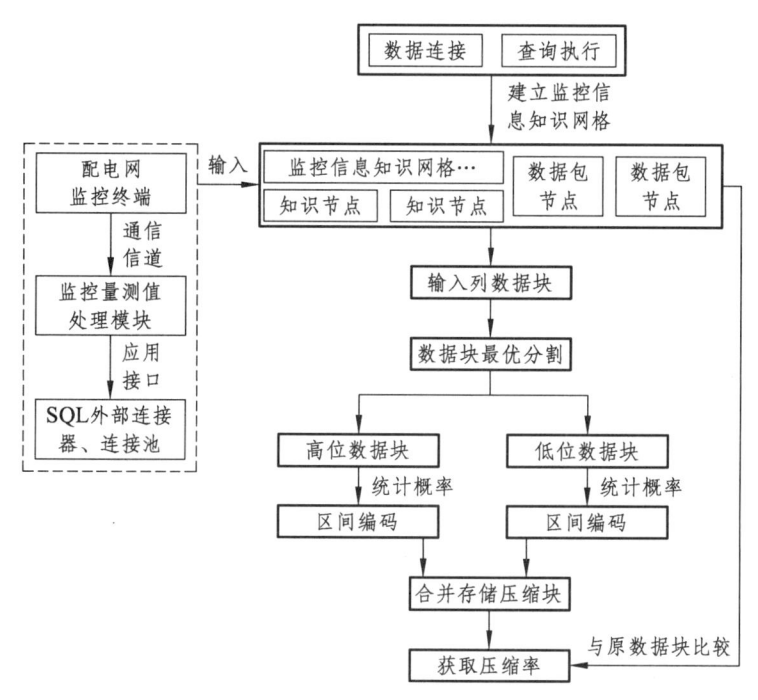

图 4-3 监控信息列式区间压缩处理流程

4 按列存储的配电监测数据包区间编码正规化压缩处理

相比于一般算术编码按比特位定义模型符号范围而言，区间编码模型符号范围任意，且可动态调整区间范围，尤其适合大规模数据压缩应用。根据输入的监控信息列数据分割为高、低位数据块，并行地执行区间编码，产生更少的固定比特位、数据最大值的统计符号个数以及更低的编码区间划分频率，从而提高压缩性能。

通过统计待编码序列的概率分布，给定一个足够大范围，在此范围内划分按符号概率分布的子范围，不断地迭代子范围，即编码当前符号后，将当前符号所处子范围作为下一个符号编码的总范围，最后用子范围内的某个数来表示整个码流。整体来讲，区间压缩编码是将所有数据映射到某个整数区间内，最后以属于该区间的某个整数作为编码输出，监控信息压缩编码原理如图 4-4 所示。

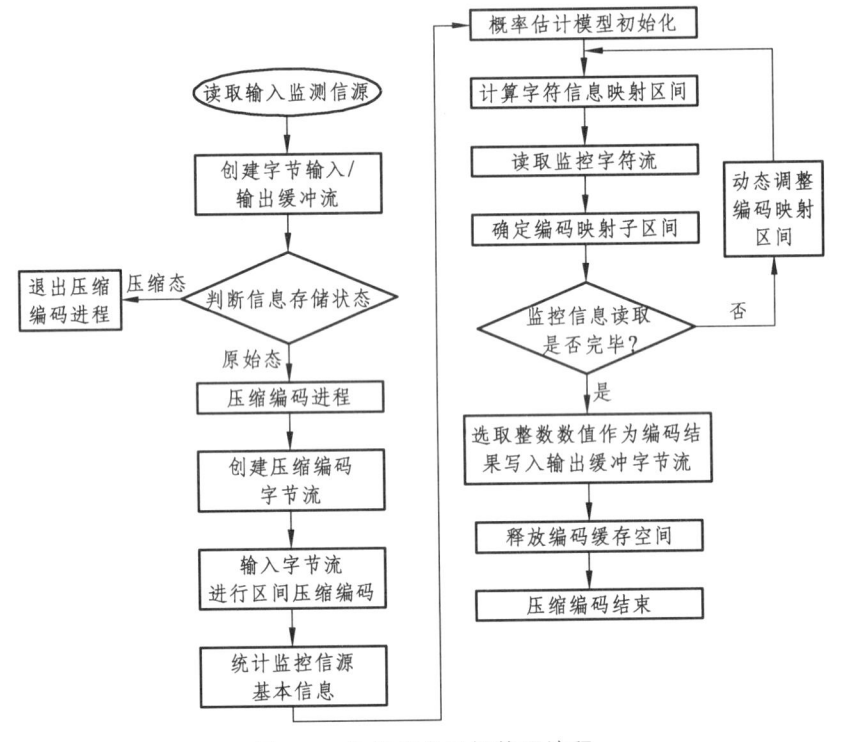

图 4-4 监控信息区间编码流程

以字节为单位读取输入监控信息字节流,即监控信源符号 S,统计待压缩信源字符种类 N,以 i 表示 S 中第 i 种字符,$1 \leqslant i \leqslant N$。编码区间设为 $[X,Y]$,以 b^w 表示任意整数,X 与 Y 分别为区间的下沿和上沿,区间范围 $R = Y - X + 1$。

令 f_S 为信源符号 S 的频度,T 为所有符号的总计频度,则 $T = \sum_{i=1}^{N} f_i$。F_S 为符号 S 的累积频度,符号值小于 S 的其他符号的频度总和,有累积分布函数 $F_S = \sum_{x<S} f_S$。

令所有符号初始频度都为 1,初始区间的范围 $R = b^w$,然后根据每个符号的频度 f_S、累积频度 F_S 及总频度 T,按区间映射计算公式(4-1)~(4-3),计算符号信息在区间 $[X,Y]$ 中的映射子区间范围 R' 及映射子区间 $[X',Y']$,其中 div 表示整除运算。

$$R' = R \text{ div } T \times f_S \tag{4-1}$$

$$X' = X + R \text{ div } T \times F_S \tag{4-2}$$

$$Y' = X + R \text{ div } T \times (F_S + f_S) - 1 = X' + R' - 1 \tag{4-3}$$

然后将当前字符频度加 1,以 $[X',Y']$ 作为下一个符号的编码区间,重复上述步骤计算下一符号映射子区间。不断地更新概率模型,自适应地动态调整映射子区间,编码后输出某个位于区间 $[X',Y']$ 内的整数值 V,若 V 可分解成 $V = V' * b^n$,则可将 b^n 部分省略,只输出 V' 作为编码结果,进一步减少冗余。

4.3.2 正规化处理策略

对海量配电网监测信息编码处理时,随着编码长度不断增加,映射子区间范围会越来越小,最终趋于 0。而若要满足海量监控字符对映射子区间范围的需求,初始映射区间范围需趋于无穷大,正规化处理是指在一段有限长度的区间段内,实现无限长区间的编码运算过程,关键技巧是利用区间扩展策略,当区间状态满足一定条件时,利用区间扩展方法对映射区间进行重定义。

首先将有限区间 $[X,Y]$ 的运算限制在一个较小的区间 $[R_{\min}, R_{\max}]$ 内,定

4 按列存储的配电监测数据包区间编码正规化压缩处理

义 $R_{\min} = b^{w-1}$，$R_{\max} = b^w$。将该区间中的数字分为三个部分：不变数字 c 部分（表示相同的区间上下沿最高位）、$(d+1) \times b^{n-1} - 1$ 部分和 $(d+1) \times b^{n-1}$ 部分，其中，d 为延迟数字，n 为延迟长度，c 和 d 都可移出区间。

区间扩展的实现思路，是将区间 $[X,Y]$ 转换为 $c,(d,n),[X'',Y'']$ 形式，在区间 $[X'',Y'']$ 中模拟无限区间内的运算，使用技巧是每当区间满足特定条件时，便将数字从区间中移出，在区间压缩编码过程中对海量配电网监控信息融合使用正规化处理的流程，如图 4-5 所示。

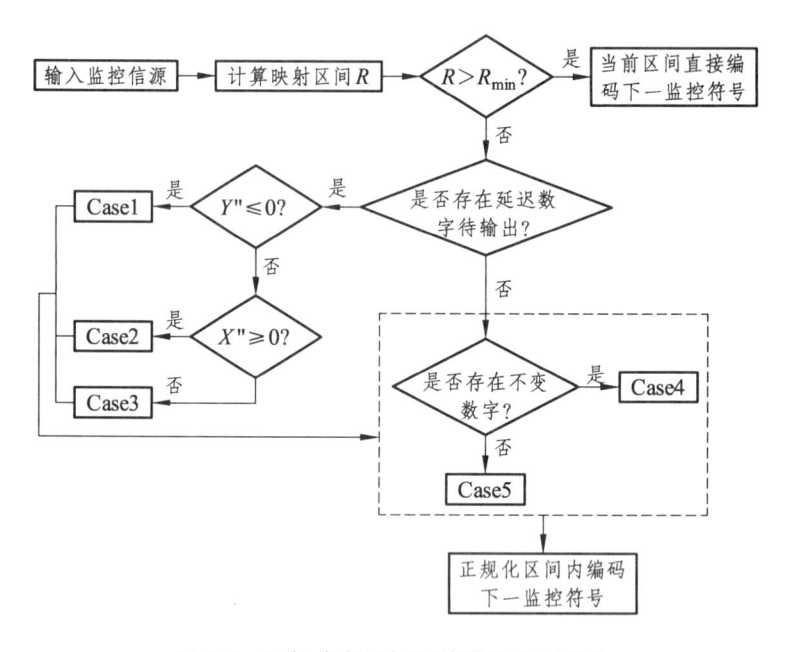

图 4-5 监控信息区间压缩编码的正规化

正规化压缩编码监测信息的步骤如下：

Step1：按列读取配电 SCADA 系统的监测信息。

Step2：统计监测信息基本参数并初始化概率模型。

Step3：利用区间映射计算公式确定该监测符号的映射区间。

Step4：判断 $R > R_{\min}$ 是否为真，若为真则无需正规化，在当前 R 区间内编码下一监测符号；若为假，开始正规化处理，执行 Step5。

Step5：若当前延迟长度 $n \neq 0$，则存在延迟数字待输出，执行 Step6；否则，执行 Step7。

Step6：判断当前映射区间上沿 $Y'' \leq 0$ 是否为真，若为真则执行情况 1；否则，判断当前映射区间下沿 $X'' \geq 0$ 是否为真，若为真执行情况 2，否则执行情况 3。

情况 1：$Y'' \leq 0$，先输出 d，然后输出 $n-1$ 个数字 $b-1$。

情况 2：$X'' \geq 0$，先输出 $d+1$，然后输出 $n-1$ 个数字 0。

情况 3：继续保留延迟数字，延迟长度变为 $n+1$，抛弃上下沿最高位，执行情况 4 扩展公式。

执行 Step6 处理完待延迟数字后，同样需执行 Step7 的流程步骤。

Step7：判断是否有不变数字，为真则执行情况 4；否则执行情况 5。

情况 4：将不变数字移出区间并输出，同时利用区间扩展公式重新定义映射区间：

$$X'' = X'' \times b \bmod R_{max} \qquad (4\text{-}4)$$

$$Y'' = (Y'' \times b + b - 1) \bmod R_{max} \qquad (4\text{-}5)$$

其中，mod 为取余运算。

情况 5：记录下沿最高位数字延迟待输出，待下次正规化时执行 Step6，同时依照式（4-6）、式（4-7）计算扩展压缩编码区间：

$$X'' = (X'' - R_{min}) \times b \bmod R_{max} \qquad (4\text{-}6)$$

$$Y'' = (Y'' \times b + b - 1) \bmod R_{max} \qquad (4\text{-}7)$$

每编码完一个监测信源符号，均进行正规化判断，正规化处理时先处理延迟数字，再检查是否有不变数字。

4.4 区间编码的正规化压缩处理过程

为详述融合正规化处理的区间编码法在调度监控压缩中的应用实现，以配电网监控遥控 YK、遥信 YX、遥测 YC、遥调 YT 类型及其资源标识

4 按列存储的配电监测数据包区间编码正规化压缩处理

符"YC03IaYC03IaYX00YC03IaYX00"为示例,阐述区间编码正规化压缩的全过程。为便于后续计算和十进制直观表示,压缩前设 $b=10$, $w=3$, $R_{max}=1\,000$, $R_{min}=100$,初始区间范围 $R=R_{max}$。监控信息区间压缩融合正规化的映射子区间动态变化及编码处理过程,如表 4-1 所示。

表 4-1 正规化监控信息区间压缩示例

输入信源	读信源	编码映射	区间范围 1	正规化调整	区间范围 2
初始化	—	[000,99]	1000	,(0,0),[000,999]	1000
YC	YC	[000,249]	250	,(0,0),[000,249]	250
YC03Ia	03Ia	[100,149]	50	1,(0,0),[100,499]	500
YC03IaYC	YC	[000,165]	166	1,(0,0),[000,165]	166
YC03IaYC03Ia	03Ia	[069,114]	46	1,(0,1),[-310,149]	460
YC03IaYC03IaYX	YX	[032,088]	57	110,(0,0),[320,889]	570
YC03IaYC03IaYX00	00	[824,886]	63	1108,(0,0),[240,869]	630
YC03IaYC03IaYX00YC	YC	[240,428]	189	1108,(0,0),[240,428]	189
YC03IaYC03IaYX00YC03Ia	03Ia	[308,358]	51	11083,(0,0),[80,589]	510
YC03IaYC03IaYX00YC03IaYX	YX	[416,499]	84	110834,(0,0),[160,999]	840
YC03IaYC03IaYX00YC03IaYX00	00	[864,991]	128	110834,(0,0),[864,991]	128

当压缩编码区间较小时,按公式步骤输出不变数字和延迟数字,并扩展压缩编码区间。其中扩展区间输出序列结果如表 4-1 中正规化调整栏所示的 110834,由编码规则可知,其中编码区间内选取 900 为代表,即 900 $=9*10^2$,因此,最后可输出编码结果 1108349,这样便方便地实现了以短整数表示出长监测信源,可大幅减少存储空间的消耗。

4.5 测试结果

4.5.1 列式压缩编码验证

以某动车段 10 kV 配电网 SCADA 实测监控信息为对象输入信源,进行列式存储压缩率的对比测试。监控采样信息是由序列号、采样时间、站所 ID、监控设备 ID 以及电压、电流、功率等电气量测值组成。执行 SQL 命令"LOAD DATA INFILE"依次将 SCADA 记录集{$50×10^4$，$100×10^4$，$200×10^4$，$500×10^4$，$800×10^4$，$1000×10^4$}加载进行区间编码和正规化压缩处理，观测千万级监控信息的关键代码为：

USE information_schema;//选元信息数据库

SELECT ENGINE，ROW_FORMAT，TABLE_ROWS，

TABLE_COMMENT FROM TABLES WHERE TABLE_NAME='test1000w';
//取测试信息

统计实测监控信息列式区间编码压缩处理测试结果，如表 4-2 所示。

表 4-2　监测信息列式编码压缩存储测试

存储模式	存储状态	记录数统计	压缩比
列式	压缩态	500 000	17.082∶1
列式	压缩态	1 000 000	16.868∶1
列式	压缩态	2 000 000	16.849∶1
列式	压缩态	5 000 000	16.703∶1
列式	压缩态	8 000 000	16.957∶1
列式	压缩态	10 000 000	17.053∶1

结果表明：用原始态数据与压缩态数据大小之比表征的列式区间编码正规化处理监控信息的压缩比可达到 17∶1 左右。

4.5.2　与文献方法的对比测试

与处理大数据的云计算集群进行对比[105]，云计算集群支持 Gzip、LZO、Snappy 和 LZ4 四种压缩方法。设监控信息第 i 序列的列属性原码元字节总长为 $Length(i)_a$，压缩编码后字节总长为 $Length(i)_b$，其中 $i \in [1, N]$，N 为列属性总数，压缩率为 cr。对相同的配电网实测信息进行压缩处理，压缩率记为

$$cr = \frac{1}{N} \cdot \sum_{i=1}^{N} \left(\frac{Length(i)_a - Length(i)_b}{Length(i)_a} \right) \times 100\% \qquad (4\text{-}8)$$

4 按列存储的配电监测数据包区间编码正规化压缩处理

式（4-8）表征的是被压缩去除的冗余监控信息与监控信源数据量的占比，压缩率越大表示去除的冗余信息量越多，压缩效果越好。

在同样的数据集条件下，按照本文列区间编码正规化压缩存储方法和已有文献中按列存储的 HBase 云计算集群压缩方法相比，得到的列式压缩监控信息的压缩率如图 4-6 所示。

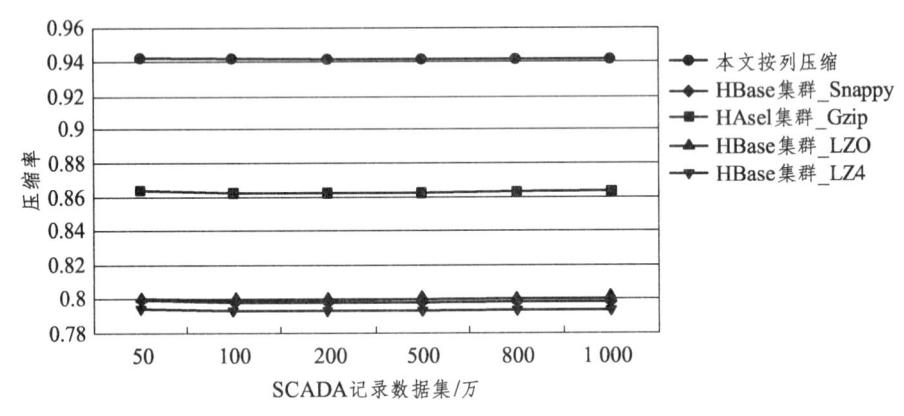

图 4-6　监控信息按列压缩与云计算集群压缩的比较

对比测试结果表明：本研究按列对监控信息进行区间编码的正规化压缩处理，其压缩率高于 HBase 的四种集群压缩，验证了在处理配电网监测信息时，由区间编码压缩融合正规化处理，并在列式存储中按列属性分类，以列数据包为单位的压缩，可在配电自动化的海量工程应用数据中获得相当高的压缩率。

4.6 结　论

（1）利用正规化处理方法在区间编码压缩监控信息时，通过动态调整映射区间，可实现在无穷区间中对海量化调度监控信息编码压缩的工程应用需求。

（2）根据某动车段配电网的 SCADA 调度监控实测信息进行具体工程算例测试，结果表明：对监控信息处理的压缩率高于 HBase 的四种集群压缩，可以获得比已有的集群压缩更好的效果。

5

调度监测数据的分布式 Map 压缩–查询技术

5.1 引 言

随着配电网智能化和信息技术的快速发展，为使工业配电网更加安全可靠，配变电监测、配用电信息采集、配电智能化运维等多类自动化和智能化系统及设备先后投入运行[109]。由于工业配电网处于电力系统末端，具有规模大、设备种类多、网络连接复杂、运行方式多变等特点，监控数据采集点多，采集率较高，使系统产生了大量的监测数据[110][100]，如江苏电网用电信息采集系统每日数据量可达数十吉字节[112]，自动化系统信息长期运行的量级更是趋于 PB 级[113-115]。目前配电自动化监控系统仍主要采用关系数据库，而关系数据库存取容量一般限制在 TB 级，越来越难以处理海量配电网监测数据，在某些地区调度系统中已经表现出查询界面反应相对慢的实际问题，因此，急需研究大数据的快速查询和处理方法[116]。数据压缩可以减少数据体量，有利于成倍缩小海量数据的查询规模，结合云计算集群环境下的分布式压缩处理和配电网大量监测数据需要连接查询的特点，研究分布式"压缩-查询"处理方法，可为与配电网海量监测历史数据有关的数据分析类应用，如应用信息搜索、历史趋势曲线和日月报表等，提供新的技术研究手段[117]。

如前所述，MapReduce 为 Apache Hadoop 生态链的一种分布式云计算模型，可将计算任务分解为 Map 任务和 Reduce 任务两部分[118]，在实际应用中 Map 任务必不可少，但 Reduce 部分却可以根据计算需要设置。对于大数据的分布式压缩，目前文献主要集中于数据的 Reduce 输出端压缩[119][120]，即分布式 Reduce 压缩，该方法无法避开导入数据的 Reduce 任务开销，若能在 Map 环节直接进行分布式 Map 压缩，就可避免 Reduce 聚合过程的耗时。对于被压缩的大数据查询，由于不同应用需要选取不同的配电网监测数据关联属性，如历史曲线应用中有时选取监测对象编号，有时选取站地址等进行关联，同时由于 Hadoop 的主要查询工具 HQL（Hive

SQL）不存在查询索引[121]，解压后的全表扫描量太大，使连接查询的性能问题尤为突出，制约了连接查询速度。而已有文献都只针对特定的查询语句通过修改程序代码进行优化[122-125]，难以适应配电网时序数据应用中复杂多变的关联关系。在压缩数据连接查询时，若将 Map 压缩直接应用到连接查询的混洗阶段中，以大幅减小传递到查询输出端数据量的方式，加快 MapReduce 任务的执行速度，就有可能提高压缩数据的连接查询效率。

针对调度自动化监控应用中大量监测数据处理的问题，研究一种海量数据连接的分布式 Map 压缩-查询方法，即以分布式 Map 压缩方式将监测数据压缩存储并映射为 Hive 表，利用压缩接口将分布式 Map 压缩应用到连接查询的混洗阶段中，进行分布式 Map 压缩-查询，推导压缩-查询时效性计算的有关公式，通过以算例的测试，对分布式 Map 压缩-查询进行了验证。

5.2 调度监测数据的分布式 Map 压缩

5.2.1 监测数据的分布式 Map 压缩映射

Sqoop 是 Apache 开放源码基金会组织的一个顶级项目，专用于 Hadoop 和关系库之间批量数据传输，关系数据可导入 HDFS 并映射为 Hive 表。

SCADA 调度历史数据库中数量特别大的一类监测数据是时序数据，其典型格式定义为：<量测点标识, 时间戳, 量测值>，以保存在调度监测数据库 hysd 中的历史遥测曲线表 TSTable 中的时序数据为例，用分布式 Map 压缩方式将其压缩映射为 Hive 表的流程如图 5-1 所示。

将遥测曲线表 TSTable 数据导入调度数据节点的语句为：

sqoop import --connect url --direct --compress --table TSTable --hive-import --split-by Num --hive-table TSTable

5 调度监测数据的分布式 Map 压缩-查询技术

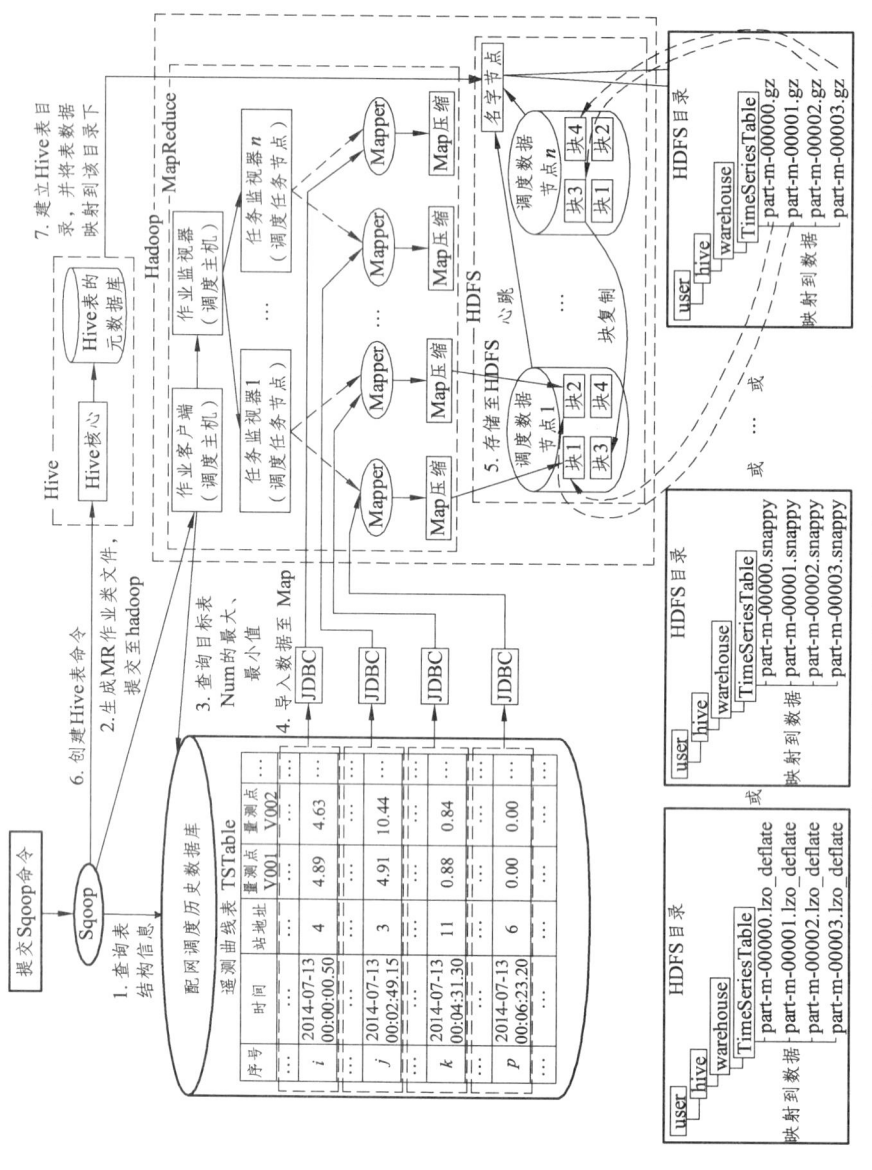

图 5-1 监测数据的分布式 Map 压缩流程

5.2 调度监测数据的分布式 Map 压缩

具体步骤为：

首先，将命令提交至 Sqoop 服务器，查询 TSTable 表结构信息，生成导入数据的 MapReduce 作业代码文件 TSTable.jar，然后将代码文件提交至调度主机中的 Hadoop 作业客户端处理。

其次，作业客户端查询 TSTable 表的序号字段的最大值和最小值，据"（最大值－最小值）/Mapper 数"平均分配表中的数据到 Mapper 映射器并行读取。以划分成 4 份为例，作业监视器将 4 份数据分配至 4 个 Mapper 映射器，通过 JDBC 接口从配网调度历史数据库中并行读取数据，并将数据按指定压缩格式（Deflate、Gzip、Bzip2、LZO 和 Snappy），如 Gzip 格式，经"分布式 Map 压缩"后生成 part-m-00000.gz、part-m-00001.gz、part-m-00002.gz、part-m-00003.gz 共四个压缩文件，然后存储至 HDFS。

最后，利用 Sqoop 创建 Hive 表 TSTable，并将表结构信息存入元数据库，之后在 HDFS 的名字节点中创建一个与 TSTable 表同名的目录，将"part-m-0000x"压缩数据文件映射至该同名目录。

5.2.2 分布式压缩的编码格式

Hadoop 集群支持 Deflate、Gzip、Bzip2、LZO 和 Snappy 压缩格式，其中 LZO 改进了 LZ 算法压缩格式和字符匹配搜索方式，与基于 LZ77 的 Deflate 和 Gzip 等相比，具有更快压缩处理速度，其压缩编码格式如图 5-2 所示。

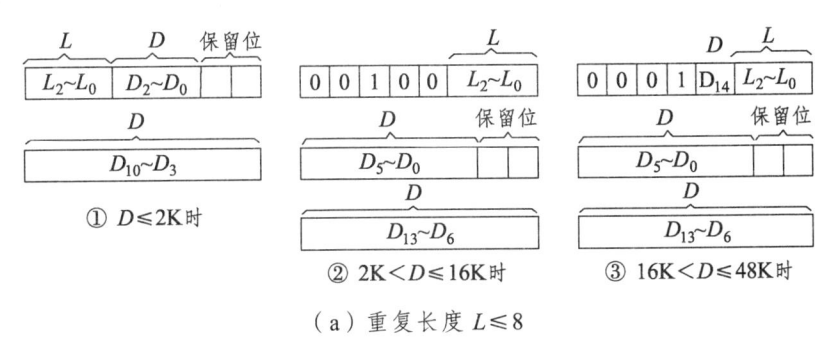

L	D	保留位
L_2~L_0	D_2~D_0	
	D	
	D_{10}~D_3	

① $D \leq 2K$ 时

0	0	1	0	0	L_2~L_0

D 保留位

D_5~D_0

D

D_{13}~D_6

② $2K < D \leq 16K$ 时

0	0	0	1	D_{14}	L_2~L_0

D 保留位

D_5~D_0

D

D_{13}~D_6

③ $16K < D \leq 48K$ 时

（a）重复长度 $L \leq 8$

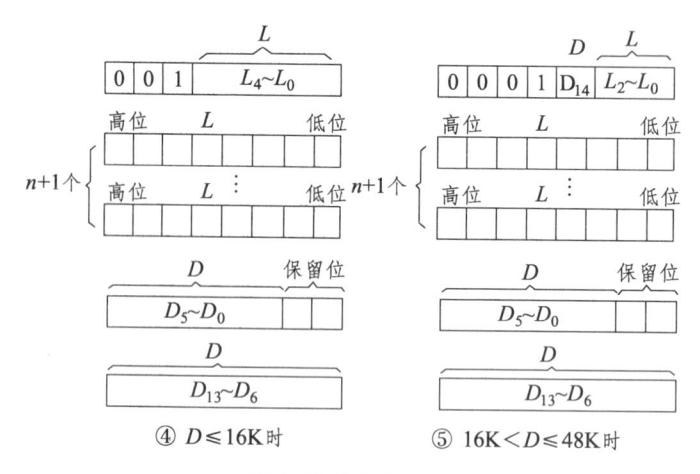

5 调度监测数据的分布式 Map 压缩-查询技术

④ $D \leqslant 16K$ 时　　⑤ $16K < D \leqslant 48K$ 时

（b）重复长度 $L>8$

图 5-2　压缩编码格式

D 表示指回距离，即当前待编码监测数据与已编码数据的最大匹配部分所间隔的字符数，L 为重复长度，即当前待编码监测数据与已编码数据的最大匹配部分的长度，K 为数据量"千"。

5.3　分布式 Map 压缩加速查询的原理

5.3.1　分布式 Map 压缩的连接查询

将监测数据进行分布式 Map 压缩存储，并向 Hive 映射时，若将分布式 Map 压缩应用到连接查询的混洗阶段中，就可大幅减小传递到输出端的数据量，从而加快 MapReduce（MR）任务的执行。任意的多表连接 HQL 语句为：

SELECT　目标列表达式 1，目标列表达式 2，目标列表达式 3，…
FROM　表 1　JOIN　表 2　ON　表 1.连接字段=表 2.连接字段
JOIN　表 3　ON　表 1.连接字段=表 3.连接字段　…
[WHERE　<条件表达式>]；

5.3 分布式 Map 压缩加速查询的原理

以 Hive 中压缩的遥测曲线表 TSTable 与遥测定义表 Ycdef 通过"站地址"做等值连接查询为例说明加速查询的原理，对应的 HQL 查询语句为：

SELECT　TSTable.DateTime，TSTable.StationAddr，

Ycdef.StationName，Ycdef.OrderName，

TSTable.V001，Ycdef.ID，Ycdef.Unit

FROM　TSTable　JOIN　Ycdef

　ON　　TSTable.StationAddr= Ycdef.StationAddr

　AND　　Ycdef. OrderName='V001';

具体加速处理的流程如图 5-3 所示。

Step1：分布式读取数据，添加表标记。

Mapper 负责从 HDFS 中读取数据块，并将其解压，以"站地址"作为"键"，以整条记录作为对应的"值"输出，并在"值"的首部添加表标记，表示此记录的表来源，如"1"表示来自表 TSTable，"2"表示来自表 Ycdef。

Step2：分布式压缩数据。

对 Mapper 输出的监测数据进行压缩，减小传输到 Reduce 端的数据量，加快 MR 任务的执行。以图 5-3 中 Mapper_1 输出的监测数据压缩为例说明压缩过程，若 Mapper_1 输出的监测数据按照键、值进行二次排序后的结果为"3,1,j,2014-7-13 00：0 2:49.150,3,4.91;4,1,i,2014-7-13 00:00:00.500,4,4.89"，记为 TS1，同理，Mapper_2 二次排序结果可记为 TS2，以此类推，Mapper_n 二次排序结果可记为 TSn，对此监测时序数据进行 LZO 格式的分布式 Map 压缩的流程如图 5-4 所示。

TS1 压缩后的监测数据为："（00）h（0F）h，3，1，j，2014-7-13 00：02：49.150，3，4.91，4，1，i，（2C）h（74）h（00）h，（0A）h，0：00.500，4，4.89，（11）h（00）h（00）h"，即以 3 个字节表达"2014-7-13 00：0"。由于监测数据中的时间值、监测值重复较多，压缩前监测数据经过排序处理，相邻数据冗余量大，因而可获得较高的压缩率。

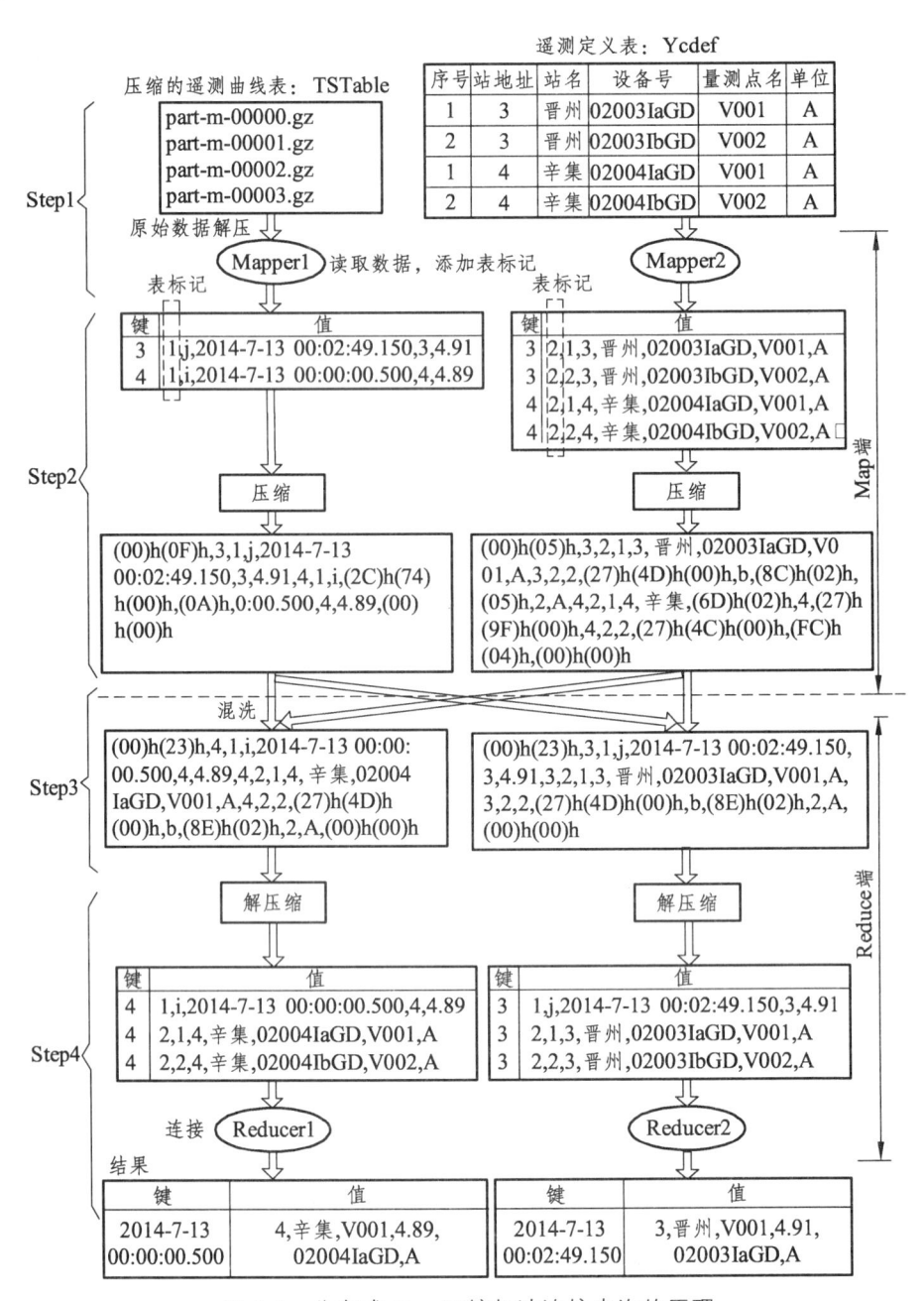

5 调度监测数据的分布式 Map 压缩-查询技术

图 5-3 分布式 Map 压缩加速连接查询的原理

5.3 分布式 Map 压缩加速查询的原理

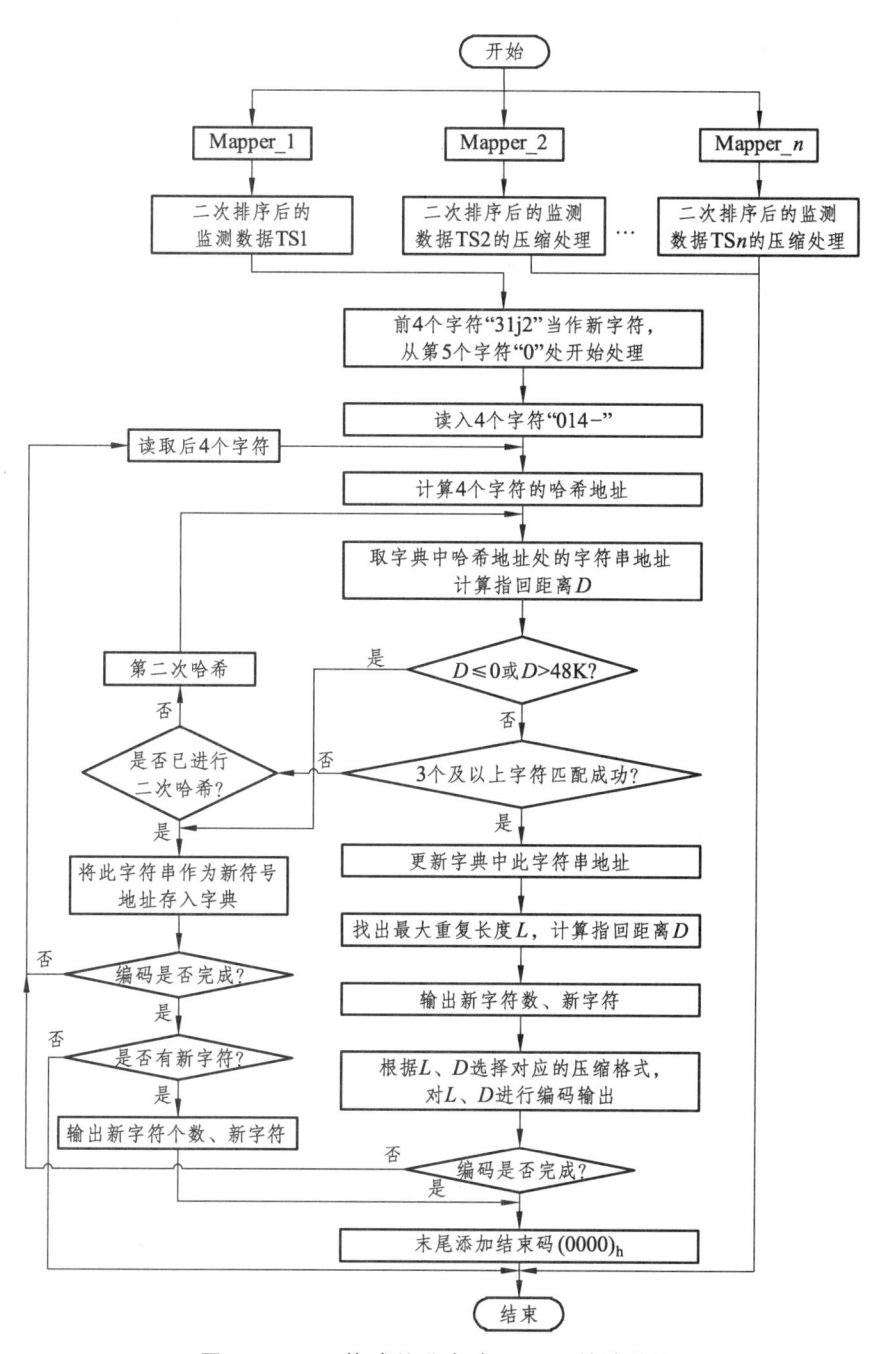

图 5-4 LZO 格式的分布式 Map 压缩流程图

5 调度监测数据的分布式 Map 压缩-查询技术

Step3：混洗和排序。

在混洗排序处理压缩数据时，按"键"的哈希值，将"键值对"发送到各个聚合输出端，以使站地址相同的记录汇集到同一个查询 Reduce，为在 Reduce 端进行等值连接查询做好准备。

Step4：解压缩及连接查询输出。

查询 Reduce 端收到监测压缩数据后，按相应的解码格式进行解压，根据 Step1 中添加的表标记，将"键"值相同、来自不同表且测量点为 Vxxx 的记录连接，如连接查询语句中的 Ycdef.OrderName='V001'条件，指定测量点为 V001 的记录进行连接，如图 5-3 中得到的为辛集站测量点 V001 对应设备 02004IaGD 的监测值及其单位，最后将结果作为"值"输出至 HDFS。

5.3.2 混洗阶段压缩-查询的时效性

对一个经混洗处理的查询，若未采用分布式 Map 压缩时整个查询作业中所有 Map 输出的数据大小为 X，写磁盘时间为 t_{wh}、写磁盘的速度为 V_{wh}，数据由 Map 端传送到聚合输出端所用时间为 t_{trans}、网络传输速度为 V_{net}，混洗阶段所需时间为 T_1。

与此对应，分布式 Map 混洗压缩时整个查询作业中所有 Map 输出的数据压缩后大小为 X_2、压缩速度为 V_{com}，压缩时间为 t_{com}，写磁盘时间为 t_{wh2}，数据由 Map 端传送到聚合输出端所用时间为 t_{trans2}，解压缩时间为 t_{ucom}，解压缩速度为 V_{ucom}，混洗阶段所需时间为 T_2，未列出的变量及取值参照未采用分布式 Map 压缩时的定义。压缩及解压缩速度单位相同，且与数据大小的单位相对应，如 X 的单位为 MB，则所有速度的单位为 MB/s。各环节中变量的定义如图 5-5 所示。

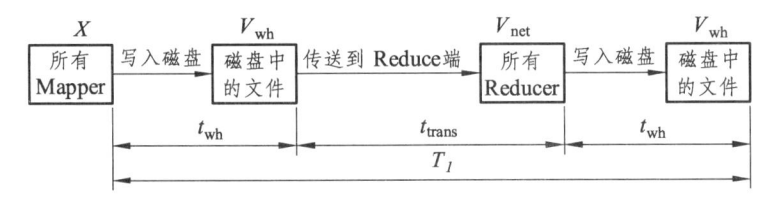

（a）未采用分布式 Map 压缩时混洗阶段变量的定义

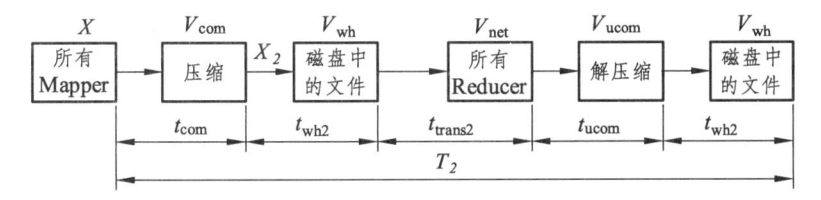

5.3 分布式 Map 压缩加速查询的原理

（b）采用分布式 Map 压缩时混洗阶段变量的定义

图 5-5　混洗阶段变量定义

根据以上定义有，未采用分布式 Map 压缩时混洗阶段所需时间 T_1 为

$$T_1 = 2t_{wh} + t_{trans} = 2\frac{X}{V_{wh}} + \frac{X}{V_{net}} \qquad (5\text{-}1)$$

采用分布式 Map 压缩时混洗阶段所需时间 T_2 为

$$\begin{aligned}T_2 &= t_{com} + 2t_{wh2} + t_{trans2} + t_{ucom} \\ &= \frac{X}{V_{com}} + 2\frac{X_2}{V_{wh}} + \frac{X_2}{V_{net}} + \frac{X_2}{V_{ucom}} \\ &= \frac{X}{V_{com}} + 2\frac{X \cdot R}{V_{wh}} + \frac{X \cdot R}{V_{net}} + \frac{X \cdot R}{V_{ucom}}\end{aligned} \qquad (5\text{-}2)$$

式（5-2）中，R 为压缩比，表示压缩后文件大小与压缩前文件大小之比。T_1 与 T_2 的差值为

$$\begin{aligned}\Delta T &= T_1 - T_2 \\ &= X\left\{\left[\frac{2}{V_{wh}}(1-R) + \frac{1}{V_{net}}(1-R)\right] - \left(\frac{1}{V_{com}} + \frac{R}{V_{ucom}}\right)\right\} \\ &= X(t_{save} - t_{add})\end{aligned} \qquad (5\text{-}3)$$

式（5-3）中，t_{save} 表示采用分布式 Map 压缩后节省的磁盘 I/O 和网络 I/O 时间；t_{add} 表示采用分布式 Map 压缩后增加的时间。

根据式（5-3）有：对于一个确定的 Hadoop/Hive 集群，V_{wh}、V_{net} 近似为常数，在压缩编码格式选定后，将 R、V_{com}、V_{ucom} 代入式（5-3）使 $\Delta T > 0$ 时，才能加速分布式 Map 压缩的查询速度，且当 $t_{save} > t_{add}$ 时，X 越大，ΔT 就越大，性能就越好。因此，需要通过实验确定不同压缩格式的分布式压缩-查询性能。

133

5.4 算 例

5.4.1 实验平台及实验数据

以某动车段 10 kV 电力远动监控系统为算例，其监控对象主要包括：配电所、检查库变电所、检修库变电所、生产调度变电所、信号楼 10 kV 变电所、转向架变电所。

为了验证利用分布式 Map 压缩的连接查询性能，搭建了 5 节点分布式实验平台，其中 4 节点构建 Hadoop/Hive 集群，1 个作为数据服务器，Hive 配置在主节点上作测试机。

集群配置为：（1）1 个主节点。CPU：Intel Core i5-4590，3.30 GHz，4 核，内存 8 GB，DDR3。（2）3 个从节点。从节点 1 的配置与主节点相同；从节点 2：CPU：Intel Core T7600，2.33 GHz，双核，内存 3 GB，DDR2；从节点 3：CPU：AMD Athlon 5200+，2.7 GHz，双核，内存 4 GB，DDR2；操作系统均为 64 位 Ubuntu 14.04。数据服务器的配置与集群的主节点相同，操作系统为 64 位 Windows7。

将 SCADA 系统记录的 2014-11-20 至 2014-12-19 时段遥测表 Yc、遥测设备表 AnalogDev 导入本实验平台的数据服务器，作为测试数据。其中，表 Yc 主要包括动车段变配电所的三相电压、三相电流、有功功率、无功功率、频率、变压器绕组和铁心温度等模拟量的时序数据，30 天共 3.2×10^7 条记录，平均每日记录数约为 10^6 条，平均采样周期为 80.84 ms，表 AnalogDev 记录数为 2 171 条，它们的格式如表 5-1、表 5-2 所示。

表 5-1 遥测表 Yc 格式

时 间	站地址	设备号	遥测值
2014-11-20 00:00:00.196	3	02003k3-Ia	14.4
2014-11-20 00:00:00.196	3	02003k3-Ic	13.9
2014-11-20 00:00:00.196	3	02003k3-P	230.2

表 5-2　遥测设备表 AnalogDev 格式

序号	设备号	站地址	设备名	单位	参比因子	…
37	02003k3-Ia	3	馈出三--测量 Ia	A	0.002 75	…
38	02003k3-Ib	3	馈出三--测量 Ib	A	0.002 75	…
39	02003k3-Ic	3	馈出三--测量 Ic	A	0.002 75	…
43	02003k3-P	3	馈出三--P	kW	0.098 90	…

5.4.2　分布式 Map 压缩导入性能测试

为了测试分布式 Map 压缩对监测数据的压缩性能，将关系库中的遥测表 Yc 分别用分布式 Map 压缩、分布式 Reduce 压缩方法导入 Hive。分别导入遥测表 Yc 的 0.34×10^7 至 3.1×10^7（0.34×10^7、0.68×10^7、1.0×10^7、1.3×10^7、1.6×10^7、2.0×10^7、2.3×10^7、2.6×10^7、2.9×10^7、3.1×10^7）条监测记录到 Hive，测试采用不同压缩格式时两种压缩方法的导入时间，结果如图 5-6 所示。

对比图 5-6（a）、（b）可得，5 种压缩格式的分布式 Map 压缩均明显比同种压缩格式的分布式 Reduce 压缩速度快，如记录数为 3.1×10^7 条时，采用分布式 Map 的 Map_Deflate 格式压缩导入时间，比分布式 Reduce 压缩快将近一半。

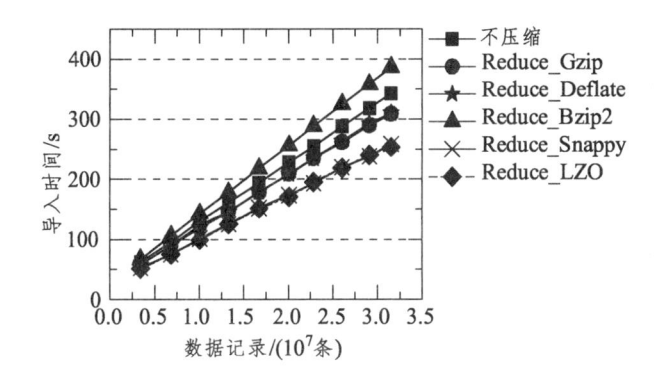

（a）分布式 Reduce 压缩

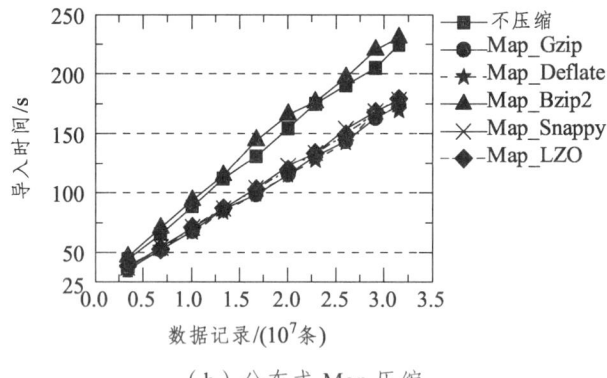

5 调度监测数据的分布式 Map 压缩-查询技术

（b）分布式 Map 压缩

图 5-6 分布式 Map/Reduce 压缩导入时间

从图 5-6 还可得到，除 Map_Bzip2 格式外，采用其他 4 种压缩格式的分布式 Map 压缩后，与未采用压缩时相比，导入时间明显减少，在记录数大于 2×10^7 条时趋于平缓，其中采用 Deflate 格式时效果更好。

5.4.3 分布式 Map 压缩-查询测试

对存储在 Hive 中的压缩的遥测表 Yc 与遥测设备表 AnalogDev，进行混洗阶段未采用分布式 Map 压缩和采用不同压缩格式的分布式 Map 压缩的连接查询对比实验。此两表通过"设备号"进行等值连接查询，对于同一组数据，压缩格式分别取 Map_Deflate、Map_Gzip、Map_Bzip2、Map_LZO、Map_Snappy，记下每组实验的查询耗时、Map 输出字节数，Map 输出字节数对比如图 5-7 所示。

可以得出，采用分布式 Map 压缩后，Map 输出的字节数明显大幅减小，大量减少了混洗阶段的磁盘 I/O 和网络 I/O。如记录数为 3.1×10^7 条时，采用这 5 种压缩格式的分布式 Map 压缩后，均能使 Map 输出字节数由 1 870 MB 减少到 400 MB 以下。

对于压缩比，Map_Deflate 和 Map_Gzip 均为 12.2%、Map_Bzip2 为 7.4%、Map_Snappy 和 Map_LZO 均为 21.2%。结果表明，这 5 种压缩格式的分布式 Map 压缩应用于连接查询的混洗阶段时，Map_Bzip2 的压缩率最大，Map_Deflate 和 Map_Gzip 的较大，Map_Snappy 和 Map_LZO 适中。

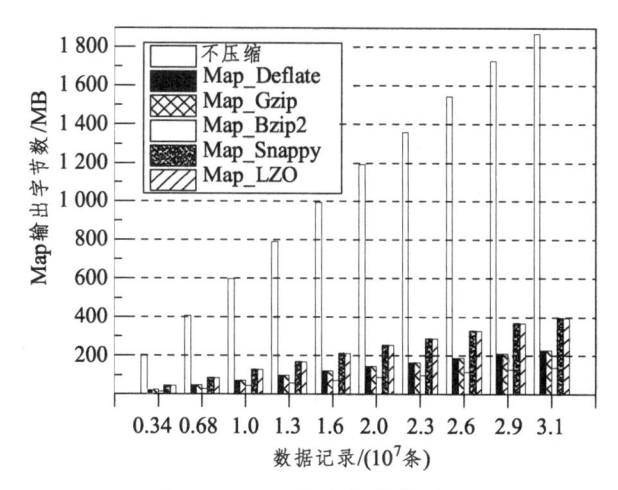

图 5-7 Map 输出字节数对比

查询耗时对比如图 5-8 所示。

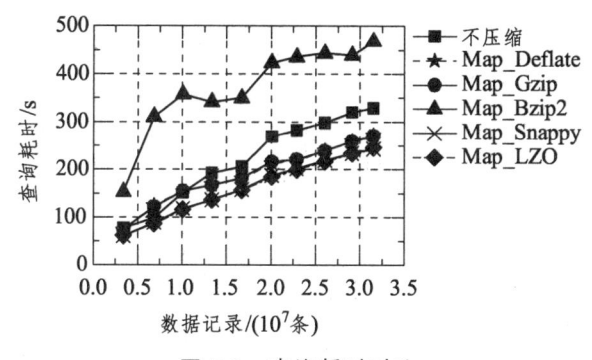

图 5-8 查询耗时对比

结果表明，采用分布式 Map 压缩后，当选用合适的压缩格式时，两表连接的查询耗时会明显减少，加速效果明显。其中，分布式 Map 的 Map_LZO 格式压缩效果最好，略优于 Map_Snappy，当记录为 2.0×10^7 条时，比未采用分布式 Map 压缩时耗时减少了，原因在于 Map_LZO、Map_Snappy 格式的压缩率适中，压缩、解压缩速度快，使减少的磁盘 I/O 和网络 I/O 时间大于由于压缩和解压缩而增加的时间，即使得式（5-3）大于零。

对于分布式 Map 的 Map_Default、Map_Gzip 格式压缩，在数据量大于

1×10^7 条记录数后,开始有优化效果,并在达到 2×10^7 条记录数时效果明显,而 Map_Bzip2 由于压缩率太大,虽可使数据量大幅减小,在一定程度上节省了磁盘和网络 I/O 时间,但其压缩及解压缩的处理时间却大幅增加,超过了因数据体量降低而节省的时间,即使式(5-3)小于零。

5.5 结 论

(1)针对海量数据压缩及其快速查询问题,在云计算集群基础上提出了一种分布式 Map 压缩及混洗查询的快速处理方法,通过压缩-查询有关变量的定义,确立了影响查询时效性的压缩比、压缩速度和解压缩速度之间的函数关系,推导了时效性计算的公式。

(2)以某动车段电力远动监控的实测数据为例,研究了配电网监测数据的分布式 Map 压缩编码及接口,集群环境下分布式压缩导入测试结果表明,分布式 Map 压缩比分布式 Reduce 压缩速度快,在记录数为 3.1×10^7 条时,分布式 Map 的 Map_Deflate 格式压缩导入时间,比分布式 Reduce 压缩耗时少。

(3)压缩-查询测试的结果表明,在数据量达到 2×10^7 条记录数时,分布式 Map 的 Map_LZO 格式压缩所需的查询时间,相比混洗阶段未压缩而直接查询的时间大幅降低,验证了所提出的分布式 Map 压缩-查询方法,可提高海量监测时序数据的查询性能,不仅减少了数据体量,同时加快了查询处理的速度。

6

多线程集群共享内存折叠压缩方法

6 多线程集群共享内存折叠压缩方法

6.1 引 言

　　随着配电网规模的扩大,多数县级以上的规模已经达到百条馈线以上,一些中、大型城市的中压馈线已超过千条[127],配电网数据已存在明显的规模性(Volume)、高速性(Velocity)、多样性(Variety)、价值性(Value)的 4V 特征,铁路供配电网,作为典型的工业配电网,具有地域分布广、配电网规模大、设备种类多、网络连接多样、运行方式多变等鲜明的特点[127][128]。庞大的监测数据量给数据存储带来巨大压力,并且处理大体量数据响应时间变得越来越长。目前,对于采集到的海量监测信息可以采用压缩的方式来减小监测信息的体量[129],从而加快信息处理速度。在监测数据要求实时性高的背景下,压缩率与压缩速度都必须得到保证,这也成为工业配电网海量数据压缩处理的技术难点[128][129]。

　　海量数据背景下压缩的实现形式可归纳为三类。第一类为分布式批处理编码压缩,分布式批处理着重将数据采集模块收集的实时数据调动、分解、发送至不同的计算节点并持久化。设计压缩算法安置于批处理计算架构的数据输入端或输出端[130],用于提高计算框架的处理速度。此类分布式批处理编码压缩处理方式优势在于计算节点单独分配进程运行,节点之间互相不干扰。然而数据存在高度依赖性,编码压缩算法需要将已访问的数据生成字典,这使得很难同时使用多个线程处理数据。G-Match 压缩算法通过消除算法中的细粒度数据依赖性和所有路径差异来实现高度并行度,缓解固有的高数据依赖性与 CPU 单指令多线程操作模型之间的矛盾[131]。LZSS 等压缩算法作为 Snappy 的变体,参考已发生的重复项来替换重复出现的字符串,提高了并行压缩的效率,专注于大数据存储和分析[132]。但是批处理模式存在固有缺陷,数据来源消息先堆积再处理,缺乏实效性。并且,数据压缩是计算密集型和内存访问密集型操作,它消耗宝贵的计算能力和内存带宽,增加了相当大的处理延迟。

第二类为本地磁盘编码压缩，此类压缩技术广泛应用于本地存储。传统方法用于海量监测数据的存储和服务存在一些问题，例如缺乏统一的存储结构和可伸缩性差。随着时代的发展，NoSQL 列式存储等云计算技术已经应用于配电监测大数据的存储和服务。在数据存储过程中，为了适应列式存储结构变化，多维块基于列式压缩的技术和数据结构的高效重构技术[133-135]被应用于存储和传输,其目的旨在提高压缩比例。Z-Dedup 压缩方案提出删减冗余数据[138]，已成为提高压缩比例的有效方法。然而，本地压缩需要考虑本地解码与有效更新的问题，即检索一小部分数据需要对整个压缩数据进行解码，而一小部分数据的更新则需要完全更新压缩数据。

第三类为分布式共享内存的压缩[134-136]，此类压缩技术允许多个计算节点同时访问同一块物理内存，克服了批处理模式中编码产生的数据不连贯性，很大程度上提升了资源利用率。然而在海量数据的背景下，传输脏页过多，容易造成内存泄漏，遗失重要数据信息。文献[139]提出了一种压缩感知技术，依靠内存压缩来缓解内存刷新带来的高昂开销。本文结合内存处理快捷的优势，将数据结构扁平化融入内存压缩中去，改善存储结构，利用多种处理冗余数据版本策略，提高内存向磁盘传输操作的吞吐量。

针对海量监测数据读写延时的问题，研究一种基于大数据组件的分布式多线程内存折叠压缩新方法。监测数据经由内存写入磁盘过程中会先进入写内存，由于写内存大小设定有限，超出一定阈值时，分布式文件系统刷新机制就会把写内存的数据生成快照，映射传入磁盘文件。在传入磁盘文件之前，写内存启动折叠压缩功能，将数据迁移至压缩管道，原先动态多层存储数据类型结构序列化为更加紧凑高效扁平化的数组存储类型，节省存储空间，延长内存管理数据的生命周期，保证数据能够持久高效写入。

6.2 调度监测数据的查询框架

6.2.1 监测数据获取与存储模型

配电监控终端采集线路的电压、电流等信息，数据采集系统将电压互感器和电流互感器二次侧的模拟量变换为 CPU 可用的数字量，测控单元按照检测对象数据采集时间排序，形成历史数据时序映射表。数据收集服务器按照统一的通信标准将表汇总至调度工作站，如图 6-1 所示。

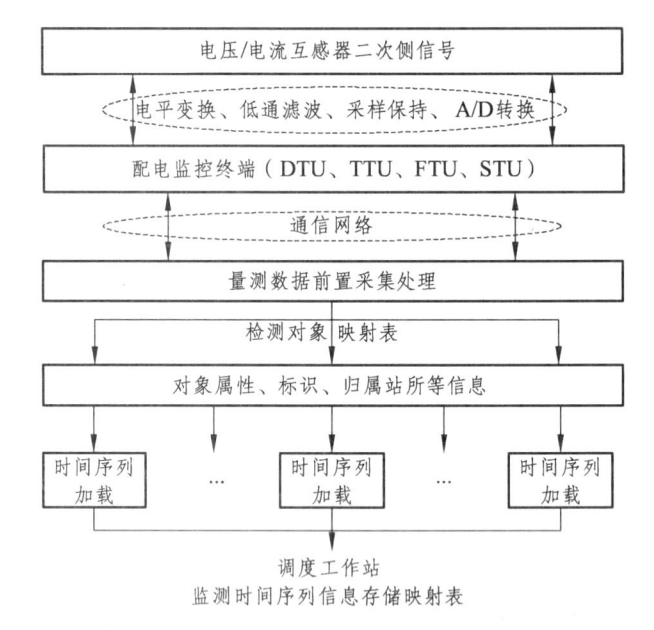

序列号	时间戳	站地址	设备代码	遥测值
...	...	...	...	...
i	2016-08-10T 00:00:2	3	02003k3-Ic	13.868 13
...	...	...	...	...

图 6-1 监测数据获取模型

调度工作站的作业客户端将数据传输命令移交给数据传输服务器，数据传输服务器启动数据库连接器连接数据库，主节点 HMaster 给其余结点计算机分发任务并负责负载均衡。各个任务节点调用批处理架构 MapReduce 程序将数据切片，分块写入监测数据库。

由于单线程写入数据耗时长，资源利用率不高，本研究采用多线程写入的方法。相比较于分布式批处理架构通用写入方法，其在数据持久化至硬盘之前启用压缩，如图 6-2 所示。

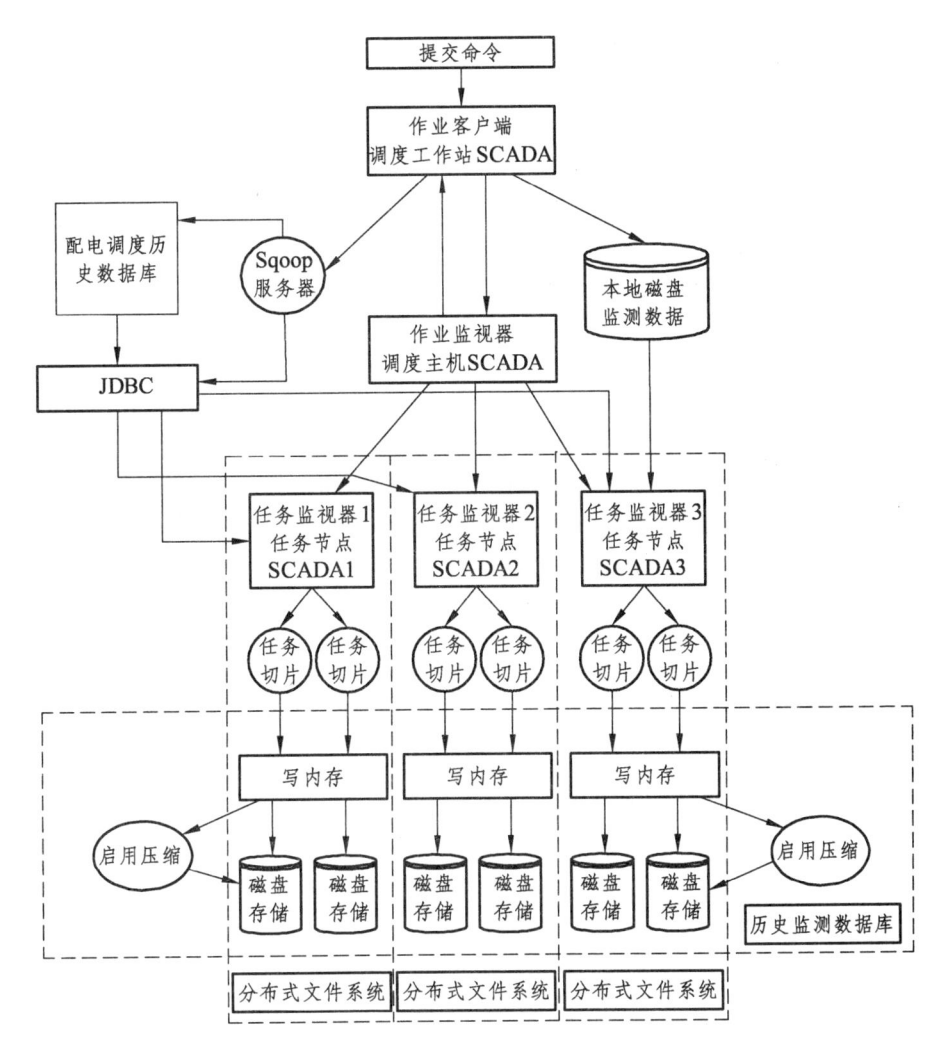

图 6-2 监测数据存储模型

6.2.2 监测数据查询模型

在数据库中存储与查询监测数据是调度监测数据库的主要业务，因此监测数据负载模式为读多写少型。数据分布式存储于多台分区服务器中，一个或几个分区服务器管理着同一个 Region，每一个 Region 记录着数据的行键、时间版本、站点位置、电压电流值等。

由于在多个站点中，有部分站点故障频发，工作人员需要频繁查询该站点有关信息,将此类站点记录为高热点。监测数据的查询频率近似于 Zipf 幂律分布 $Z(X)$,需求记录存在于 Region 中的不同部分决定扫描至该记录的时间不同。数据库扫描器首先得到数据库元数据表信息，找寻到信息记录存在于具体的分区服务器中，然后扫描 Region 中的读缓存 BlockCache 中的记录，其次扫描写缓存 MemStore 中的记录，最后扫描磁盘文件 StoreFile 中的记录。以一个 Region，Hbase 索引方式查询一组配电网时序数据为例说明查询过程。

如图 6-3 所示，以需求数据 S1 站点 t_1 时刻电压为 11 V 为例。首先，在索引数据中找到 S1 站点所在行键 RK1。行键由字典顺序自然排列，即具有非重复性，意为每一个行键对应于唯一一行站点信息。定位 RK1 即可返回控制台显示不同时间版本的 S1 站点电压数值，锁定 t_1 时刻电压数值为 11 V。

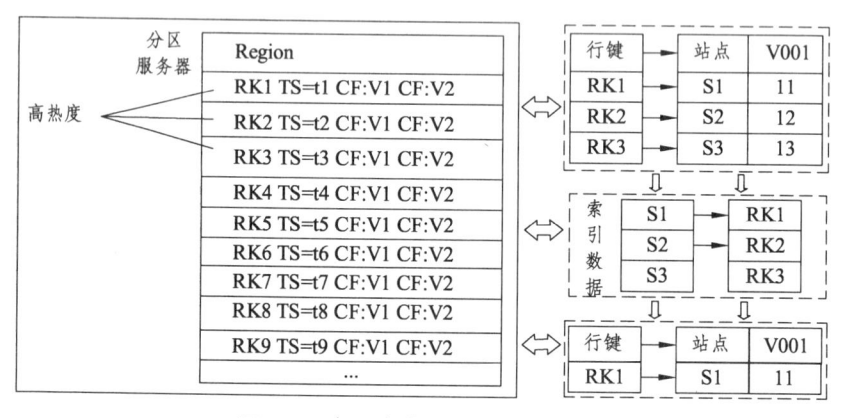

图 6-3 索引查找记录结构示意图

6.3 调度监测数据的内存折叠压缩方法

6.3.1 LSM 树存储引擎模式

日志化结构合并存储引擎模式（LSM）适用于大体量数据写入场景。该模式支持对内存数据的增、删、查、改，其特点在于批量数据的写入堆积于内存而不直接关联磁盘，这使得磁盘 I/O 减少，提升了写性能，如图 6-4 所示。

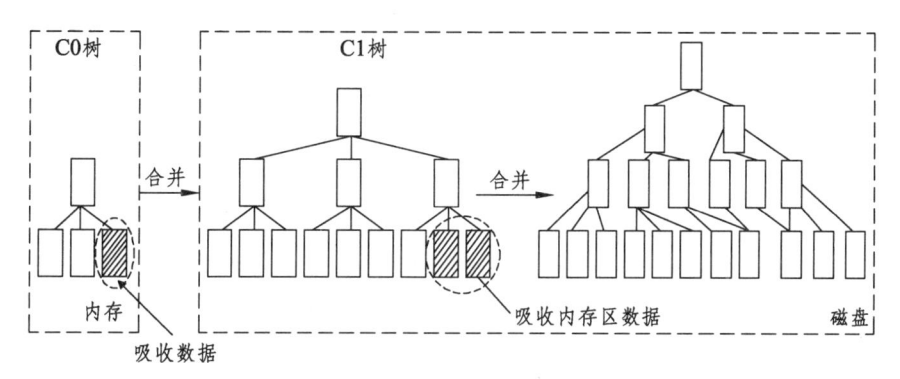

图 6-4　日志化结构合并存储模式

日志化结构合并存储引擎原理在于把所有记录拆分成一部分存储于内存中，将随机写入的数据记录方式通过归并排序转化成顺序写入方式，达到阈值时追加到磁盘尾部。

6.3.2 监测数据内存中的性能分析

调度监测数据库的写内存 MemStore 由可变段和不可变段两部分组成，前者用于接收新写入的数据，后者用于将内存数据生成快照映射存储至分布式文件系统中。

调度监测数据库的底层由 Java 语言编程实现。可变段与不可变段都继承自写内存数据段 Segment 抽象类,写内存数据段封装了 CellSet 数据单元集和相关原数据的特性,即调度监测数据存贮于写缓存中的 CellSet 容器。

6 多线程集群共享内存折叠压缩方法

数据单元集中的数据没有类型，全部是字节码形式存贮，其提供了一个 NavigableMap 访问的 API，可以对数据集中的数据进行遍历。为了完成对其中的数据快速查询，CompactingMemStore 类引入一个跳表查询方法，底层由跳表形式来实现，如图 6-5 所示。

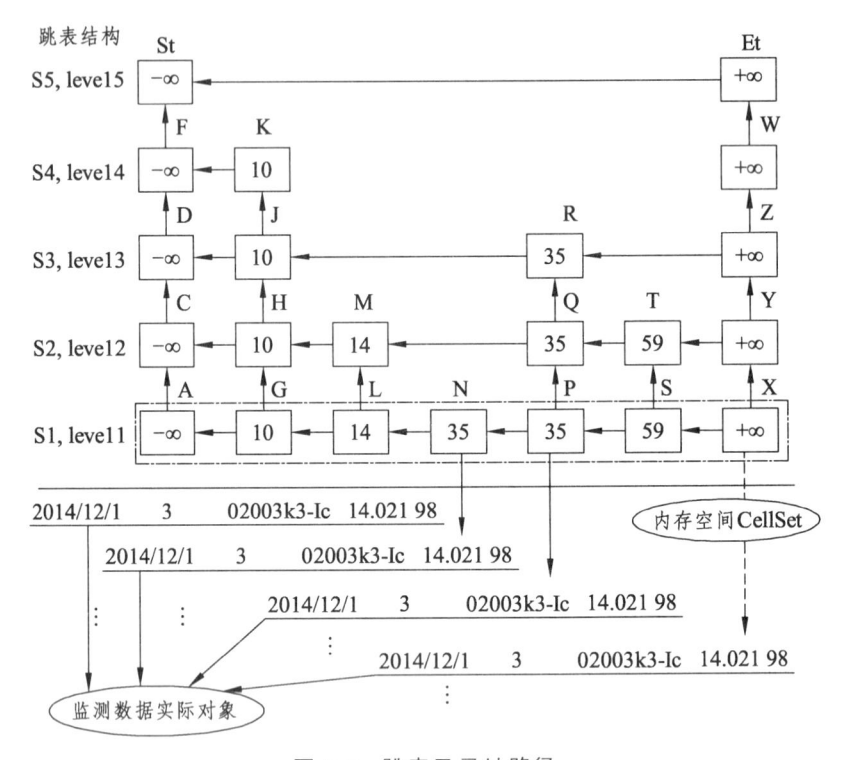

图 6-5 跳表及寻址路径

高并发存储结构跳跃表包含多级索引，每个级别的索引都是按照其关联的数据结点的关键字升序排列，高级别索引是低级别索引的子集，原始链路层的数据节点将由用户选定的关键字进行升序排列。数据节点保存键值对的数值和指向下一个数据节点的指针。由于每个节点都不仅包含指向下一个节点的指针，可能包含指向很多个节点的指针，这样就可以跳过一些不必要数据的查找，提高查询效率。这是一个典型的以空间换取时间的算法。当数据体量逐渐增大，多层次索引关联引用小对象数量增大，会加重垃圾回收负担。

以图 6-5 中 10 号索引关联的监测数据 "2014/12/1 3 02003k3-Ic 14.02198" 为例说明内存查询过程。从顶层结点 St 开始由上至下查找，查找目标索引值小于 Et，则跳转至当前索引节点 St 向下指针指向的 F 节点上，从 F 节点开始对 S4 后续节点进行遍历，重复以上步骤找到 G 点，监测数据的寻找路径集合为{St, F, K, J, H, G}。

跳表的 S1 层包含 n 个节点，n 个节点中存放着监控数据的索引值，任意节点出现在上层的概率为 p，如 35 号节点只出现在 S1 层而不出现在其他层，则发生此事件的概率为 $1-p$，14 号节点出现在 S1 层与 S2 层而不出现在其他层，则发生此事件的概率为 $p(1-p)$，10 号节点出现了四层，则发生此事件的概率为 p3(1 − p)。以此类推，可推导出任意一个未知节点的跳表期望层数为 $1/(1-p)$。由已知得到的任意一个节点产生的跳表层数可以推导出 n 个未知节点产生的跳表层数，即 n 个节点的期望空间复杂度为 $n/(1-p)$。

监控数据在内存中以跳表形式访问的空间复杂度为 $n/1-p$。随着监测数据结点增加，占用的内存空间由公式得出呈倍速增长，使得内存空间较难管理，在内存空间中启用压缩期待于缓解内存利用紧张问题。

6.3.3 内存数据的折叠压缩方法

写入内存的可变段数据不断增加满足设定阈值要求，索引层次结构不断复杂，写缓存中的局域管理服务器强制停止表的更新避免过多动态索引导致内存垃圾回收机制负荷运转，将可变段中的监测数据包装送入压缩管道中，此时动态的跳表存储多级索引结构扁平化为一组扁平索引。

压缩管道调用写内存折叠压缩方法对数据进行压缩，内存中可变段部分跳表多层索引集合为 {[− ∞(5)] [10(4)] [14(2)] [35] [35(3)][59(2)][+∞(5)]}。从中可知，部分数据节点在寻址目标对象目标时使用了多次。调用扁平化方法 flatten( ) 可将这些数据节点去冗余且有序排列。扁平化后的有

6 多线程集群共享内存折叠压缩方法

序数组结构为 [$-\infty$ 10 14 35 59 $+\infty$]。

写入缓存中的可变段结构经过扁平化之后形成有序排列数组,有效地节省了存储空间。与跳表存储二分法查询形式一致,其时间复杂度仍为 $\log_2 n$,但是其空间复杂度随着数据写入在每一个数据段内为 $O(1)$。随着数据的不断写入,内存空间占用由原先的成倍增长转换成常数值。压缩管道内的多个数据段经扁平化后合并成一个,其索引维护引用由一组组数组折叠而成,节省存储空间,如图6-6所示。

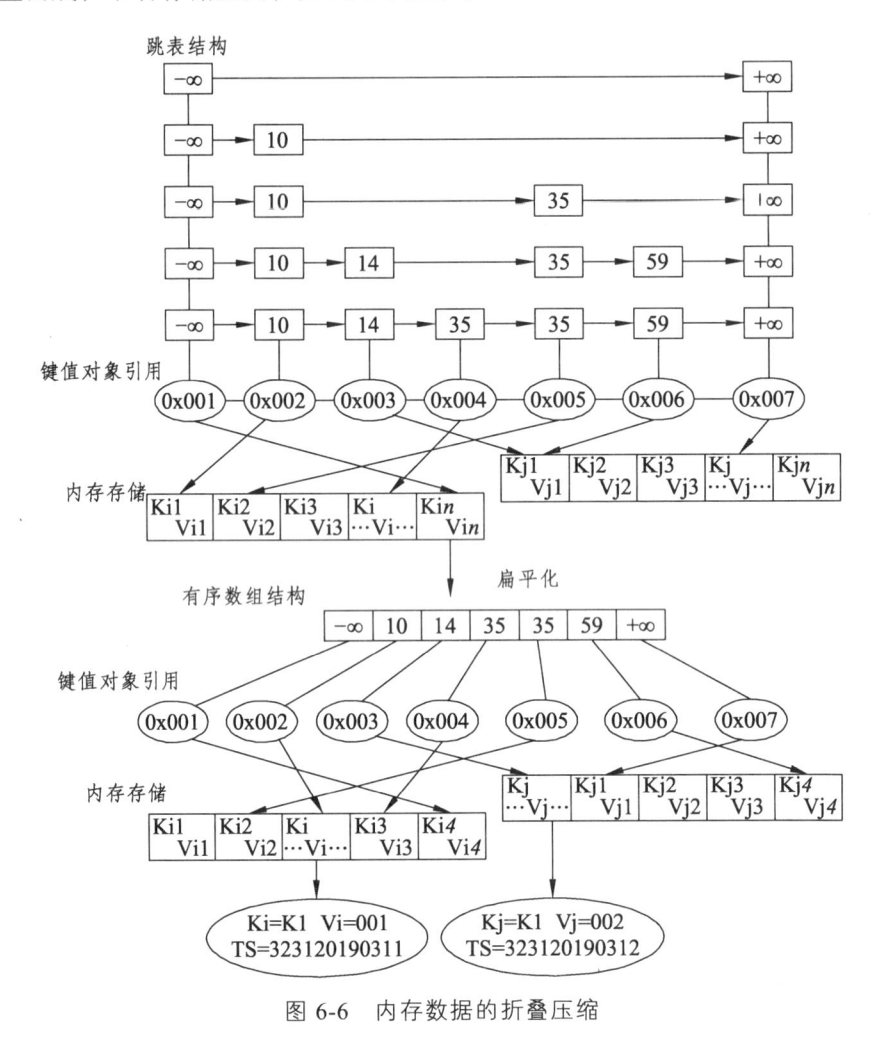

图 6-6 内存数据的折叠压缩

6.3.4 折叠压缩方法中的冗余处理策略

现场状态监测数值实时记录着设备的运行状态，任意一条监测记录在写入进程中配置一个时间戳，列式调度监测数据库中每一列配置一个相同的时间戳。历史时序数据库内某个设备的状态信息反复记录，反映在列式调度监测数据库中为同个行键的信息被记录了多次，即数据冗余。合并之后的一个数据段内可能会出现超过一条同一状态的多个不同时间版本信息数据，如图 6-5 中所示。例 "2014/12/1 3 02003k3-Ic 14.02198" 电压值这一列数值为 14.02198 后表数据为与此记录同一行键电压更新记录为 15.36988。

如图 6-7 所示，针对实际存储信息的多版本冗余现象，折叠压缩方法处理引用指向具体监测对象时可选择压缩策略自启动处理冗余数据版本。行键 RK=K1 的数据存在着多个版本值，每一个版本值由于其写入时间不同带有写入标识的时间戳。内存扫描器 scan( ) 会对压缩管道内的所有数据段进行行键扫描，记录下所有行键的值。行键的设计在启用版本排列策略时，内存扫描器会集合所有行键内容一致的数据，启动异步调动整合数据程序，将多个版本的值按照时间顺序排列在一起。如图 6-7 所示，有两条监测数据是 "3231" 用户在 3 月 11 日录入的电压 001 值与 3 月 12 日录入的电压 002 值，当采用版本排列策略时，内存扫描器检测出两条记录信息均为同一站点在同一时间段产生，该策略将录入时间的不同对电压值进行有序排列。

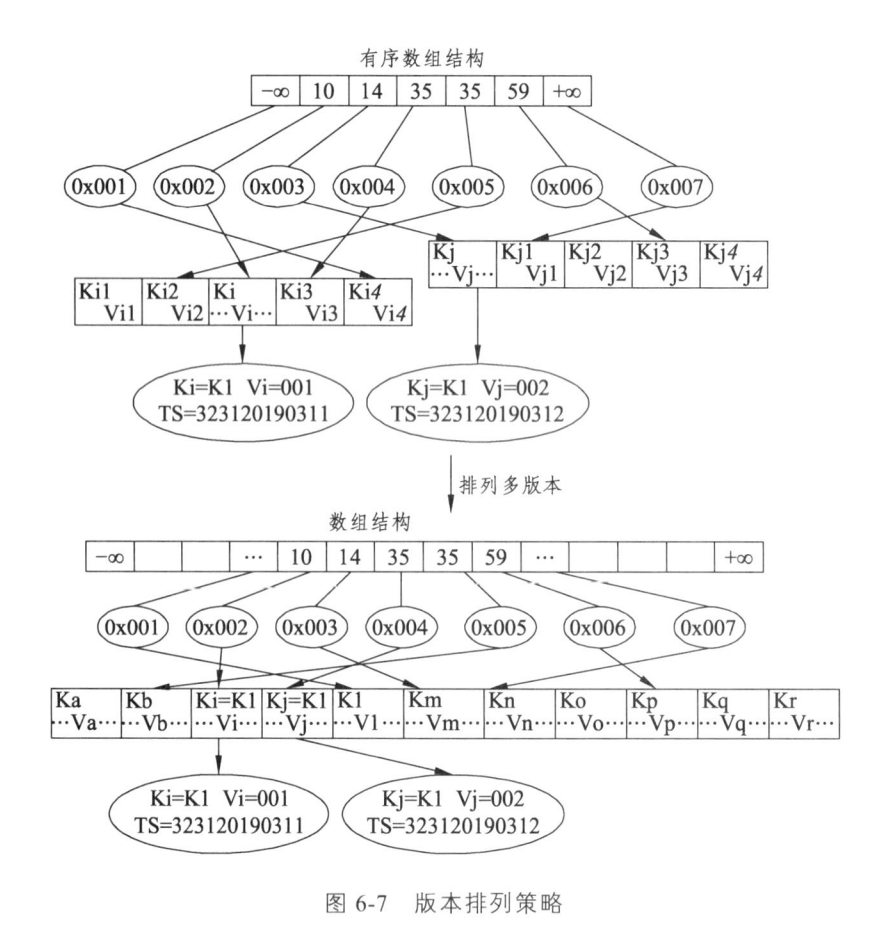

6 多线程集群共享内存折叠压缩方法

图 6-7 版本排列策略

如图 6-8 所示,当采用版本消除策略时,内存扫描器启用异步调动整合数据程序,将最新版本的值保留,利用 GC(游离对象回收机制)将旧版本的数据清理。在现实应用中同一站点在某个时间段可能是故障高发段,版本消除策略只会保存最新版本的数据,这不利于监测数据库中的故障记录跟踪,频繁版本消除会在内存中残存大量的游离对象,因此,本文设定版本冗余系数来选择压缩策略。

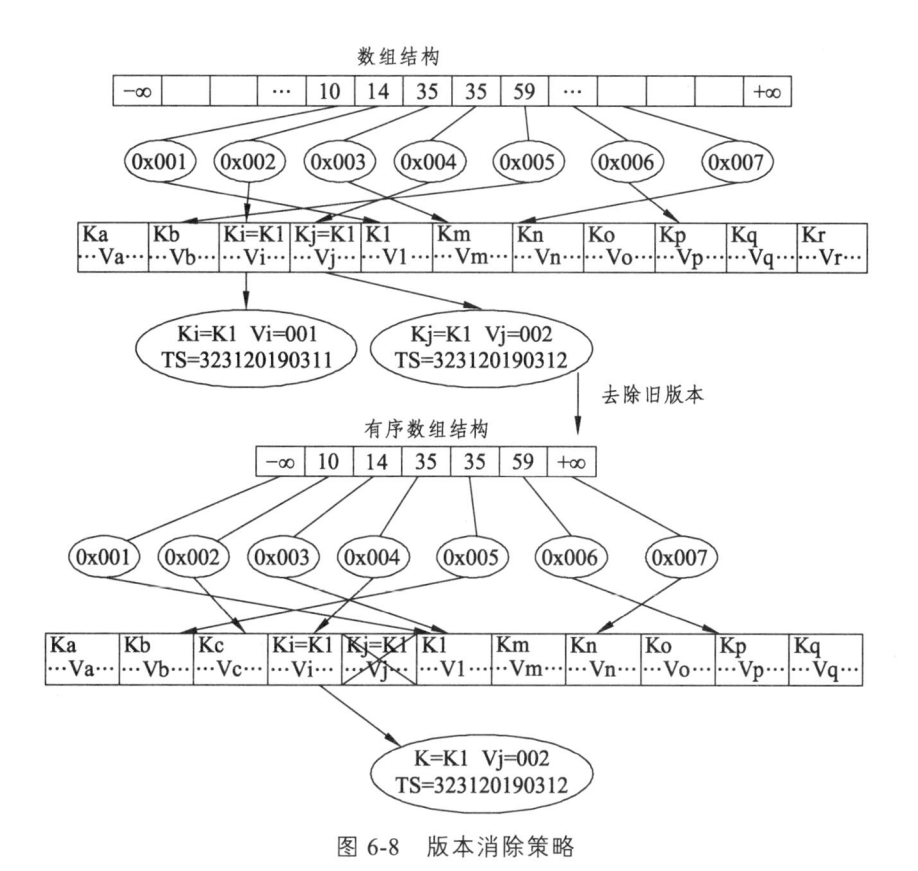

6.3 调度监测数据的内存折叠压缩方法

图 6-8 版本消除策略

压缩策略的选择依赖于版本冗余系数的设定。一般而言，内存可变区域的大小可取内存容量的 2%～5%，压缩管道中不可变段的数目上限取 2～5。内存扫描器将会在每次压缩管道内数据合并后扫描数据段，计算版本冗余系数 R。若将数据段中所有不与其他数据单元的行键相同的数量记为 $uniquesum$，数据段中数据单元的总量记为 $cellsum$，R 可由计算公式（6-1）得出

$$R = 1 - \frac{uniquesum}{cellsum} \tag{6-1}$$

此外需要人工设定版本排列策略的倾向系数 r，r 取值范围为（0，1），意为越倾向于 0，数据整合任务消除旧版本越频繁，垃圾回收机制负担越重，垃圾回收线程参与竞争内存资源紧张，会对数据写入吞吐量造成一定的影响。

6.4 内存数据折叠压缩的处理流程

当监测数据调度任务上交给主控节点后，主控节点根据数据冗余需求设定版本排列策略的倾向系数，工作节点循环创建线程获取内存资源，内存数据由随机写入通过归并排序转化成顺序写入。每次内存管道内数据合并之后，内存扫描器将获得结果进行一次判定，若设定 r 小于 R，则调用 GC 将所有旧版本清理，等待下一次数据合并；若设定 r 大于等于 R 则不调用 GC，直至压缩管道内不再有新的数据增加，具体流程如图 6-9 所示。

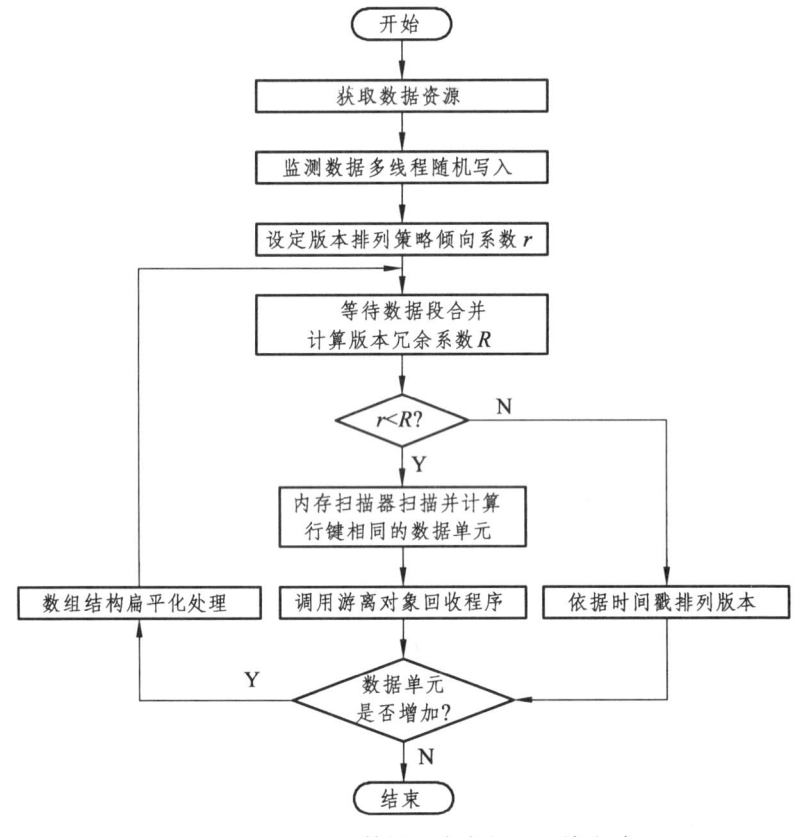

图 6-9 配电监测数据的内存折叠压缩方法

具体步骤如下所示：

步骤1：主控节点设置版本排列策略倾向系数，给任务节点发配数据调度任务。

步骤2：开放线程池，循环创建工作线程，共享内存资源。

步骤3：内存归并排序将随机写入方式转化成顺序写入，WAL（预写日志）记录更新操作，提升读性能。

步骤4：可变段接收数据达到最大值，将数据索引扁平化转移至压缩管道。

步骤5：扫描器计数压缩管道数据段数量，满足要求时调动数据整合程序将多个数据段整合成一个。

步骤6：计算版本冗余系数 R，与版本排列策略倾向系数 r 比较，若 $r<R$ 则调用垃圾回收程序，直至压缩管道内数据单元不再增加。

6.5 压缩性能增益模型

监测数据库的访问性能与数据存在的位置有关，在计算机系统中存储层次可分为高速缓冲存储器、主存储器、辅助存储器三级。监测数据所在的存储层次决定了程序访问的时间。一般而言，一个程序在通用 PC 系统中的访问时间可以由公式（6-2）得出：

$$T_{\text{PCNocompr}} = T_{\text{Cache}} + T_{\text{Mem}} + T_{\text{Disk}} + T_{\text{Net}} + T_{\text{Swap}} \quad (6-2)$$

$T_{\text{PCNocompr}}$ 表示通用 PC 程序访问的时间，T_{Cache} 表示程序访问高速缓冲存储器的时间，T_{Mem} 表示程序访问主存储器的时间，T_{Disk} 表示程序访问辅助存储器的时间，T_{Net} 表示网络传输延迟，T_{Swap} 表示当程序访问的虚拟内存地址不在主存中需要在磁盘中进行页面交换的时间。

在高速缓冲存储器中，程序访问的时间由读时间 T_{CacheRd} 和写时间 T_{CacheWr} 构成，R 是读时间所占的比例，N_{Cache} 为程序访问的次数，T_{Cache} 表示为

$$T_{\text{Cache}} = N_{\text{Cache}} \times [RT_{\text{CacheRd}} + (1-R)T_{\text{CacheWr}}] \quad (6\text{-}3)$$

在主存储器中，默认情况下程序访问耗时也由读写两部分组成，由于内存折叠压缩技术的采用，视压缩为写过程，解压为读过程，程序访问引入了压缩内存区，于是有

$$T_{\text{Comprmem}} = N_{\text{Comprmem}} \times [R(T_{\text{Compr}} + T_{\text{mem}}) + (1-R)(T_{\text{Decompr}} + T_{\text{mem}})] \quad (6\text{-}4)$$

式中，T_{Comprmem} 表示程序在压缩内存区访问占用的时间，T_{Compr} 表示压缩占用的时间，T_{Decompr} 表示解压缩占用的时间，R 表示在额外时间开销中压缩时间占用的比例。

在辅存储器中，程序访问的时间为

$$T_{\text{Disk}} = N_{\text{Disk}} \times (T_s + T_r + T_t) \quad (6\text{-}5)$$

式中，T_{Disk} 表示程序访问磁盘的时间，N_{Disk} 表示程序访问磁盘的次数，T_s 表示磁盘寻道时间，T_r 表示磁盘旋转延时时间，T_t 表示磁盘传输时间。

对于采用了内存折叠压缩技术的 PC 系统访问时间可以推导出：

$$T_{\text{PCCompr}} = T_{\text{Cache}} + T_{\text{Comprmem}} + T_{\text{Noncomprmem}} + T_{\text{Disk}} + T_{\text{Swap}} \quad (6\text{-}6)$$

采用内存压缩之后的花费总时间由缓存、压缩内存区、主存（未压缩内存区）、磁盘四层存储构成。由于折叠压缩技术没有在缓存端与磁盘端做改变，因此 T_{Cache} 与 T_{Disk} 总是保持相等。将公式（6-6）与公式（6-2）做差可以得到内存折叠压缩技术带来的时间开销：

$$T_{\text{PCCompr}} - T_{\text{PCNocompr}} = T_{\text{Comprmem}} + T_{\text{Noncomprmem}} - T_{\text{Mem}} \quad (6\text{-}7)$$

由于缓存容量不变，使用折叠压缩之前访问内存的次数与使用折叠压缩之后访问主存（未压缩内存区）与访问压缩内存区次数之和保持一致，即

$$N_{\text{Comprmem}} + N_{\text{Nocomprmem}} = N_{\text{Mem}}$$

整理后得到公式（6-8）：

$$\Delta T = T_{\text{PCCompr}} - T_{\text{PCNocompr}} = (RT_{\text{compr}} + (1-R)T_{\text{Decompr}}) \times N_{\text{Comprmem}} \quad (6\text{-}8)$$

公式（6-8）表示内存折叠压缩在传统的 PC 系统中带来的内存增益以

及相应的时间开销，折叠压缩技术带来的时间上的开销由两部分决定，一是压缩速度和解压速度的时间，二是压缩内存区内的访问次数。这两个部分相互关联也相互冲突，降低对压缩内存区访问次数即为降低压缩率，而往往压缩率的降低会带来压缩和解压缩时间的增加。一个优秀的内存压缩算法需要协调压缩率与压缩时间两个因素来使 ΔT 达到最小。

6.6 算 例

6.6.1 测试环境的搭建

以某动车段 10 kV 远动调度 SCADA 监控系统导出的数据为算例，在 Ubuntu 18.04 操作系统上，搭建分布式存储的调度监测数据压缩性能测试集群，在主节点上配置压缩功能属性，对调度监测数据进行处理延时和集群性能测试，其中主节点 IP 地址为 192.168.1.100，中央处理器采用 Intel(R) Core(TM) i7-7700，3.60 GHz 主频，8 GB 内存；工作节点的配置与主节点一致，IP 地址设置为 192.168.1.101、192.168.1.102、192.168.1.103。配电所部分回路示意图如图 6-10 所示。

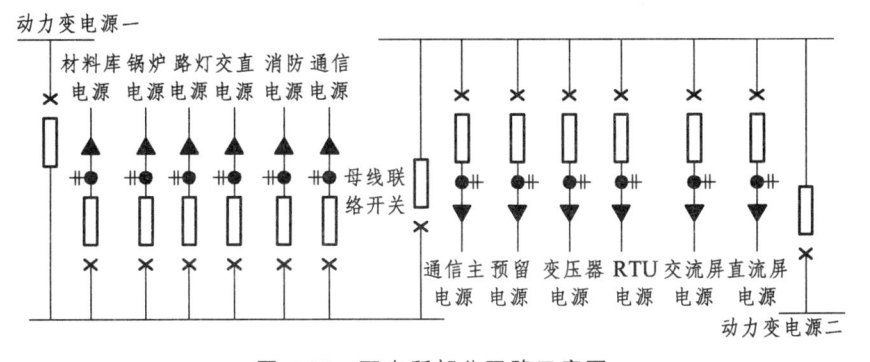

图 6-10 配电所部分回路示意图

以 SCADA 系统中遥测数据作为测试对象，遥测数据包括动车段变配电所的三相电压、三相电流、有功功率、无功功率等模拟量的时序数据。

6 多线程集群共享内存折叠压缩方法

在输入遥测数据定量条件下，考察磁盘不同压缩格式下的数据写入性能对比测试、磁盘 I/O 监视测试、内存折叠压缩功能下的配电监控数据查询延时测试等，并对不同压缩策略下集群性能做分析比较。

6.6.2　内存折叠压缩导入性能对比测试

在监测数据库任务管理界面启动数据导入脚本，使用用户 id 与建立脚本时间来组合时间戳以记录脚本名称，记录脚本开始时间与结束时间，最后在脚本完成时自动统计用时。取 SCADA 系统中 $\{0.34 \times 10^7$、0.68×10^7、1.02×10^7、1.36×10^7、1.70×10^7、$2.04 \times 10^7\}$ 共 6 组遥测数据为数据源输入，折叠压缩策略设置为版本排列策略，不设置倾向系数 r。设置磁盘各种不同的列式压缩存储格式（Snappy、lzo、lz4、Gzip），开启内存折叠压缩使得数据从内存中的压缩态转换成磁盘中的压缩态，统计耗时得到导入时间，如图 6-11 所示。

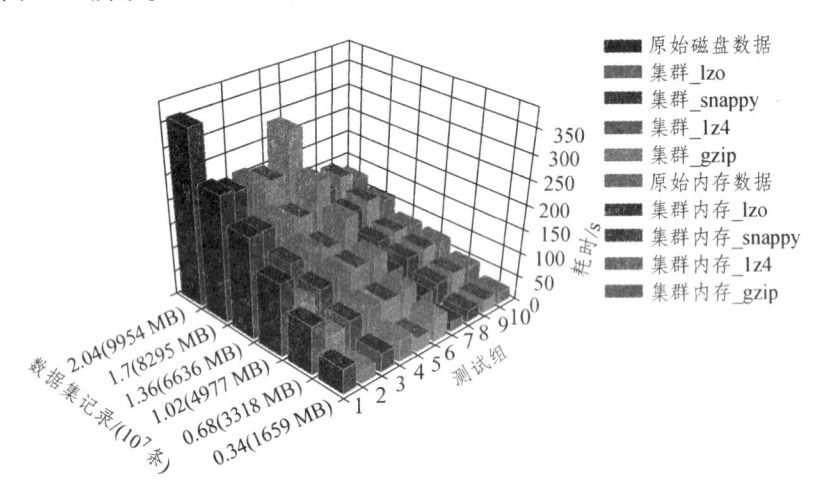

图 6-11　不同种磁盘压缩格式下的数据导入时间对比图

由图 6-11 得知，随着数据集记录数的增加，数据导入时间也在增加，在传统的磁盘压缩之中以图中 1.02×10^7 条监测数据为例，导入时间均能稳定在 100 s 以内，其中以 LZO 格式导入时间 98 s 效果最佳。当采用内存折叠压缩之后，$1.02×10^7$ 这一组数据集导入时间大幅缩短，在 LZO 格式写入硬盘条件下耗时 67 s。造成此结果的原因是内存中使用了压缩，内存的单位空间容纳了更多的数据从而提升了内存向磁盘传输的吞吐量。

6.6.3 集群磁盘 I/O 读写速率测试

以 SCADA 系统中 $1.02×10^7$ 条遥测数据、LZO 压缩格式写入磁盘为例，利用基于 WEB 界面的分布式系统监视器监视磁盘的读写速率，每 5 s 监视记录一次，从脚本运行开始直至脚本运行结束。

如图 6-12 所示为两种情况下的硬盘读写速度监视。脚本启动开始，连接任务，获取资源，数据调度等操作均没有令硬盘产生数据交互。随着数据任务的进行，磁盘的传输速度发生了变化，图 6-12（a）情况中，写速度上升至一个高度并围绕 4 MB/s 上下波动，图 6-12（b）情况中由于采用了内存折叠压缩，内存可用空间增大，向磁盘运输的速度更加快，幅度上升至 4.8 MB/s 并上下波动，在 68 s 的时候启动内存压缩的脚本数据传输任务已经结束，写速度下降。对比可知，通过启用内存压缩可以一定程度提升硬盘传输速度来避免任务时长过长带来的反复占用磁盘 I/O 资源。

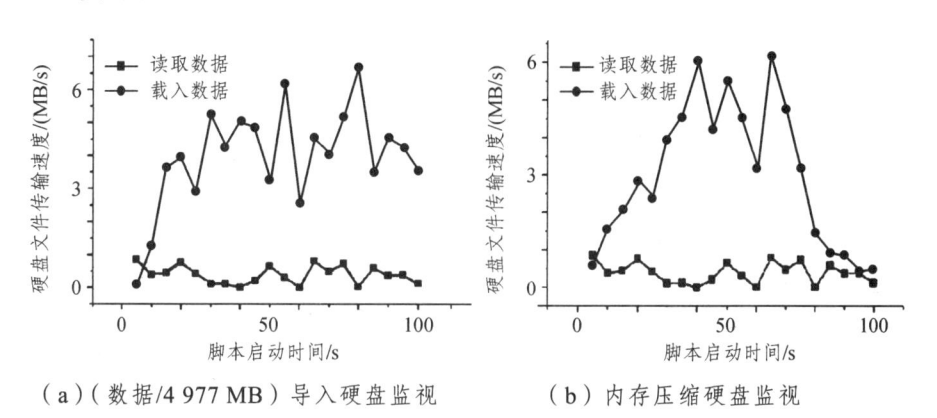

（a）（数据/4 977 MB）导入硬盘监视　　（b）内存压缩硬盘监视

图 6-12　两种情况下的硬盘读写速度监视

6.6.4 集群运行内存占用性能测试

在四机压缩集群监控环境之下,开辟共享内存空间,创建数据载入进程与数据压缩进程,将不同进程的虚拟地址映射至同一块物理空间,设置物理空间大小为 8 GB,以 SCADA 系统中 1.02×10^7 条遥测数据导入磁盘为例,全程监视作业运行内存变化,从脚本运行开始直至脚本运行结束,设置创建压缩进程策略周期为 5 s,绘制运行内存占用比曲线。

由图 6-13 可得,在使用内存折叠压缩方法情况下,当创建压缩进程之后,集群中的主控节点将折叠压缩任务分配给其余工作节点,使得共享内存的内存使用率由 61.1% 逐渐上升到 70.9%,当数据载入任务中的监测数据全部被压缩时,压缩进程结束,释放内存,内存占比由 70.9% 降至 62.8%,然后重新从数据源获取数据,扫描数据,创建压缩进程对数据进行压缩,直至数据载入完毕。而未创建压缩进程的节点随着监测数据的增多,内存使用率由 61.1% 缓慢上升到 92.5%。相比于使用内存压缩,计算节点无须担负额外创建新进程的开销,然而需要承担开启多线程接收海量数据载入任务的开销,此项开销能令集群共享内存使用率缓慢上升至 90% 以上,从而令进程执行任务速度减慢。对比可知,使用内存折叠压缩方法能令任务完成加速提前 32%。

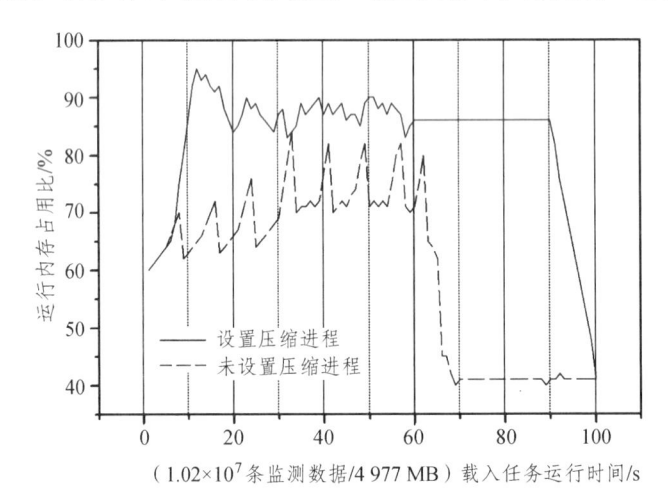

图 6-13 集群运行内存占用性能曲线

数据源获取数据的进程与压缩数据的进程共享一个内存区，两个进程可以同时操作，所以需要同步，运行算法压缩数据的耗时只会影响压缩数据进程本身，不会影响接收源获取数据的进程。而数据压缩带来的负收益为加大运行内存占比，正收益为接收源获取数据进程提供足够的空间。

在数据导入方式中，本研究的内存折叠压缩技术可降低磁盘读写频率，增加内存可用空间，缩短导入任务的耗时，为实时数据库与历史数据库间的数据转存提供了一个有效的思路。

6.6.5 内存折叠压缩方法下数据集查询测试

加大查询遥测信息数据的体量，以调度监测数据库存储 3×10^7 条遥测数据为例设置多变量查询测试。键值对存储模式数据库有成熟的索引机制，可对监测采样时间、设备号及其监测值多种属性建立多列索引，以采样时间为查询条件进行多列索引查询实验。

先将数据集载入内存，在使用内存压缩技术的条件下，设置版本排列策略倾向系数 r，集群查询周期为 10 s/次，在设定 r 不同的情况下查询时间情况，如图 6-14 所示。

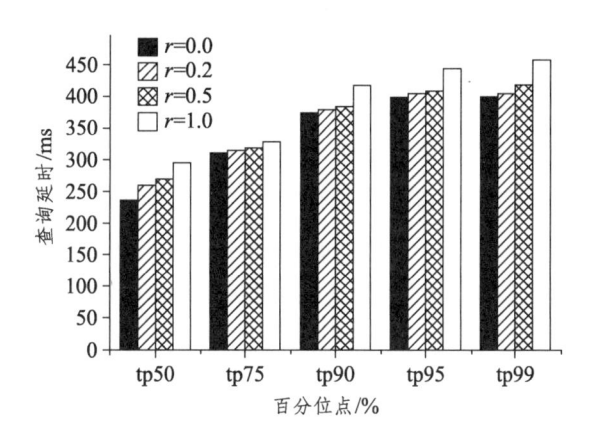

图 6-14 设定不同倾向系数 r 下多条记录查询时延

由于按列存储形式的存在，附属于同一行键的信息可能存在于不同级的存储系统，由于对于不同级存储系统访问时间存在较大差异导致查询时间参差不齐，以百分位点的形式记录查询详情。当执行 $r=1$ 即版本排列策略时，前 50% 请求最长耗时 289 ms，而当执行 $r=0$ 版本消除策略时，前 50% 请求最长耗时为 241 ms，造成这种现象的原因是版本消除策略在折叠压缩的基础上还将多余版本的值全部删去，使得在内存存储中的数据记录大量减少。

集群查询架构将每个查询事务对象压缩存储于内存中，减少了磁盘存取、内外存的数据传递、缓冲区管理、排队等的延迟，使得事务平均执行时间缩减。

6.6.6 内存折叠压缩性能测试

云计算集群的内存压缩支持 LZSS、LZ4 等主流压缩算法。设监控信息第 i 序列的列属性原码字节总长为 $L_{\text{length}(i)a}$，压缩后字节总长为 $L_{\text{length}(i)b}$，其中 $i \in [1, N]$，N 为列属性总数，压缩率为 C_r。对相同的配电网实测信息进行压缩处理，压缩率记为

$$c_r = \frac{1}{N}\sum_{i=1}^{N}\left(\frac{L_{\text{length}(i)b}}{L_{\text{length}(i)a}}\right) \times 100\% \qquad (6\text{-}9)$$

式（6-9）表征监控数据经压缩之后文件大小与原文件大小的占比，压缩率越小表示被消除的冗余信息量越多。将同样的数据集载入内存，按照本文内存扁平化折叠处理和已有文献中的内存压缩算法相比得到压缩率，如图 6-15 所示。linux 内核采用 Hugetlb 模块（采用巨页作为开辟共享内存的存在方式），本次测试采用的数据包是提取了内存巨页 2m 写入的数据包测试数据。每次读取 2m 页面通过加入时间戳的方式，把每次压缩与解压的时间计算得出，再把所有的时间累加起来得到总计时间。单次测试使用的数据包为 1.02×10^7 条遥测数据，单次测试访问巨页次数达到 2 000 次以上，测试 5 次。测试结果如图 6-15、图 6-16 所示。

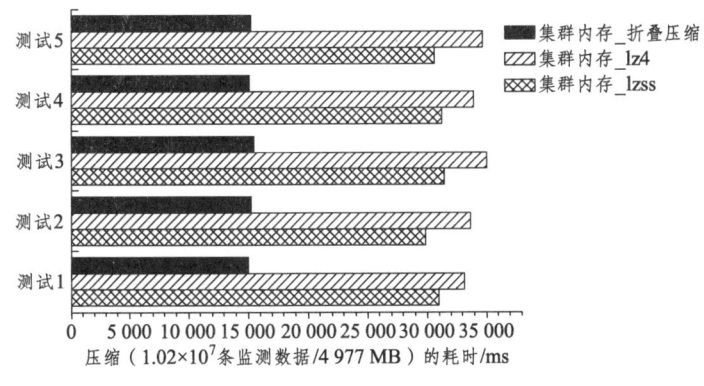

(a)压缩数据包耗时对比图

(b)解压数据包耗时对比图

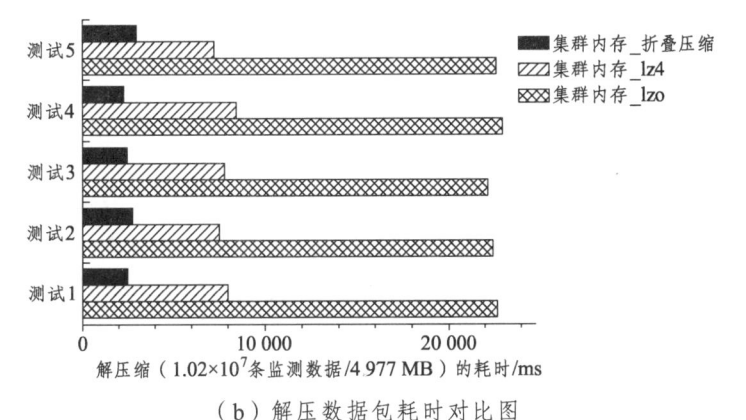

图 6-15 压缩、解压数据包耗时对比图

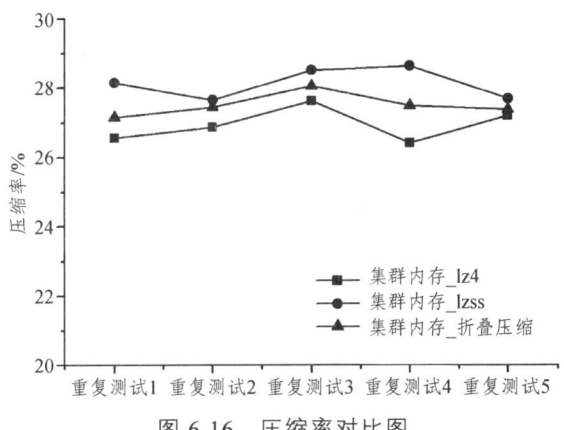

图 6-16 压缩率对比图

对比测试表明：在压缩速度方面，从图可知，lzss 算法压缩平均用时 30.728 s，压缩速度为 161.97 MB/s，lz4 算法压缩平均用时 33.967 s，压缩速度为 146.52 MB/s，折叠压缩平均用时 15.130 s，压缩速度为 328.95 MB/s。

从解压缩方面，lzss 算法平均用时 22.55 s，解压速度为 61.80 MB/s，lz4 算法平均用时 7.76 s，解压速度为 179.49 MB/s，折叠压缩平均用时 2.588 s，解压速度为 538.47 MB/s，也同时不损失压缩比，而恰恰解压速度是影响系统访问进程的关键所在。通过算例研究了内存数据快速折叠压缩方法，在速度方面有一定的优势。

6.7 结　论

（1）针对海量调度监测数据的内存信息堆积与处理延迟越来越大的问题，利用大数据组件搭建压缩性能测试集群，改善数据写入时延与查询时延过长而导致的磁盘资源利用紧张的问题，研究一种共享内存的折叠压缩方法。

（2）以远动调度 SCADA 系统工程数据为算例，进行多组不同配置下数据的读写对比测试，结果表明，内存折叠压缩能够更加有效利用 I/O 资源，改善内存管理结构，有效运用压缩策略去冗余降重，可降低数据查询的处理延时，增强对海量配电监测数据的统计能力和自适应调节过期数据的能力。

7

基于列存储的铁道供电数据无损压缩方法

7 基于列存储的铁道供电数据无损压缩方法

7.1 铁道供电监控系统的数据压缩新方法

7.1.1 铁路供电调度监控数据

本研究以某动车段 10 kV 远动监控系统为算例。监控对象包括：配电所、检查库变电所、检修库变电所、生产调度变电所、转向架变电所等，动车段配电所的部分回路示意图如图 7-1 所示。

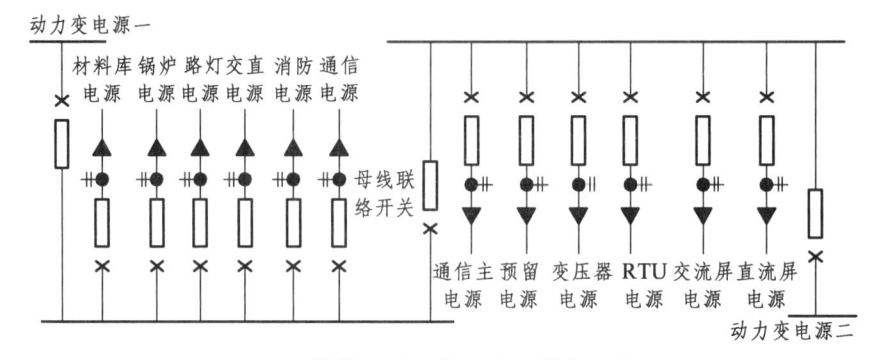

图 7-1 某铁路动车段配电所供电示意图

典型的监控数据，如遥测设备信息表，如图 7-2 所示。记录数为 2171 条，其中 Num 表示序号，ID 表示模拟量编号，StationAddr 表示站地址，DeviceID 表示设备编号，DeviceName 表示设备名称，CClass 表示模拟量类别编号。

图 7-2 远动遥测设备表

遥测数据表如图 7-3 所示，采集记录自 2014 年 11 月 20 日始，至 2014 年 12 月 19 日止，总计一个月。日记录数达 1.1×10^6 条，月记录数达 3.2×10^7 条。表中 DDatetime 表示采集数据时间戳，StationAddr 表示站地址，ID 表示模拟量编号（例如 02003k3-Ic 表示），VValue 指的是量测值。

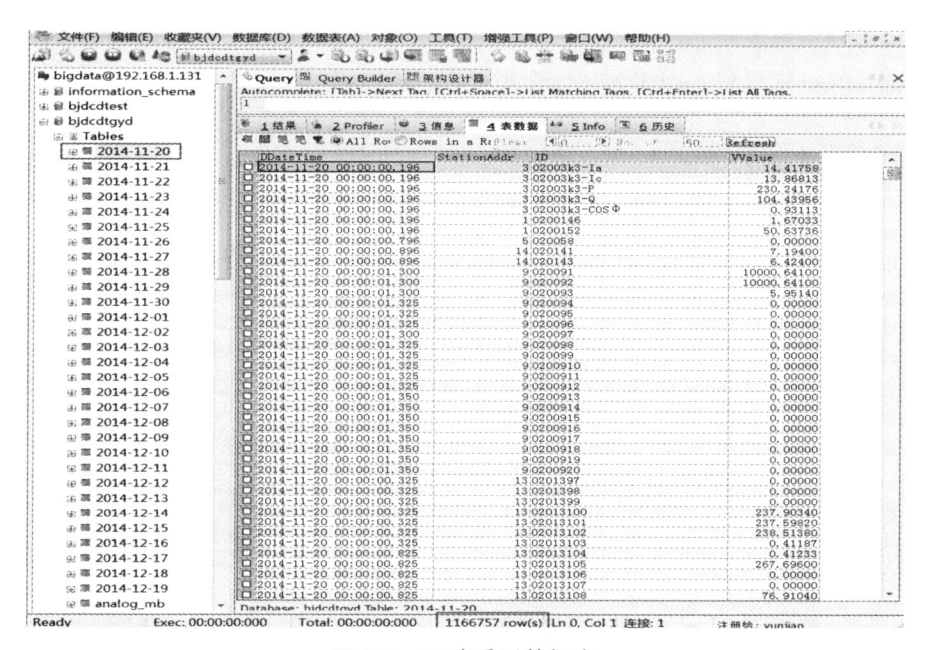

图 7-3 远动遥测数据表

7.1.2 监控信息的无损压缩方法

无损数据压缩是指使用压缩后的数据进行重构（或者叫作还原、解压缩），重构后的数据与原来的数据完全相同，但通常压缩比小于有损数据压缩的压缩比。如图 7-4 所示，传统的无损压缩方法可以分为两类，字典编码和非字典编码。字典编码本质上就是利用在字典中出现过的字符串使用一个索引值代替，以此来达到压缩目的。非字典编码统计每个符号出现的次数并计算其概率，建立概率表，用此概率表建立编码树（概率大的用短编码，反之用长编码），然后用该编码树对输入的数据进行编码，以此来达到压缩目的。

7 基于列存储的铁道供电数据无损压缩方法

数据压缩往往采用较短的字符串来代替较长的字符串，用最短的字符串来代替出现频率最高的字符串。由于各个字符在文中出现的概率大不相同，因此存在冗余度，才有压缩的可能。香农信息论中引入热力学表示分子混乱程度的量——熵，用来表示信息的不确定性。一般来说，一串字符带来的信息量越大，熵越大，能消除冗余的可能性越大，而如果每个字符都是等概率出现，则压缩比就会很低。

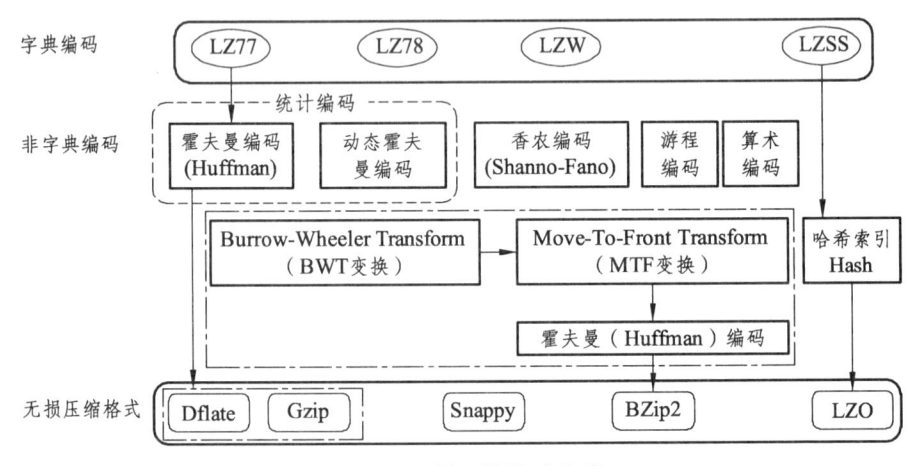

图 7-4 无损压缩格式分类

1．数据压缩的性能指标

由于工作环境及系统要求不同，对数据压缩的衡量方式会有多种，常常以下面几个方面评价压缩方法。

（1）压缩比。它定义为信源在压缩前的数据长度与压缩后的数据长度的比例（$n:1$ 的形式）。压缩比越大，压缩效果越好，如在 MP3 音频格式压缩技术中，较高的压缩比达到 10∶1 甚至 12∶1。

（2）压缩率。输出长度与输入长度的比值（或×8bpc），根据这一定义，压缩率越小，压缩效果越好。

（3）压缩速度与解压速度。压缩速度越快，效率越高。

（4）编码效率。编码的平均长度越小，编码效率越高，数据的压缩比就越大。存在较优信源编码。

（5）数据完整性。无损压缩通过解压，信号恢复后与压缩前完全一致；有损压缩使信号不能完全恢复（主观上达到人感官感觉不到输出与输入的变化）。

（6）时空复杂度。量化算法的成本开销，实际应用中总希望编码算法尽量简单，这样耗费硬件和软件的成本就低。

2．LZ 系列无损压缩算法的研究

LZ 系列的压缩方法维护一个动态词典，其包括了历史字符串的索引与内容，压缩情况分为以下三种：（1）若当前字符 c 未曾在词典中出现，则编码为（0, c）；（2）若当前字符 c 出现在词典中，则与词典做最长匹配，然后编码为（prefixIndex, lastChar），其中 prefixIndex 表示最长匹配的前缀字符串，lastChar 表示最长匹配的最后一位字符；（3）若当前字符 c 为最后一个字符，则编码为（prefixIndex,）。例如，对于采自 2 号站所贯通线电流电压名称监控字符"02IbGD02IaGD02VcZD"为例的 LZ78 编码过程如图 7-5 所示。原始的 LZ77 算法是利用了字符串中上下文的相关性特点，通过一个滑动窗口（一个查找缓冲区）来作为字典。

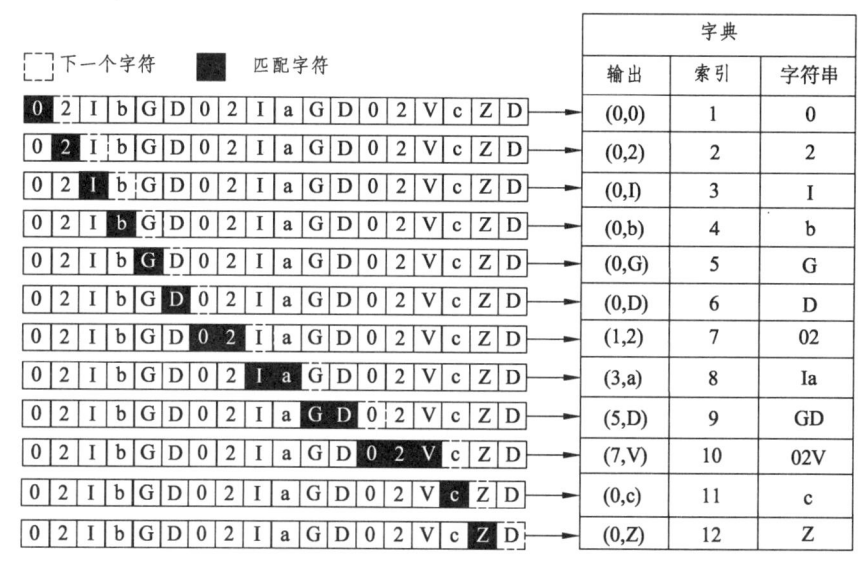

输出	索引	字符串
(0,0)	1	0
(0,2)	2	2
(0,I)	3	I
(0,b)	4	b
(0,G)	5	G
(0,D)	6	D
(1,2)	7	02
(3,a)	8	Ia
(5,D)	9	GD
(7,V)	10	02V
(0,c)	11	c
(0,Z)	12	Z

图 7-5 LZ78 压缩编码原理

LZ77 压缩算法的大部分时间都会花在字符串匹配上，针对这一点有多种改进：

（1）构建查找树，该思路也有多种实现方法，例如增加最小匹配长度的限制，当最长匹配的长度小于该限制时，则不压缩输出，但仍然滑动窗口右移一个字符。派生出 LZSS 算法。

（2）构建链表法实现的哈希表，通过对一个字符串的前三个字节做哈希，快速找到匹配字符串的位置之后再沿链表做顺序搜索，如 LZRW。Deflate 算法是使用 LZ77 的变种和 huffman 编码结合的一种压缩算法。在 ZLib 的源码中可以找到详细的算法说明。

LZW 算法是 LZ78 的变种，假如字符串 S 在字典中有匹配，但是 Sx 在字典中无匹配，那么 Sx 会被加入到字典中。因为字典一开始就被初始化为 256 个字符，所以无须用到 LZ77 中的三元组表示法，每一个短语或字符都可以用字典中的一个索引表示（总是能在字典中找到），缺点跟 LZ78 一样，字典会快速增大。LZO 算法也是基于 LZ77 的改进，其借助哈希表记录字典数据。哈希表建立函数映射将记录关键字与存储位置关联。利用哈希表查找匹配的字符串能加快压缩的速度，因此 LZO 非常适合进行数据的实时压缩解压处理。

Deflate 和 Gzip 压缩算法都是同时使用了 LZ77 压缩算法与霍夫曼编码方式，区别在于 Deflate 压缩速度略快而 Gzip 压缩比略高，默认情况下，Gzip 会比 Deflate 多出 4%~6% 的压缩量。Deflate 是专门为确保服务器性能而使用的压缩模块，这意味着在高流量服务器中，Deflate 的加载速度会快于 Gzip，CPU 占用会比 Gzip 小。

3．LZ4 压缩算法的研究

LZ4 是目前主流的内存压缩算法，在当前的安卓和苹果操作系统中广泛使用，其压缩编码原理如图 7-6 所示。LZ4 无损压缩算法是基于 Apache 2.0 许可证发布，通过和 CPU 缓存结合的机制来达到快速压缩的目的，比较适合大吞吐量的数据压缩场合，且能以很小的 CPU 代价换取更大的存储密度，与 LZO 相比压缩率略低。LZ4 的优势在于基于哈希的匹配搜索和对重叠匹配的支持，可对不同的处理器架构优化。

LZ4 数据格式由令牌（token）、字符串长度（literal length）、字符串

（literals）、偏移量（offset）、匹配长度（match length）组成。

LZ4 算法的操作步骤主要为哈希计算、匹配、向后匹配、参数计算和数据输出 5 个步骤，流程如图 7-7 所示，技术原理以 RTU 采集关键字"YKYXYC"遥控遥测遥信首字母为例。

1. 对 0-3 的位置做 hash 并存入 hash 表
2. 对 1~4 的位置做 hash 并存入 hash 表
3. 对 7~10 的位置做 hash 并存入 hash 表，发现 hash 表中存在相同值
4. 尝试扩大匹配，后移一个 Byte，对 8~11 的位置做 hash 并存入 hash 表，发现 hash 表中也存在相同值

0	1	2	3	4	5	6	7	8	9	10	11	12	13
Y	K	Y	X	Y	C	$	Y	K	Y	X	Y	C	$

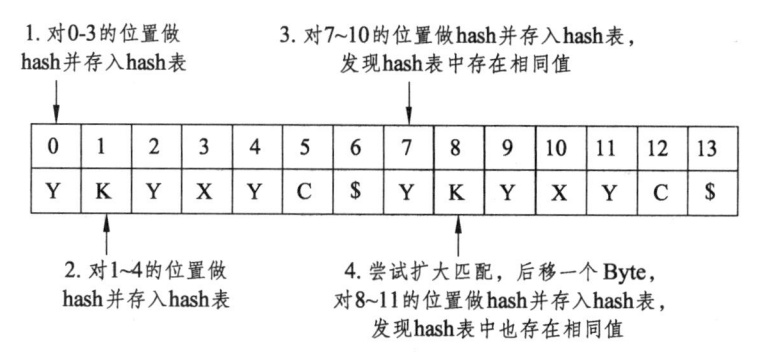

图 7-6　LZ4 压缩编码原理

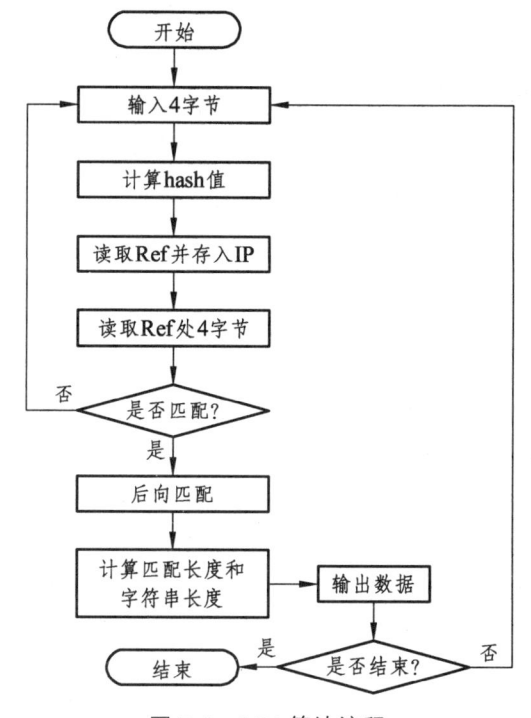

图 7-7　LZ4 算法流程

步骤如下：

（1）读取4个字节，根据哈希算法计算哈希值，如图7-6所示。

（2）读取哈希表中的数据记为 ref，写入地址。

（3）如果 ref 是初始值，无法找到匹配项，返回第一步读取4个字节；如果 ref 不是初始值，且不在滑动窗口内，返回第一步读取4个字节；如果 ref 不是初始值，且在滑动窗口内，将 ref 与当前数据进行比对，相同则进入下一步，不相同则返回第一步读取4个字节。

（4）将当前数据的后续数据与匹配数据的后续数据进行比对，如果相同则继续比对，如果不同则停止比对，匹配结束之后计算相关参数输出压缩序列，如图7-6中，匹配第6次发现匹配字符串"YKYX"的哈希值已在哈希表中存在，则再次出现的字符编码为（7，4），7是偏移量，4是相同字符数。则后移一个字节进行再次比对，发现"KYXY"的哈希值依然在哈希表中存在，则字符编码更新为（7，5）。

（5）压缩完一个序列之后，返回第一步进行循环操作，压缩至最后5个字节时不参与匹配计算，作为最后一个序列输出，如图7-6中输出由原先的"YKYXYC$YKYXYC$"压缩成"YKYXYC$（7，7）"。

（6）最后一个序列规则：压缩数据的最后5个字节不进行匹配，匹配长度为0，偏移量也为0。

4．Snappy 压缩算法的研究

Snappy 往往会控制在特定的压缩率下（压缩结果会比其他压缩库文件要大20%~100%），拥有惊人的压缩速度，压缩文本数据速度是其他压缩库的1.5~1.7倍，HTML 能高达2~4倍，但是对 JPEG、PNG 等已压缩的图片格式数据，速度没有明显改善。Snappy 也可以用于和其他压缩库-zlib、LZO、LZF、FastLZ 和 QuickLZ-做对比测试，Snappy 是一个 C++库，相比 Gzip 和 Bzip，使用 Snappy 优势在于 Map 任务会更早地开始去传输数据，因为其压缩速度比 Gzip 快，但是其传输给 Reduce 任务负担大。

5．Bzip2 压缩算法的研究

Bzip2 是一种基于 BWT 变换的无损压缩方法。BWT 是 Mike Burrows

依据 David Wheeler 提出的一种变换思想，该变换目前已成为学术界无损压缩领域的研究热点。BWT 是一种以数据块为操作对象的数据变换方法，将字符串轮转后得到新的字符串，将所有字符串进行排序和转换，操作本身没有减少数据量，但使变换后的数据更适应压缩。

设输入 RTU 遥控遥信遥测关键字字符串 T="YKYXYC"，在它后面加一个标志符$，并假设在字典顺序中$大于任意一个字符。每次做一次向左移位变换，得到一个 $n×n$ 矩阵 A，再对矩阵的每行字符进行字典顺序排序比较，排列成 As，如图 7-8 所示。

输入字符串 T：| Y | K | Y | X | Y | C | $ |

A

0	Y	K	Y	X	Y	C	$
1	K	Y	X	Y	C	$	Y
2	Y	X	Y	C	$	Y	K
3	X	Y	C	$	Y	K	Y
4	Y	C	$	Y	K	Y	X
5	C	$	Y	K	Y	X	Y
6	$	Y	K	Y	X	Y	C

As

0	C	$	Y	X	Y	X	Y
1	K	Y	X	Y	C	$	Y
2	X	Y	C	$	Y	K	Y
3	X	Y	C	$	Y	K	Y
4	Y	K	Y	X	Y	C	$
5	Y	X	Y	C	$	Y	K
6	$	Y	K	Y	X	Y	C

输出字符串 L：| Y | Y | Y | X | $ | K | C |

输出字符串 F：| C | K | X | Y | Y | Y | $ |

输出字符串 R：| 5 | 1 | 3 | 4 | 0 | 2 | 6 |

图 7-8　BWT 变换

将矩阵 As 的第一列记为 F[ ]，最后一列记为 L[ ]，T 为原字符，矩阵 As 中，As 字典排序后的存储顺序在矩阵 A 中序号数列为 [5, 1, 3, 4, 0, 2, 6]。BWT 变换之后的输出序列为 "YYYX$KC"，序号索引 R 也被记录下来。

这里，字符串长度为 N 意味着 BWT 矩阵块的大小，它决定了 BZip2 压缩算法的压缩比。另一方面，BWT 的执行时间也取决于块的大小。直接实现这种左移并排序算法的时间复杂度为 O($N^2\log N$)，所以当 N 很大时，BWT 的执行非常耗时。

由于 BWT 能使大量相同的字符聚焦在一起，BWT 之后的矩阵具有更好的压缩适应性。传统的 Bzip2 基于 BWT 做 MTF（Move-To-Front）操作，再通过游程编码和 0 阶编码获得压缩结果。MFT 的基本操作是输出当前字符在字符集中的位置，并把字符移到最前端。由于 BWT 变换之后会出现连续的相同字符，再经 MTF 操作，得到的结果将是一列连续的整数，进一步降低整体熵值。游程编码能将整数列或者连续出现的字符用数值及串的长度表示。0 阶编码有算术编码和 Huffman 编码两种，Bzip 使用的是算术编码，Bzip2 使用的是 Huffman 编码。由实例可知，BWT 执行时间占压缩总耗时的 90%，当 BWT 块大小为 300 KB 时，平均压缩吞吐量为 6.7 MB/s。

7.1.3 小　结

阐述了铁路供电系统的结构、功能和特性，然后分析铁路供电监控系统架构，并重点研究铁路供电综合调度监控信息处理以及面临的海量监控信息存储处理问题，获取了本研究所采用的某动车段的遥测数据，最后研究了监控信息无损压缩原理、压缩格式与方法，建立了研究海量铁路供电监控信息无损列压缩的基础。

7.2　基于大数据组件的调度监控信息列式数据库

7.2.1　基于 YCSB 的压力测试

调度监控系统中，很多应用场景使客户端需要对存储数据库进行频繁地读写访问，尤其以监测数据一次存储多次读取的操作居多，即执行一次写入操作之后数据更新便很少进行。因此在铁道供电调度监控系统中，很多时候存储系统的并行读取性能相比于写入性能显得更加重要。这里将使用 NoSQL 数据库压力测试工具 YCSB（Yahoo!Cloud Serving Benchmark）

7.2 基于大数据组件的调度监控信息列式数据库

来测试基于 HBase 的调度监控存储系统的读写性能[154]。

在 HBase 集群节点上安装并配置 YCSB 测试客户端后，选择执行 YCSB 配置文件 workloadb（80% 读、20% 写）的并发事务操作，对已经存储了 100 万条监测电压、电流数据记录的数据表 usertable 进行以查询为主的读写测试。以 TSDB（基于 Hbase 的时间序列数据库）监控 YCSB 求得读、写操作的平均处理延时，如图 7-9、图 7-10 所示。

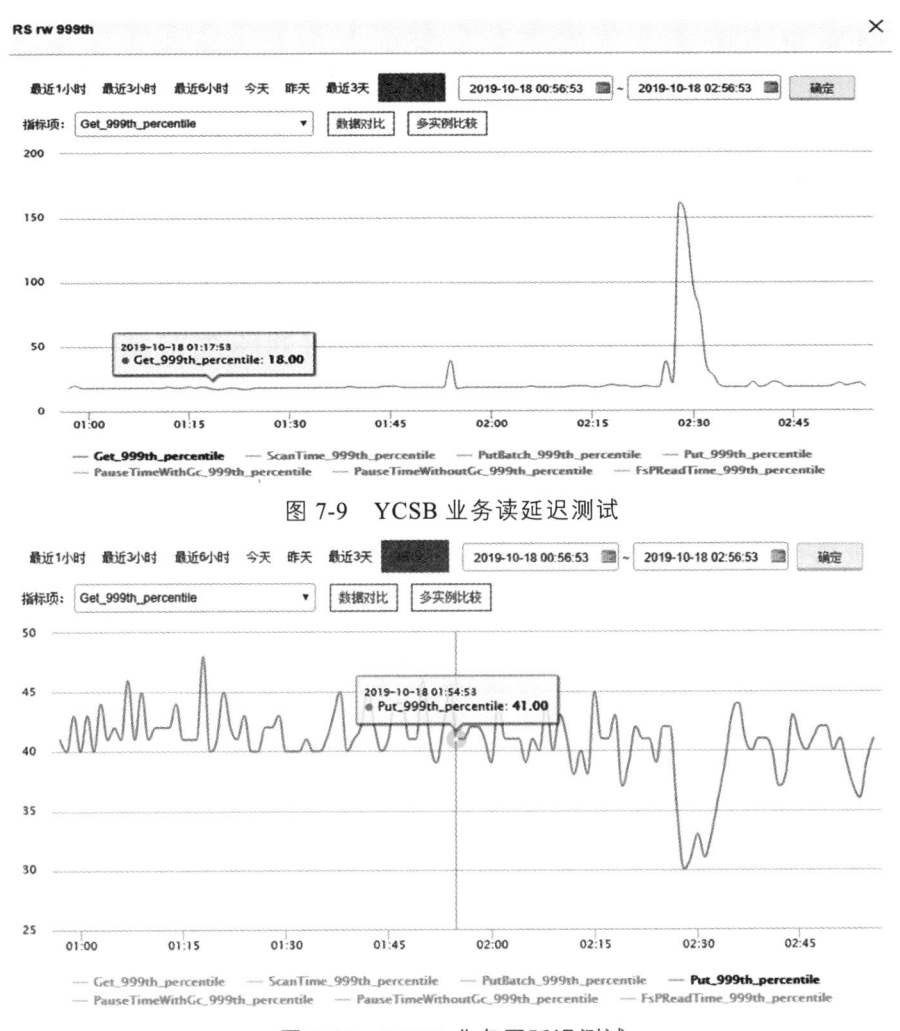

图 7-9 YCSB 业务读延迟测试

图 7-10 YCSB 业务写延迟测试

7 基于列存储的铁道供电数据无损压缩方法

由图 7-9、图 7-10 可得，压力测试下，HBase 分布式数据库的数据读写操作平均处理延时都保持在毫秒级内且存在时延毛刺，读延迟前 99 的百分比集中在 18 ms，写延迟前 99 的百分比集中在 41 ms，读操作平均处理延时远小于写操作平均处理延时，可以满足该调度监控系统对存储系统数据实时读取的性能要求。

7.2.2 小　结

本小节主要用 YCSB 对集群进行了压力测试，结果表明该集群对于百万条纪录的存储具有百毫秒级以内的延迟，能满足响应需求，为后续研究打下基础。

7.3　基于神经网络融合上下文匹配的列压缩方法

1984 年，John G. Cleary 和 Ian H. Witten 提出了上下文匹配预测（Prediction by Partial Matching，PPM）算法。PPM 算法通过建立数学模型对即将编码的符号的概率进行预测，预测的结果交给基于概率统计的编码器进行编码。本章将研究利用神经网络处理多阶上下文的能力对列式数据库中的遥测数据进行列压缩。

7.3.1　列压缩处理模型

区别传统行式结构，列式数据库将表数据中数据按列存储。由图 7-11 所示，遥测数据表按列分割之后具有规律性强、相似度大的特点，原生利于压缩。将存储各列数据的数据文件采用编码算法，可以大幅度提高整体的压缩效果。列式数据包如表 7-1 所示。

7.3 基于神经网络融合上下文匹配的列压缩方法

序列号	采样时间	站所	设备ID	电压/V	电流/A
1	12:01:00	BJNZ	02K3	221	7
2	12:01:00	BJNZ	02K4	220	6
3	12:01:00	BJNZ	02K5	219	6
4	12:01:01	BJNZ	02K3	221	7
5	12:01:01	BJNZ	02K4	221	7
6	12:01:01	BJNZ	02K5	220	6

传统行式结构：
```
1  12:01:00  BJNZ  02K3  221  7
2  12:01:00  BJNZ  02K4  220  6
3  12:01:00  BJNZ  02K5  219  6
4  12:01:01  BJNZ  02K3  221  7
5  12:01:01  BJNZ  02K4  221  7
6  12:01:01  BJNZ  02K5  220  6
```

列式数据包1～6：
```
1  12:01:00  BJNZ  02K3  221  7
2  12:01:00  BJNZ  02K4  220  6
3  12:01:00  BJNZ  02K5  219  6
4  12:01:01  BJNZ  02K3  221  7
5  12:01:01  BJNZ  02K4  221  7
6  12:01:01  BJNZ  02K5  220  6
```

图 7-11 列式存储模式

表 7-1 列式数据包一览

列式数据包	文件名称	文件大小 (b)	列式数据包	文件名称	文件大小 (b)
Block1	BeijingTestData.yc1.col1	26 014 566	Block17	BeijingTestData.s1120.col1	268 752 862
Block2	BeijingTestData.yc1.col2	26 014 629	Block18	BeijingTestData.s1120.col2	275 742 136
Block3	BeijingTestData.yc1.col3	26 016 655	Block19	BeijingTestData.s1120.col3	278 812 549
Block4	BeijingTestData.yc1.col4	26 007 062	Block20	BeijingTestData.s1120.col4	279 469 693
Block5	BeijingTestData.yc2.col1	13 189 621	Block21	BeijingTestData.s50.col1	9 854 513
Block6	BeijingTestData.yc2.col2	13 548 513	Block22	BeijingTestData.s50.col2	8 011 483
Block7	BeijingTestData.yc2.col3	13 892 334	Block23	BeijingTestData.s50.col3	8 015 463
Block8	BeijingTestData.yc2.col4	11 415 324	Block24	BeijingTestData.s50.col4	8 057 595
Block9	BeijingTestData.yc3.col1	20 548 154	Block25	BeijingTestData.rtanalog.col1	81 126
Block10	BeijingTestData.yc3.col2	21 081 565	Block26	BeijingTestData.rtanalog.col2	82 251
Block11	BeijingTestData.yc3.col3	21 238 332	Block27	BeijingTestData.rtanalog.col3	19 656 841
Block12	BeijingTestData.yc3.col4	2 204 512	Block28	BeijingTestData.rtanalog.col4	20 848 634
Block13	BeijingTestData.s1121.col1	286 314 895	Block29	BeijingTestData.rtanalog.col5	20 904 767
Block14	BeijingTestData.s1121.col2	287 794 321	Block30	BeijingTestData.rtanalog.col6	12 348 125
Block15	BeijingTestData.s1121.col3	295 651 752	Block31	BeijingTestData.rtanalog.col7	12 548 236
Block16	BeijingTestData.s1121.col4	298 825 942	Block32	BeijingTestData.rtanalog.col8	12 741 179

7.3.2 基于神经网络驱动上下文匹配的列压缩方法

1. 上下文匹配算法建模的数据结构

上下文匹配算法在实现时需要在内存中建立一个数据结构用以保存上下文的信息。在编码时需要对上下文进行遍历，对于每个上下文还要根据符号频度统计出总计频度，如图 7-12 所示。

阶数 k=4 预测字符 c、p	阶数 k=3 预测字符 c、p	阶数 k=2 预测字符 c、p	阶数 k=1 预测字符 c、p	阶数 k=0 预测字符 c、p
YC03 → I 3 3/4 →Esc 1 1/4	YC0 → 3 3 3/4 →Esc 1 1/4	YC → 0 3 3/4 →Esc 1 1/4	Y → C 3 3/7 → X 2 2/7 →Esc 2 2/7	→ Y 5 5/33 → C 3 3/33
C03I → a 3 3/4 →Esc 1 1/4	C03 → I 3 3/4 →Esc 1 1/4	C0 → 3 3 3/4 →Esc 1 1/4	C → 0 3 3/4 →Esc 1 1/4	→ 0 7 7/33 → 3 3 3/33
03Ia → Y 2 2/3 →Esc 1 1/3	03I → a 3 3/4 →Esc 1 1/4	03 → I 3 3/4 →Esc 1 1/4		→ I 3 3/33 → a 3 3/33
3IaY → C 1 1/4 → X 1 1/4 →Esc 2 2/4	3Ia → Y 3 3/4 →Esc 1 1/4	3I → a 3 3/4 →Esc 1 1/4	0 → 3 3 3/7 → 0 2 2/7 →Esc 2 2/7	→ X 2 2/33 → Esc 7 7/33
	IaY → C 1 1/5 → X 2 2/5 →Esc 2 2/5	Ia → Y 3 3/4 →Esc 1 1/4		
	aYC → 0 1 1/2 →Esc 1 1/2	aY → C 1 1/5 → X 2 2/5 →Esc 2 2/5	3 → I 3 3/4 →Esc 1 1/4	
	aYX → 0 2 2/3 →Esc 1 1/3	YX → 0 2 2/3 →Esc 1 1/3	I → a 3 3/4 →Esc 1 1/4	
	YX0 → 0 2 2/3 →Esc 1 1/3	X0 → 0 2 2/3 →Esc 1 1/3	a → Y 3 3/4 →Esc 1 1/4	
	X00 → Y 1 1/2 →Esc 1 1/2	00 → Y 1 1/2 →Esc 1 1/2		
	00Y → C 1 1/2 →Esc 1 1/2	0Y → C 1 1/2 Esc 1 1/2	X → 0 2 2/3 → Esc 1 1/3	

图 7-12 上下文匹配算法处理字符串 "YC03IaYC03IaYX00YC03Ia" 模型结构

预测概率分布表的生成依赖于上下文匹配机制，以小写英文字符的字母表和输入序列"abracadabra"为例。对于这个字符串中的每个字符，都会产生一个概率分布，表示该字符出现的可能性。输入序列中的第一个字符时，无法获得出现的字符的先验信息，因此分配均匀分布是最佳策略。对于序列中的第二个字符，因为它在输入历史中被观察过一次，所以受先验信息影响，'a'被赋予一个更高的概率。在预测字符时还有一种预测方式为在输入历史中查找与最新输入匹配的最长匹配项，因为较长的匹配不太可能偶然发生，序列中下一个字符的最优预测就是输入历史中紧接着匹配的字符。例如最长的匹配是出现在首位和末位的"abra"。基于最长匹配原则，在字符串"abra"后面是第5个位置的字符"c"可以作为下一个字符的最佳预测。较长的上下文匹配比较短的上下文匹配可以产生更好的预测结果。

算法建模时必须支持零频符号，零频符号的解决方案是添加逃逸码。逃逸码（Escape Code）又称转义码，也有一个概率，并同其他符号一起参与编码。如果一个符号不在当前上下文中，这种情况称为逃逸事件（转义事件）。反之，如果一个符号出现在当前上下文中，则输出预测概率，这种情况称为匹配成功。如果发生了转义事件，此时算法将会退回到低一阶的上下文中。

图 7-12 显示了一个用于生成预测概率的技术示例。该图显示了处理铁道配电网监测系统资源标识符"YC03IaYC03IaYX00YC03Ia"后模型的状态。k 是匹配字符串的长度顺序即处理阶数，c 是上下文的发生计数，p 是计算的概率。Esc 表示逃逸事件，逃逸事件的产生导致算法使用 $k-1$ 阶模型（根据逃逸事件的概率加权）。以字符串"YC03IaYC03IaYX00YC03Ia"为例，当上下文匹配机制匹配字符串长度为 4、字符串内容为"YC03"时，预测下一位为"I"的概率为 3/4，产生意外的概率为 1/4。如果发生了逃逸事件，将计算逃逸事件 Esc 导向低阶模型 $k = 3$，以"C03" 3 阶模型去匹配预测下个字符，若产生意外，出现了逃逸事件，其产生概率为 1/4，则导向 $k = 2$，以二阶模型"03"再去匹配，预测下一位为 c 的概率为 3/4，产生意

外的概率为 1/4，如果发生了意外则依次计算。最后能得出一个产生意外字符加权概率。0 阶模型则为计数字符串中已有的出现的任意字符的概率，-1 阶模型没有逃逸事件，它表示为字符表所有可能出现字符的概率（在-1 阶模型中，所有符号均有可能出现）。在概率预测中，符号按其计数的比例分配概率。如果 n 阶上下文中的一个计数为零，那么将回到低阶模型，直到可以分配一个非零的概率，它能根据小环境自适应地估计"零频率"概率。

2．模型混合器结构

模型混合器的架构类似于神经网络，具有一个隐藏层，该体系结构的隐藏层权重由每个节点在线更新生成，每个节点独立训练以减少预测交叉熵误差。隐藏节点被分成 7 组，如图 7-13 所示，每组节点集合具有多个节点。对于数据文件的每一位，从 7 组中选择一个节点进行存储。将最左边的矩形记为节点集合 Node1，最右边的矩形记为节点集合 Node7。对于输入数据变化产生权值更新时，只有连接到这些选定节点组合被更新。也就是说，在第一层的所有节点中，每一位同时更新 7 组节点的权值，加快了训练神经网络的速度。

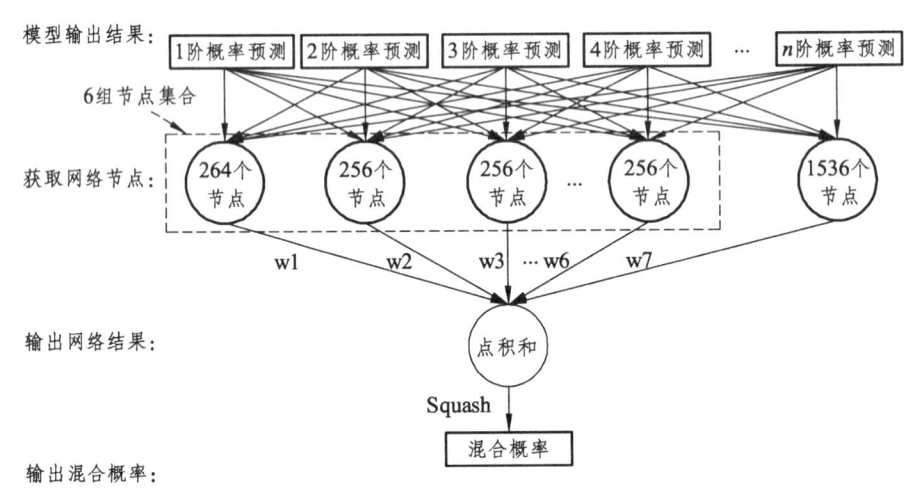

图 7-13　模型混合器结构

以铁道配电网监测系统资源标识符"YC03IaYC03IaYX00YC03Ia"为例,通过上下文匹配算法得出对应的 1 阶概率预测表、2 阶概率预测表、3 阶概率预测表等。将输出结果送至神经网络的输入端,每阶概率预测都将会送至输入端的多个节点共同审查并保存相关信息。输入层的每个节点的权重值都由上下文匹配算法与历史输入信息共同决定,同时权重值会通过误码率计算进行调整。每个节点都是分开训练确保预测产生的交叉熵误差最小。经过神经网络混合后的输出结果通过 Squash 函数压缩后得到确切的混合概率值。

如图 7-13 所示,每个节点集合使用不同的选择机制来选择节点。节点集合 1、2、4 和 5 是基于输入历史中的单个字节选择节点。例如,集合 1 的字节值为 4,则选择集合 1 的第 5 个节点。集合 2 容纳最近输入的字节,集合 1 容纳输入历史中第 2 个最近的字节,集合 4 容纳第 3 个最近的字节,集合 5 容纳第 4 个最近的字节。集合 6 根据与最新输入匹配的最长上下文的长度选择节点。集合 3 和 7 运用输入历史记录的几个字节的组合来选择节点。

3. 算术编码模块的设计

压缩程序根据上下文匹配算法与神经网络混合概率计算之后生成的预测概率值传递给算术编码模块,算术编码模块将概率编码成压缩后的二进制数据。在算术编码过程中,每一个待编码的字符串输入都会生成一个标签。算术编码的基本原理是将字符串映射成区间 [0,1),编码长度越长,产生的区间范围越小,且最终编码产生的二进制位数就越多。

如图 7-14 所示,以铁道配电监测系统资源标志符"YC03Ia"为例说明算术编码流程。已知字符串"YC03IaYC03IaYX00YC03Ia"在上下文匹配算法及神经网络混合概率计算之后已经精确地生成字符概率表例{Y:0.1,C:0.1,0:0.2,3:0.2,I:0.2,a:0.2}。当待压缩字符串"YC03"输入时,第一个字符为 Y,则标记位于区间 [0.0,0.1) 中,此时丢弃除此区间以外的其他部分,并按原区间比例继续划分。第二个输入字符为 C,

重复步骤可知落在区间 [0.01, 0.02) 中, 继续划分, 划分至输入 3 可定位于区间 [0.012 8, 0.013 2)。由此可知任意字符串只要明确字符的概率, 都可以压缩为一个浮点数。

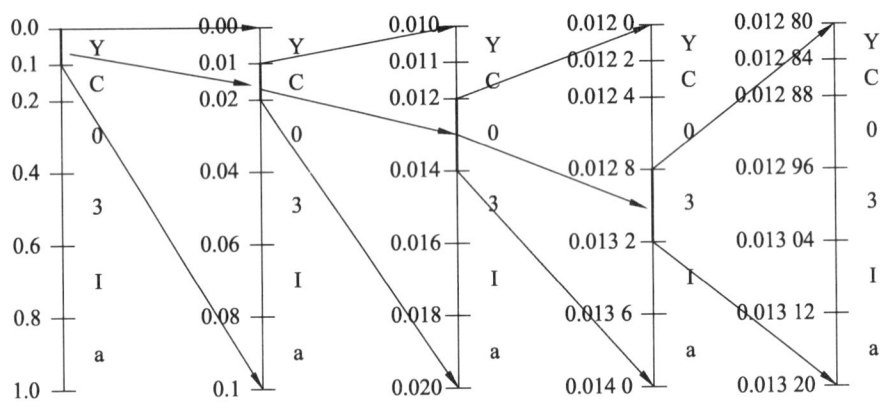

图 7-14 对于监测系统资源标志符的算术编码流程

模型初始化中给所有 256 个可能的字符 (ASCII 码一共 256 个) 指定均匀分布的概率 1/256 来创建。这个模型将创建一个与输入文件大小严格一样的输出文件, 因为每个符号将严格地用 8 位来编码。只有通过正确地找到脱离均匀分布的概率才能减少位数目, 而获取压缩率。当然, 如第一种情况所规定, 增加的概率需要精确地反映事实。但是算术编码是以比特序列输入的, 算术编码更新状态表设计如下:

/////////////////////// state table ///////////////////////
// State table:

  nex(state,0) = next state if bit y is 0,0 <= state < 256

  nex(state,1) = next state if bit y is 1

  nex(state,2) = number of zeros in bit history represented by state

  nex(state,3) = number of ones represented

第一位表示观察 0 预测下一位的状态, 第二位表示观察 1 预测下一位的状态, 第三位表示历史纪录中 1 的计数, 第四位表示历史纪录中 0 的计数。状态信息由已观察的历史输入上下文信息进行预测。算术编码更新状态表的前 30 个状态信息是 1～4 比特流的所有可能随机排列，状态表的第 31 个至 252 个状态代表一对计数器（n0，n1）。

```
#if 1 // change to #if 0 to generate this table at run time (4% slower)
static const U8 State_table[256][4]={
    {  1, 2,0,0},{  3, 5,1,0},{  4, 6,0,1},{  7,10,2,0},// 0-3
    {  8,12,1,1},{  9,13,1,1},{ 11,14,0,2},{ 15,19,3,0},// 4-7
    { 16,23,2,1},{ 17,24,2,1},{ 18,25,2,1},{ 20,27,1,2},// 8-11
    { 21,28,1,2},{ 22,29,1,2},{ 26,30,0,3},{ 31,33,4,0},// 12-15
    { 32,35,3,1},{ 32,35,3,1},{ 32,35,3,1},{ 32,35,3,1},// 16-19
    { 34,37,2,2},{ 34,37,2,2},{ 34,37,2,2},{ 34,37,2,2},// 20-23
    { 34,37,2,2},{ 34,37,2,2},{ 36,39,1,3},{ 36,39,1,3},// 24-27
    { 36,39,1,3},{ 36,39,1,3},{ 38,40,0,4},{ 41,43,5,0},// 28-31
    { 42,45,4,1},{ 42,45,4,1},{ 44,47,3,2},{ 44,47,3,2},// 32-35
    { 46,49,2,3},{ 46,49,2,3},{ 48,51,1,4},{ 48,51,1,4},// 36-39
    ...
    {130,232,0,35},{233,125,36,0},{234,137,35,1},{138,235,1,35},// 228-231
    {130,236,0,36},{237,125,37,0},{238,137,36,1},{138,239,1,36},// 232-235
    {130,240,0,37},{241,125,38,0},{242,137,37,1},{138,243,1,37},// 236-239
    {130,244,0,38},{245,135,39,0},{246,137,38,1},{138,247,1,38},// 240-243
    {140,248,0,39},{249,135,40,0},{250,69,39,1},{ 80,251,1,39},// 244-247
    {140,252,0,40},{249,135,41,0},{250,69,40,1},{ 80,251,1,40},// 248-251
    {140,252,0,41}};   // 252,253-255 are reserved
#define nex(state,sel) State_table[state][sel]
```

7.3.3 压缩流程

列压缩执行步骤如图 7-15 所示。

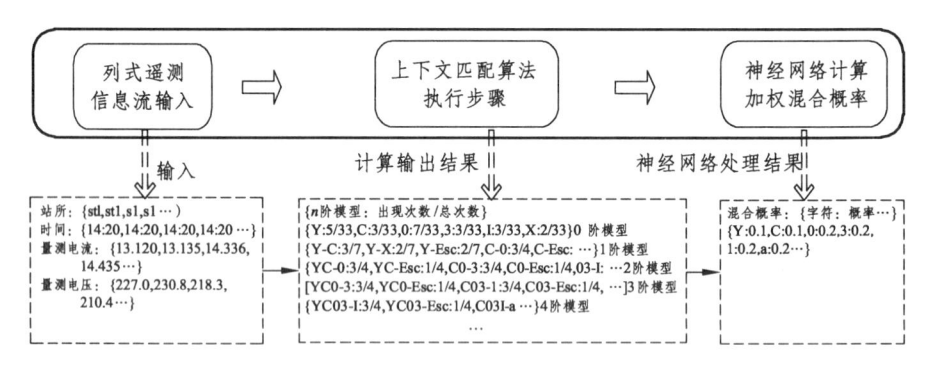

7 基于列存储的铁道供电数据无损压缩方法

```
┌─────────────┐      ┌─────────────┐      ┌─────────────┐
│ 列式遥测     │  ⇒   │ 上下文匹配算法│  ⇒   │ 神经网络计算 │
│ 信息流输入   │      │ 执行步骤     │      │ 加权混合概率 │
└─────────────┘      └─────────────┘      └─────────────┘
      ⇓输入              ⇓计算输出结果         ⇓神经网络处理结果
┌─────────────────┐  ┌───────────────────────────────┐  ┌──────────────────┐
│站所：{st1,st1,s1…}│  │{n阶模型：出现次数/总次数}      │  │混合概率：{字符：概率…}│
│时间：{14:20,14:20,│  │{Y:5/33,C:3/33,0:7/33,3:3/33,│  │{Y:0.1,C:0.1,0:0.2,3:0.2,│
│14:20,14:20…}    │  │ I:3/33,X:2/33}0阶模型         │  │1:0.2,a:0.2…}     │
│量测电流：{13.120,│  │{Y-C:3/7,Y-X:2/7,Y-Esc:2/7,   │  └──────────────────┘
│13.135,14.336,   │  │ C-0:3/4,C-Esc:…}1阶模型      │
│14.435…}         │  │{YC-0:3/4,YC-Esc:1/4,C0-3:3/4,│
│量测电压：{227.0,│  │ C0-Esc:1/4,03-I:…}2阶模型    │
│230.8,218.3,     │  │{YC0-3:3/4,YC0-Esc:1/4,C03-1:3/4,│
│210.4…}          │  │ C03-Esc:1/4,…}3阶模型        │
└─────────────────┘  │{YC03-I:3/4,YC03-Esc:1/4,C03I-a│
                     │ …}4阶模型                     │
                     │ …                             │
                     └───────────────────────────────┘
```

图 7-15　列压缩执行步骤

（1）取站所 st1 的遥测信息为列式存储的数据内容，按列取出后以参数字段为（站所 id 标识，量测时间，量测电流，量测电压）的形式为处理对象，依次输入上下文匹配算法。

（2）初始化概率模型，根据算法设定要求，将输入的站所、时间、量测电流电压等数据重新生成预测概率模型，模型模式为｛n 阶模型：出现次数、总次数｝。由于内存容量有限，模型生成止于 4 阶。

（3）将多阶模型输出至神经网络输入端，神经网络隐藏层将多阶模型混合加权之后生成各个字符串的预测概率分布表，然后以生成的预测概率分布表作为算术编码压缩的基准。

7.3.4　关键部分代码

1. 神经网络混合概率关键部分代码

混合器模型 m（N，M，S=1，w=0）包含 M 个神经网络模型，每一个模型具有 N 个输入 S 个输出，若 S 为 1，则直接输出，权重的初始值为 w（+-32K）。m.update( ) 更新最后一位输出时神经网络的权重变化，m.add(stretch(p)) 输入来自 N 个模型的预测（预测为 1 或者为 0），m.set(cxt,range) 设定神经网络的调用次数范围，一般小于 M。M.predict( ) 预测输出位。

```cpp
class Mixer {
    const int N,M,S;      // 最大输入及最长上下文的设置
    Array<short,16> tx;   // N 来自 add( )的输入
    Array<short,16> wx;   // 权重大小为 N×M
    Array<int> cxt;       // 长度为 S 的上下文
    int ncxt;             // 上下文的数量
    int base;             // 下一段上下文的偏移量
    int nx;               // 输入数量
    Array<int> pr;        //最近结果(12 位)
    Mixer* mp;            //指向混合器
public:
    Mixer(int n,int m,int s=1,int w=0);
    //调整权重使编码损失最小
    void update() {
        for (int i=0; i<ncxt; ++i) {
            int err=((y<<12)-pr[i])*7;
            assert(err>=-32768 && err<32768);
            train(&tx[0],&wx[cxt[i]*N],nx,err);
        }
        nx=base=ncxt=0;
    }

    // 定义输入
    void add(int x) {
        assert(nx<N);
        tx[nx++]=x;
    }
//混合器的设计
```

7 基于列存储的铁道供电数据无损压缩方法

```
Mixer::Mixer(int n,int m,int s,int w):
    N((n+7)&-8),M(m),S(s),tx(N),wx(N*M),
    cxt(S),ncxt(0),base(0),nx(0),pr(S),mp(0) {
    assert(n>0 && N>0 && (N&7)==0 && M>0);
    for (int i=0; i<S; ++i)
        pr[i]=2048;
    for (int i=0; i<N*M; ++i)
        wx[i]=w;
    if (S>1) mp=new Mixer(S,1,1,0x7fff);
}
```

2．上下文匹配算法关键部分代码

大型上下文的上下文映射包括一个内置的 RunContextMap 以预测在相同上下文中观察到的最后一个字节，还包括映射到位历史记录状态的位级上下文。位历史记录存储在哈希表中，该表被组织成在缓存页面边界上保留了 64 字节的存储桶。每个存储桶包含一个由 7 个元素组成的哈希链，以及为 LRU 替换而访问的最后 2 个元素中的 2 个元素队列（打包为 1 个字节）。每个元素都有一个用于检测冲突的 2 字节校验和，以及由上下文的最后 0 到 2 位索引的 7 位历史状态数组。这些存储区由在当前字节的 0、2 或 5 位之后结束的上下文索引。因此，每个字节建模导致每个上下文的 3 个主存储器访问。在位 0、2 和 5 上，将更新上下文并选择新的存储桶。首先比较最近访问的元素，方法是比较 16 位校验和，然后线性搜索 7 个元素。如果未找到匹配项，则替换不在 LRU 队列中的 5 个元素中优先级最低的元素。替换后，将清空队列（以便连续地丢失有利于 LFU 替换策略）。在所有情况下，找到替换的元素都放在队列的前面。

```
int ContextMap::mix1(Mixer& m,int cc,int bp,int c1,int y1) {
    // Update model with y
```

7.3 基于神经网络融合上下文匹配的列压缩方法

```
int result=0;
for (int i=0; i<cn; ++i) {
   if (cp[i]) {
      assert(cp[i]>=&t[0].bh[0][0] && cp[i]<=&t[t.size()-1].bh[6][6]);
      assert((long(cp[i])&63)>=15);
      int ns=nex(*cp[i],y1);
      if (ns>=204 && rnd() << (452-ns>>3)) ns-=4;   // 概率增量
      *cp[i]=ns;
   }


   // Update context pointers
   if (bpos>1 && runp[i][0]==0)
      cp[i]=0;
   else if (bpos==1||bpos==3||bpos==6)
      cp[i]=cp0[i]+1+(cc&1);
   else if (bpos==4||bpos==7)
      cp[i]=cp0[i]+3+(cc&3);
   else {
      cp0[i]=cp[i]=t[cxt[i]+cc&t.size()-1].get(cxt[i]>>16);

      // 更新位 2~7 的待处理位历史
      if (bpos==0) {
         if (cp0[i][3]==2) {
            const int c=cp0[i][4]+256;
            U8 *p=t[cxt[i]+(c>>6)&t.size()-1].get(cxt[i]>>16);
            p[0]=1+((c>>5)&1);
            p[1+((c>>5)&1)]=1+((c>>4)&1);
            p[3+((c>>4)&3)]=1+((c>>3)&1);
```

```
            p=t[cxt[i]+(c>>3)&t.size()-1].get(cxt[i]>>16);
            p[0]=1+((c>>2)&1);
            p[1+((c>>2)&1)]=1+((c>>1)&1);
            p[3+((c>>1)&3)]=1+(c&1);
            cp0[i][6]=0;
        }
        // 更新前一个上下文
        if (runp[i][0]==0)   // 新上下文
            runp[i][0]=2,runp[i][1]=c1;
        else if (runp[i][1]!=c1)   // 上下文不同字节
            runp[i][0]=1,runp[i][1]=c1;
        else if (runp[i][0]<254)   //上下文同一字节
            runp[i][0]+=2;
        else if (runp[i][0]==255)
            runp[i][0]=128;
        runp[i]=cp0[i]+3;
    }
}


// 从上下文最后一字节预测下一字节
int rc=runp[i][0];    // count*2,+1 if 2 different bytes seen
if (runp[i][1]+256>>8-bp==cc) {
   int b=(runp[i][1]>>7-bp&1)*2-1;    // predicted bit + for 1,- for 0
   int c=ilog(rc+1)<<2+(~rc&1);
   m.add(b*c);
}
else
   m.add(0);
```

```
    // predict from bit context
    result+=mix2(m,cp[i] ? *cp[i] : 0,sm[i]);
  }
  if (bp==7) cn=0;
  return result;
}
```

7.3.5 神经网络动态压缩机制

由于算术编码是一个利用计算得到的模型概率将给定数据进行编码压缩的编码器，压缩效果取决于模型概率预测分布的准确性。常用的原始静态算术编码器，其主导思想是根据源数据符号发生的概率进行编码，在源数据产生二次扫描，第一遍统计原始数据中各字符出现的频率，并将结果相关信息保存起来，第二遍将根据保存的信息将源数据进行编码压缩。在实际应用中存在着局限性，在信息传输、系统处理中不允许有两次处理过程。

自适应动态算术编码是根据相较于上述算法进行改进的动态编码方法，它对保存着的已知信息是动态的、变化的，并且随着数据的输入不断地通过上下文匹配算法与神经网络自适应编码器的权重影响进行不断调整从而达到最佳编码的状态，如图7-16所示。执行步骤如下：

（1）初始化算术编码中各个字符的概率。

（2）计数某字符在字符串中出现的次数。

（3）根据出现的次数更新算术编码中的概率分布。

（4）根据已知概率分布进行算术编码。

（5）按照概率分布将 [0, 1) 区间按照概率分割。

（6）根据已录入字符进行区间定位，将录入字符以小数的形式表示。

（7）将算术编码结果十进制数转成二进制数。

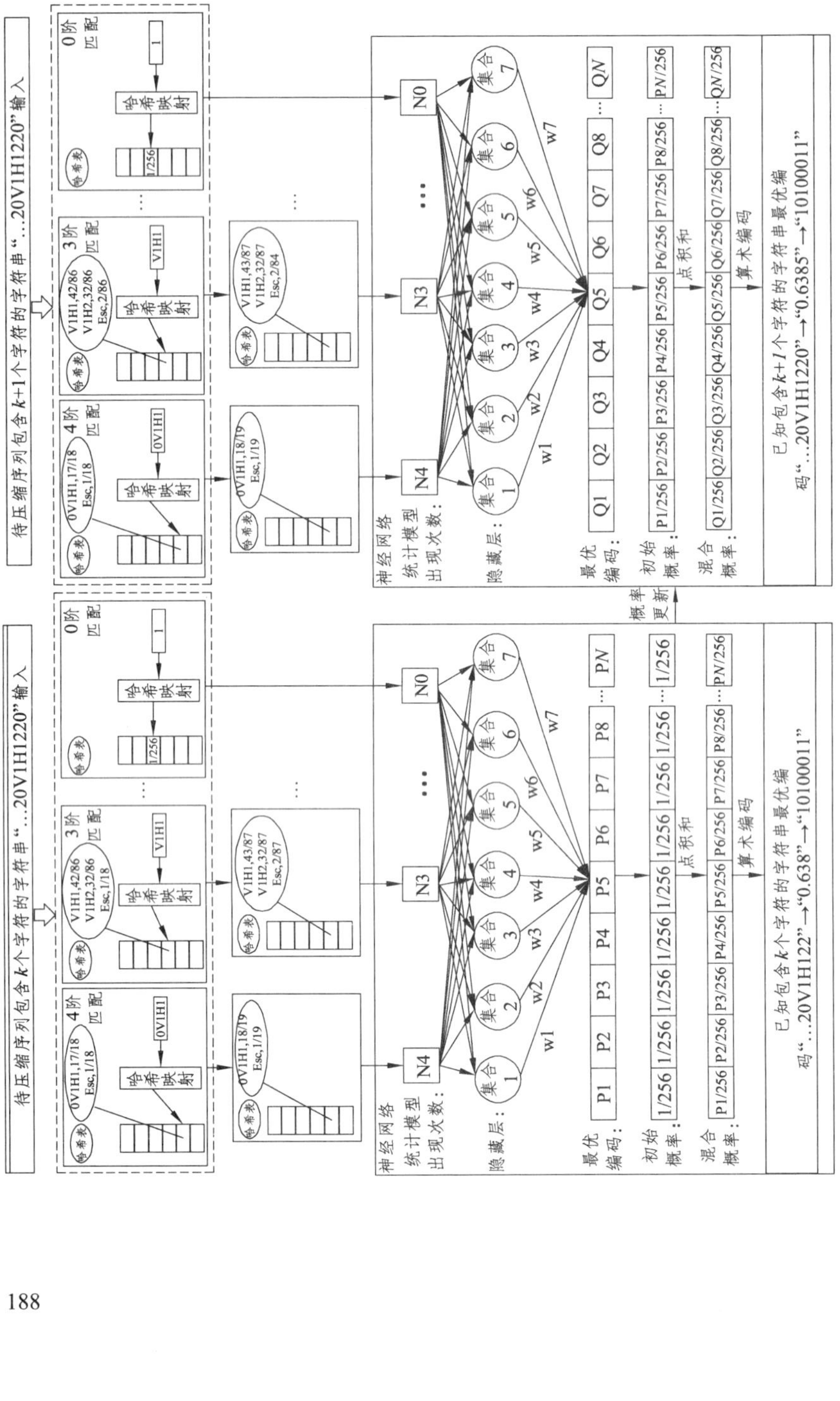

7　基于列存储的铁道供电数据无损压缩方法

图 7-16　自适应算术编码执行步骤

如图 7-16 所示，对于第 k 个字符的最优编码是基于前 $k-1$ 个字符得到的已知的概率预测。此外，压缩与解压缩子程序具有相同的初始化信息，每处理完一个字符，压缩程序与解压缩程序都使用相同的算法更改已知保存的概率预测，以防止解压过程中产生数据丢失与信息失真。

自适应的编码可以确保已录入数据信息编码效率为当前最高并进行最优编码，并且一次扫描数据源文件即可完成计数与编码。

7.3.6 列式压缩实验

以某动车段 SCADA 监控信息为对象进行列式压缩实验，首先可以在命令行终端执行如下命令：

hbase org.apache.hbase.mapreduce.ImportTsv-Dimporttsv.separator=","-Dimporttsv.columns=HBASE_ROW_KEY,cf hbase-tb1-001 /hyd/BeijingTest/yc1/clo1.csv

依次将遥测表内的列式数据包加载到列式存储数据库 Hbase 的数据表中，可以访问列式数据库查看存储状态，该数据库中的 TABLES 表中记录了其他普通数据库所含表格的基本信息，包括表的类型、存储引擎、存储状态、基本统计和创建时间等元信息。

例如，查看 1 000 万监控信息存储的引擎、存储格式等信息，可用命令 get 获取信息，例如：

get 'AverageTable', '1', {COLUMN=>'AverageRecord', VERSION=>3}

可以查看列式数据包（AverageTable）内最近三个版本的数据，如图 7-17 所示。

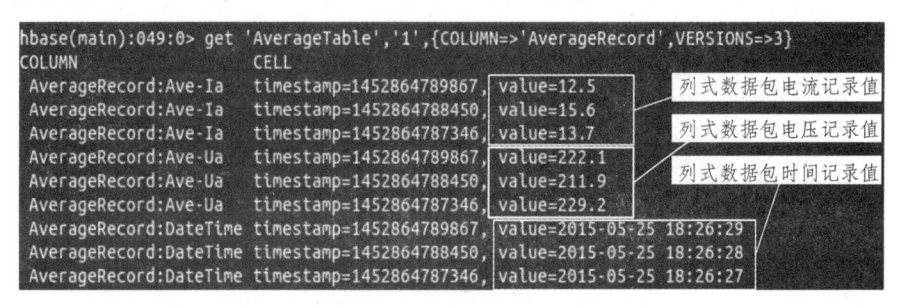

图 7-17 存储信息查询

7 基于列存储的铁道供电数据无损压缩方法

同样以该动车段 SCADA 实测监控信息为对象进行列式压缩实验，在 Visual Studio 中调试好程序之后生成 Release 解决方案，压缩显示控制台页面如图 7-18 所示。

图 7-18 压缩结果命令行显示

由结果显示可知列式遥测数据包中，每个数据包的压缩率并不同，有些包差距较大，以 yc1.col1.csv 为例压缩率为 1 227 885/26 014 566=0.0472，而 yc1.col2.csv 的压缩率为 9809/26 014 629=0.0003。

从数据包内容来看，yc1.col1.csv 中是纪录模拟量的编号，例如 02003k2-Ia，由数字与字符共同组成，因此压缩效果不如其他列。其他列包括时间列、电压列、电流列等均为纯数字组成，压缩率更低。

控制台在压缩文件的同时打印出算术编码表与上下文预测模型，如图 7-19 所示。

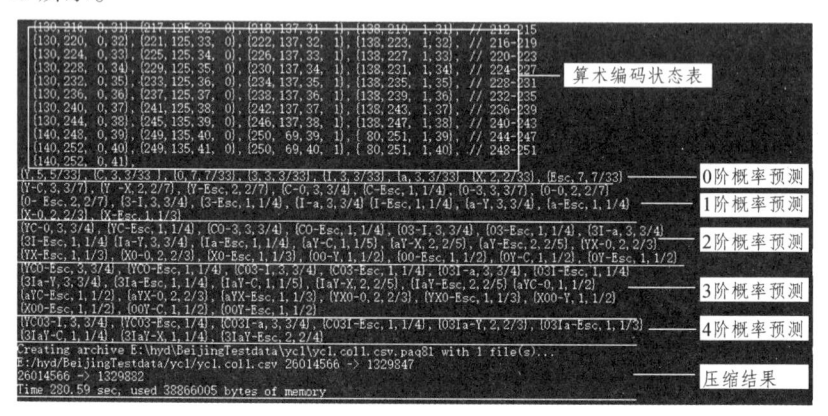

图 7-19 打印显示算术编码状态表与上下文预测模型

由结果可知，通过神经网络融合上下文匹配算法，挖掘出列式数据的高规律性以便精确预测字符的概率，从而进行高比例压缩压缩率可达 0.04，压缩比高达 96%，巨幅节省了存储空间。缺点在于建模需要占用大量的内存空间，导致压缩耗时增加，内存占用更大。

1．压缩对比分析

Linux 系统为文件压缩提供了许多选择，终端输入 apropos compress 即可显示 linux 内核天然支持的六十多种算法，涵盖了大多数常用的无损压缩算法包含 bzip2、gzip、xz、lz 系列等，都遵循 GNU 的 GPL 使用许可，如图 7-20 所示。

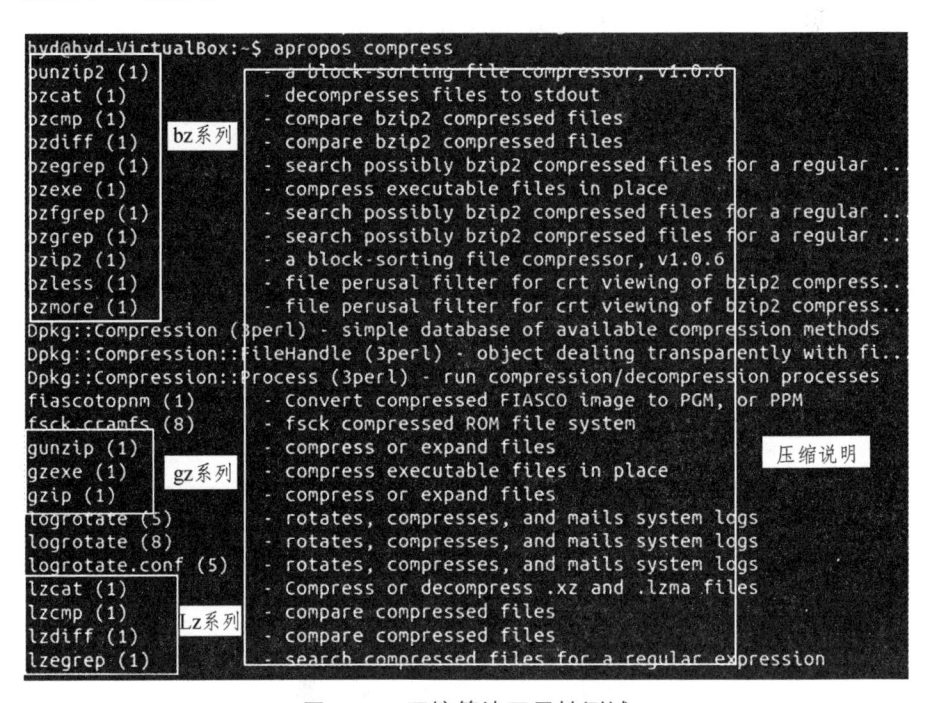

图 7-20　压缩算法可用性测试

从压缩率的角度考虑，lz4，lzo，7zip 等算法追求压缩与解压的速度，不注重压缩比率，因此选择 Bzip2、Lzma、Lzw、Gzip 算法进行比较。其中 Linux 不原生支持 Lzw 算法，需要自行配置。将 32 个列式数据包进行打包压缩，压缩结果如图 7-21 所示。

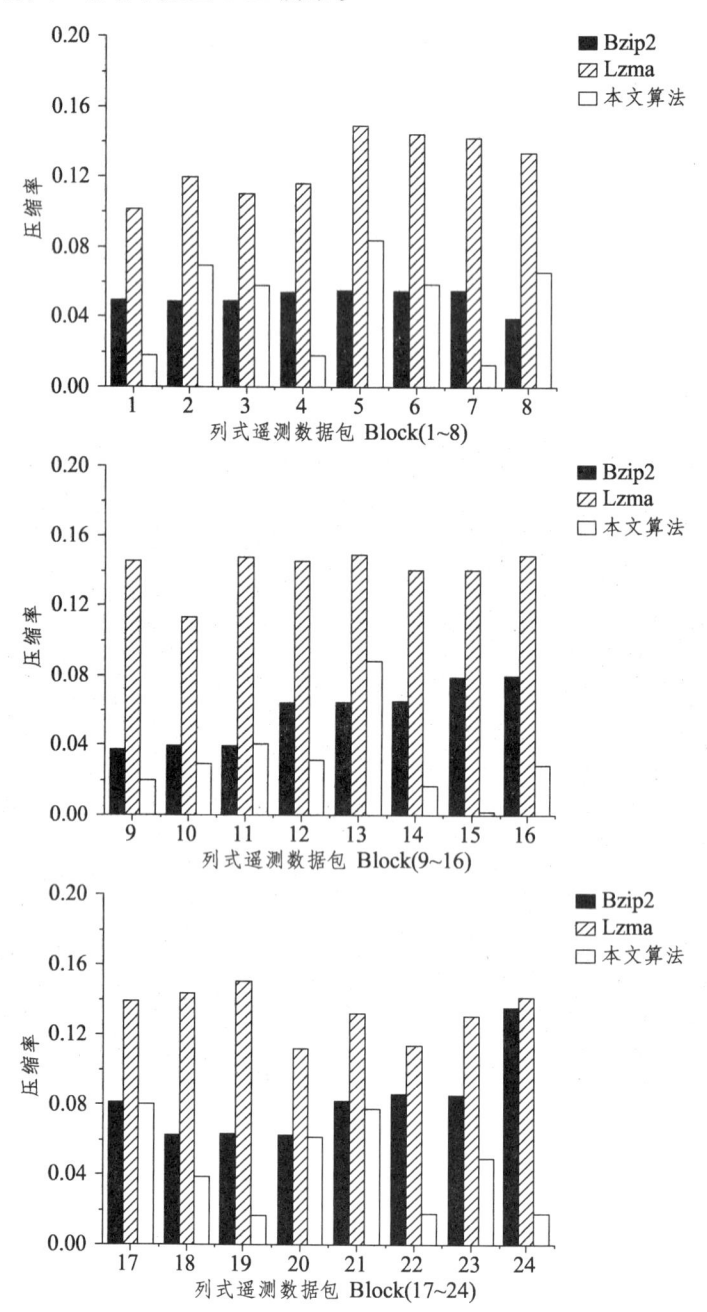

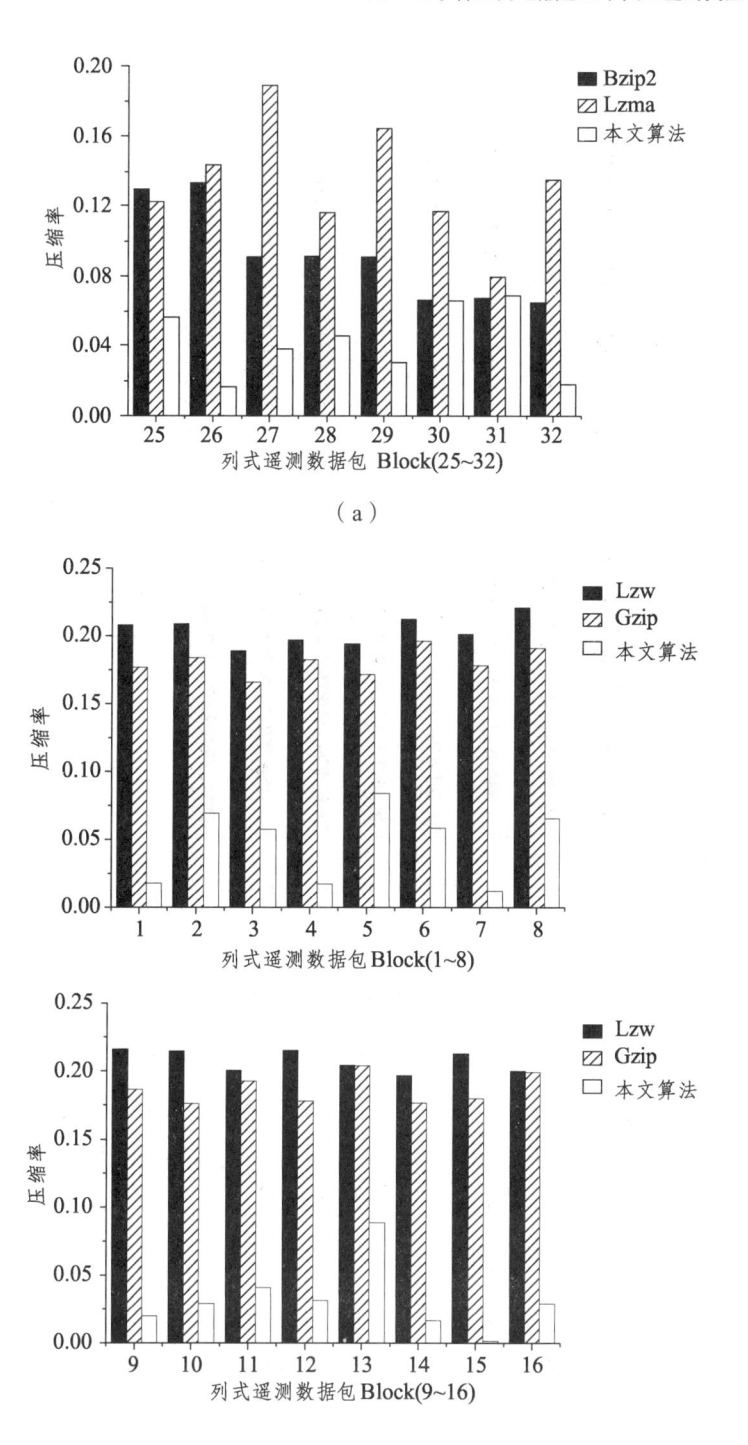

7.3 基于神经网络融合上下文匹配的列压缩方法

（a）

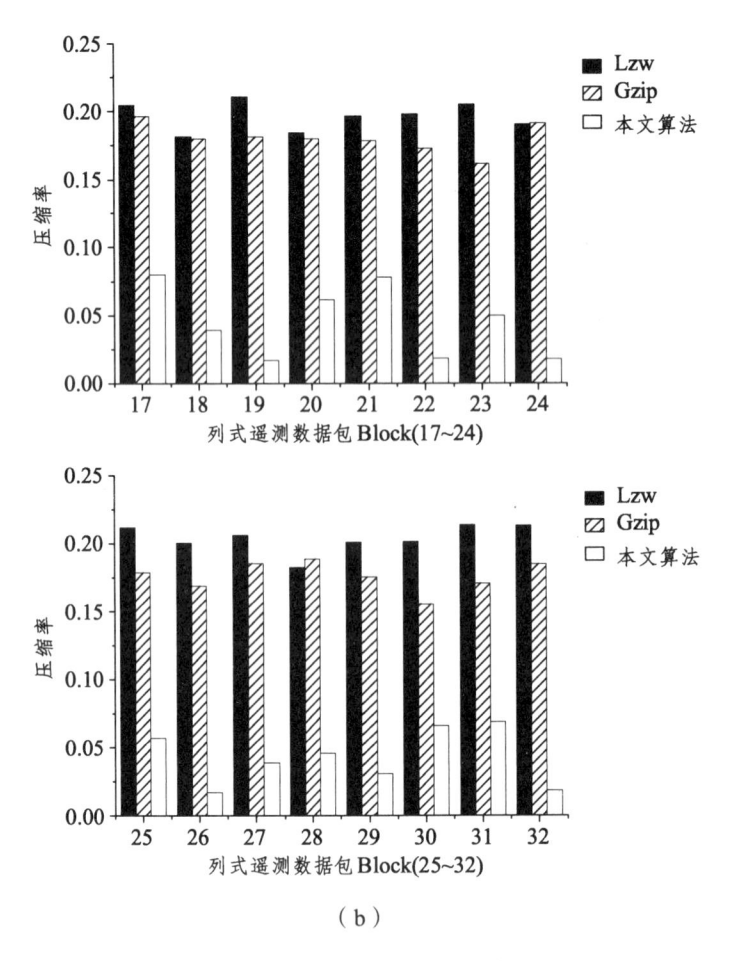

7 基于列存储的铁道供电数据无损压缩方法

（b）

图 7-21 列式数据包压缩测试结果

定义压缩率公式 $c_r=N_1/N_2$（其中 N_1 为压缩之后的文件大小，N_2 为压缩之前的文件大小），由此可知压缩率越小说明压缩效果越好。由图 7-21 可知，本文研究的压缩算法比 Bzip2、Lzma、Lzw、Gzip 等无损压缩算法压缩列式遥测数据时压缩率更低，而且效果明显。

2．上下文阶数参数调优

设置 contextmap( )，可使得上下文匹配阶数发生变化，由理论分析可知，当需要编码一个符号的时候，需要从当前开始的上下文 N 阶搜索至 0

阶，从中查找匹配的上下文。如果高阶上下文中匹配次数较少，意为在较高阶的上下文中没有找到符号，那么就需要一级一级地退回到低阶的上下文中，每退回一级都需要输出一个逃逸码的预测概率。如果阶数设置大于某个值，呈现出使用较高的阶数进行压缩，不但不会提高压缩比，反而会使模型空间与时间复杂度增加，造成资源的浪费。如果阶数设置小于某个值，呈现出使用较低的阶数进行压缩，不但匹配次数增加，也造成模型的建立并非为最优模型，使得压缩比降低。

对 yc1.col1，yc1.col2，yc1.col3，yc1.col4 四个数据包进行调整阶数对比测试，结果如图 7-22 所示。

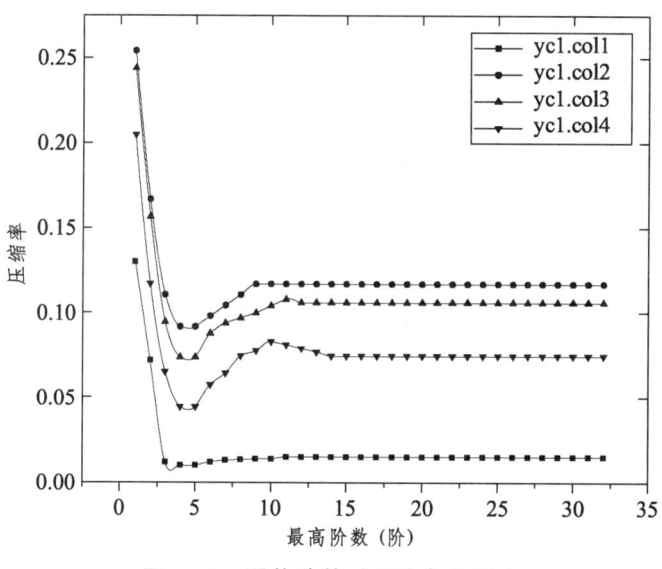

图 7-22　调整阶数对压缩率的影响

经测试可知，当使用较低阶数进行压缩时，压缩率随着阶数增加而减少并到达一个极值。如果继续增加阶数，压缩率又会上升并逐渐趋于稳定。四个文件均在最高阶数为 5 时，达到最好的压缩效果。由此可知，使用较高阶数进行压缩时，数据无法在高阶文本中进行正确匹配，必然会产生一系列逃逸预测概率。阶数越高，得出的逃逸概率越多，影响算法的压缩率。数据假定在高阶文本中能正确匹配，则带来很高的压缩增益。算法最后的

7　基于列存储的铁道供电数据无损压缩方法

稳定来自以上两个因素博弈的结果。

3．压缩文件数据完整性测试

基于考虑到算法的复杂性与软件的兼容性，本文在最后进行压缩文件数据完整性测试实验。将 7.3.1 节压缩算例中的 yc1 系列数据集进行解压缩实验，计算 MD5 校验码检查压缩前与解压后数据文件的完整性。

经测试可知（见图 7-23），压缩前与解压后 MD5 校验码完全一致，这说明压缩与解压缩子程序具有相同的初始化信息，每处理完一个字符，压缩程序会调用上下文神经网络等模型修改概率权重，与此同时解压缩程序记录相同的算法更改已知保存的概率预测，以防止解压过程中产生数据丢失与信息失真。列式数据库将数据存储于第三方服务器中，第三方服务器软件与算法的故障会导致数据丢失。本次测试验证了算法的正确性。

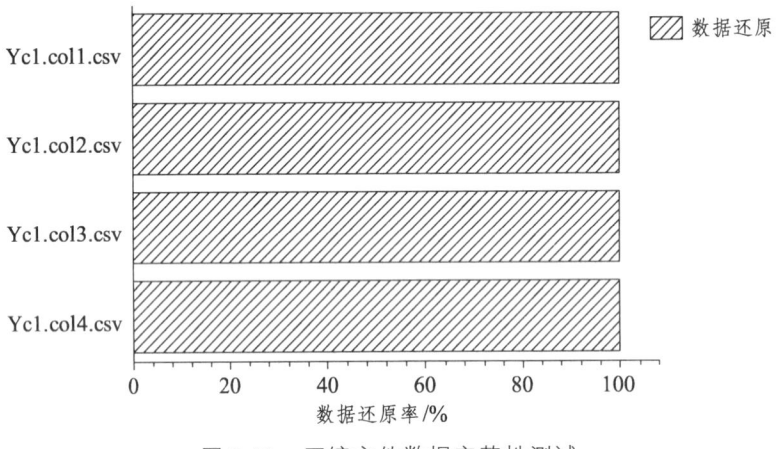

图 7-23　压缩文件数据完整性测试

7.3.7　小　结

本章研究一种按列处理的监控信息无损压缩模型，分析了其对监控信息列式压缩处理方法。先后进行了上下文匹配算法模块、混合概率模块与算术编码模块的工作原理研究，并将 HBase 列式云集群内的数据进行压缩对比，指出了本列式数据压缩方法在压缩监控信息中具有较好的效果。

7.4 总　结

　　面对调度监测大数据不断增加带来的处理时延问题，为了更好地满足海量监测数据实时处理需求，解决铁路供电调度监控大量实时监测数据的延时问题，本章研究以 Hbase 列式数据库为基础的压缩方法，通过分析列式数据库内存的组织形式设计内存优化的方法降低磁盘 I/O 与网络 I/O 带来的对计算机的损耗，借助内存处理快捷的优势缩短信息处理的延时。研究基于上下文匹配算法的大比率压缩模型，实现海量监测数据高效存储备份方案。

　　首先，介绍铁路供电监控系统和调度监控的组成及系统特性与持续增长的遥测数据量，截取部分作为实验的数据源，研究数种无损压缩算法阐述其工作原理，并且搭建列式数据库，规划内存配置作为实验进行的基础，进行基于 YCSB 分析方法的实时性需求的压力测试。

　　其次，结合工程应用场景，研究按列式数据库读写业务逻辑模式、描述列式数据库内存模型及其扁平化处理技术，在改善内存组织结构的基础上实现内存压缩，并研究分析了不同存储层次带来的时延与内存处理对减少磁盘 I/O 带来的优势及性能增益。并对其通过各项系统指标的测试，评测结果表明压缩转移至内存能实现较少的处理延时及减少磁盘 I/O 对列式数据库的冲击损耗。对于海量增长的数据冲击，具备一定的缓冲能力。

　　在此，出于减少海量监测数据体积的考虑，提出神经网络驱动上下文匹配算法实现列式遥测数据集大比率压缩方案，并通过相应压缩对比测试证明了该方案相比于经典无损压缩方法具备更好的压缩效果，满足高效存储备份的需求。

8

展 望

由于涉及集群监控、分布式数据库、无损压缩和神经网络等多种技术模块的融合设计与实现，需要进行大量数据的收集、实践和摸索，而且需要开展大量的理论与实验论证工作。在课题总结的过程中，仍发现有一些研究工作可以继续深入，在此特别指出本书后期研究内容中有待改进的几个方面：

（1）在列式数据库中能容纳多样、复杂的非结构化数据，但本书方法着重处理历史时序数据，需要通过进一步的系统化研究设计针对结构多样的数据进一步提升方法的多样性和兼容性。

（2）本书在实现大比率压缩模型时未对遥测数据中的冗余数据进行预处理，在监测数据压缩实例的代码实现过程中可以融入更多种数据挖掘的算法，提高数据的规律性，使其更好地满足编码需求。

（3）在本书相关理论研究与实验测试、验证工作的基础上，进行更加深入、完整的、软硬件兼具的铁道供电综合监控系统大数据无损压缩新方法的开发与实践研究。

参考文献

[1] 屈志坚，王群峰，彭翔，陈鼎龙. 基于发布订阅的铁道供电报警信息流计算集群技术[J]. 铁道学报，2018，40（05）：73-81.

[2] 袁龙，栗维勋，李一鹏，等. 基于云平台的智能电网监测体系研究[J/OL]. 电测与仪表：1-7[2019-12-31].http://kns.cnki.net/kcms/detail/23.1202.TH.20191116.1526.006.html.

[3] Chin W，Li W, Chen H.Energy Big Data Security Threats in IoT-Based Smart Grid Communications. IEEE Communications Magazine, 2017, 55(10): 70-75.

[4] 马斌，袁龙，刘文宗，等. 基于云雾计算的智能电网调度机制[J/OL]. 电测与仪表：1-7[2019-12-31]. http://kns.cnki.net/kcms/detail/ 23.1202.TH.20191112.1437.012.html.

[5] Lu C，Shi B，Wu X, Sun H，Advancing China's Smart Grid：Phasor Measurement Units in a Wide-Area Management System，IEEE Power and Energy Magazine，2015，13（5）：60-71.

[6] 李敏，李炜，程明. 电网生产大数据平台在运检管理中的研究及应用[J]. 数字技术与应用，2016（11）：67-68.

[7] 吴正航. 基于Hadoop的电网数据应用算法优化研究[D]. 广州：华南理工大学，2017.

[8] 朱迪. 云计算在电力系统中的应用研究[D]. 北京：华北电力大学，2015.

[9] 胡楠，杨壮观，李峰，等.基于GIS的电网地理信息分布式数据挖掘[J]. 电子设计工程，2016，24（15）：20-24.

[10] 陈游旻，李飞，舒继武. 大数据环境下的存储系统构建：挑战、方法和趋势[J]. 大数据，2019，5（04）：27-40.

[11] 周二专，冯东豪，武志刚. 内存计算技术及在电网分析中的应用[J].

电力系统自动化，2017，41（11）：1-7，25.

[12] 罗颖，李杰. 基于内存数据库的电网实时智能监测系统的设计与实现[J]. 煤炭技术，2011，30（10）：52-54.

[13] 闫常友，杨奇逊，刘万顺. 基于提升格式的实时数据压缩和重构算法[J]. 中国电机工程学报，2005，25（9）：6-10.

[14] 王超，张东来，张斌，等. 电力系统周期性数据大比率压缩算法[J]. 电力系统自动化，2009，33（24）：34-37.

[15] 刘毅，周雏维，冯浩. 电能质量监测网录波数据压缩方法[J]. 电网技术，2010，34（4）：199-203.

[16] Hsieh C T，Huang S J. Disturbance data compression of a power system using the Huffman coding approach with wavelet transform enhancement[J]. IEE Proceedings - Generation，transmission and Distribution，2003，150(1): 7-14.

[17] 齐文斌，李东平，杨东，等. 广域测量系统数据在线无损压缩算法[J]. 电网技术，2008，32（8）：86-90.

[18] 李明，杨雷，黎山峰. 不同压缩算法性能的研究[J]. 通信技术，2009，42（4）：175-177.

[19] 屈志坚，王群峰，王汉林. 调度中心流计算集群排队模型的CQB并行均衡控制方法[J]. 中国电机工程学报，2018，38（19）：5704-5713+5927.

[20] 屈志坚，王冬. 分布式配电网监测的流计算实时并行处理技术[J]. 电力系统及其自动化学报，2017，29（07）：27-33.

[21] 屈志坚，王冬. 面向智能调度监测的流计算并行滑动窗口技术[J]. 电网技术，2016，40（07）：2219-2229.

[22] 方小飞. 基于SCADA的铁路电力远动系统几个关键环节的设计与应用[D]. 长春：吉林大学，2014.

[23] 李群湛. 我国高速铁路牵引供电发展的若干关键技术问题[J]. 铁道学报，2010，32（4）：119-124.

[24] 杨照辉，杨建兴，吴炳章. 京津城际客运专线铁路电力供电系统[C]//中国铁道学会. 2008年铁路电气化新技术学术年会论文集. 2008：147-152.

[25] Tandel M, Joshi U, Golhani A, et al. Scripting engine for SCADA HMI// 2017 2nd International Conference for Convergence in Technology (I2CT). Mumbai, 2017: 492-496.

[26] 吴晓芸, 李刚, 高小芊, 等. 大数据挖掘助力全面提升电网监控水平[J]. 电力大数据, 2019, 22 (11): 77-85.

[27] Ahmed M M, Soo W L, Customized SCADA system for low voltage distribution automation system// 2009 Transmission & Distribution Conference & Exposition: Asia and Pacific, Seoul, 2009: 1-4.

[28] 宋亚奇, 周国亮, 朱永利, 等. 云平台下输变电设备状态监测大数据存储优化与并行处理[J]. 中国电机工程学报, 2015, 35 (02): 255-267.

[29] Upadhyay D, Sampalli S. SCADA (Supervisory Control and Data Acquisition) systems: Vulnerability assessment and security recommendations[J]. Computers & Security, 2020: 89.

[30] 潘旭辉, 陈成, 王泽睿, 杨成, 杨长锐. 基于 SCADA 技术的低压配网控制系统研究[J]. 电力系统保护与控制, 2019, 47 (22): 182-187.

[31] 万勇. 一种基于云计算技术的 SCADA 系统设计[J]. 高压电器, 2013, 49 (07): 89-91, 95.

[32] Guan Z, Li J, Wu L, Zhang Y, et al. Achieving Efficient and Secure Data Acquisition for Cloud-Supported Internet of Things in Smart Grid. IEEE Internet of Things Journal, 2017, 4 (6): 1934-1944.

[33] Ahmed M M, Soo W L. Customized SCADA system for low voltage distribution automation system//2009 Transmission & Distribution Conference & Exposition: Asia and Pacific. Seoul, 2009: 1-4.

[34] Li N, Xu M, Cao W, et al. Researches on data processing and data preventing technologies in the environment of big data in power system//2015 5th International Conference on Electric Utility Deregulation and Restructuring and Power Technologies (DRPT), Changsha, 2015: 2491-2494.

[35] Chuan Zhong, et al. Characteristics of big data of power transmission

and transformation in smart grid//Proceeding of the 11th World Congress on Intelligent Control and Automation，Shenyang，2014：3154-3158.

[36] Zhan J, Huang J, Niu L, et al. Study of the key technologies of electric power big data and its application prospects in smart grid//2014 IEEE PES Asia-Pacific Power and Energy Engineering Conference (APPEEC). Hong Kong，2014：1-4.

[37] 孙大为,张广艳,郑纬民. 大数据流式计算：关键技术及系统实例[J]. 软件学报,2014,25（04）：839-862.

[38] Vasthimal D. Robust and Resilient Migration of Data Processing Systems to Public Hadoop Grid//2018 IEEE/ACM International Conference on Utility and Cloud Computing Companion (UCC Companion). Zurich，2018：21-23.

[39] 李浩. 基于 Twitter Storm 的云平台监控系统研究与实现[D]. 东北大学,2013.

[40] 金国栋,卞昊穹,陈跃国,等. HDFS 存储和优化技术研究综述[J/OL]. 软件学报：1-25[2019-12-31]. https://doi.org/10.13328/j.cnki.jos.005872.

[41] 刘军,冷芳玲,李世奇,等. 基于 HDFS 的分布式文件系统[J]. 东北大学学报（自然科学版）,2019,40（06）：795-800.

[42] 刘海宁,李德山. 一种大数据存储系统架构及数据安全放置机制[J]. 重庆理工大学学报（自然科学）,2019,33（08）：170-177.

[43] 李铄,陆忠华,孙永泽. 基于 Mesos 的分布式参数优化调度策略及系统设计[J]. 科研信息化技术与应用,2019,10（02）：20-30.

[44] 刘文斌. 基于 Mesos 的数据中心资源调度和存储性能优化技术研究[D]. 南宁：广西大学,2018.

[45] 张译天,于炯,鲁亮,等. 大数据流式计算框架 Heron 环境下的流分类任务调度策略[J]. 计算机应用,2019,39（04）：1106-1116.

[46] 李梓杨,于炯,卞琛,等. 基于流网络的流式计算动态任务调度策略[J]. 计算机应用,2018,38（09）：2560-2567.

[47] Kabou N, Nouali-Taboudjemat S, Djahel S, et al. Lifetime-Aware

Backpressure—A New Delay-Enhanced Backpressure- Based Routing Protocol. IEEE Systems Journal, 2019, 13（1）: 42-52.

[48] 刘梓璇, 周建涛. 负载均衡的主导资源公平分配算法[J]. 计算机工程与科学, 2019, 41（09）: 1574-1580.

[49] 何怀文, 傅瑜, 杨毅红, 等. 基于 M/M/n/n+r 排队模型的云计算中心服务性能分析[J]. 计算机应用, 2014, 34（07）: 1843-1847.

[50] 张淞钛, 徐秀丽. 具有两类故障特性的 M/M/1 排队系统均衡分析[J]. 运筹学学报, 2019, 23（04）: 131-142.

[51] 宁正, 牛宏侠, 张肇鑫. 基于排队论的地铁列车运行自动调整优化模型[J]. 铁道科学与工程学报, 2019, 16（07）: 1826-1832.

[52] RASHID H, MUHAMMAD S S. Traffic Intensity Based Efficient Packet Schedualing, //2019 International Conference on Communication Technologies (ComTech). Rawalpindi, Pakistan, 2019: 88-101.

[53] M Haiyan, Y Jinyao, P Georgopoulos, et al. Towards SDN based queuing delay estimation, China Communications, 2016, 13(3): 27-36.

[54] Sharifian, Saeed, Motamedi S A, Akbari M K. A predictive and probabilistic load-balancing algorithm for cluster-based web servers. Applied Soft Computing Journal, 2011, 11（1）: 970-981.

[55] 黄国庆, 王明绪, 王国良. 效能评估中的改进熵值法赋权研究[J]. 计算机工程与应用, 2012, 48（28）: 245-248.

[56] 屈志坚, 王子潇, 池瑞, 洪应迪, 范明明, 衣晚卓. 配电网准实时数据的倒排二级索引集群均衡处理技术[J]. 中国电机工程学报, 2020, 40（20）: 6494-6506.

[57] 屈志坚, 范明明, 赵亮, 朱丹, 孙旭兵, 王子潇. 基于倒排索引的铁道供电集群监控 H-CRQ 技术[J]. 铁道学报, 2020, 42(11): 75-83.

[58] 屈志坚, 范明明, 周锐霖, 王汉林, 朱丹. 海量配电网调度监测信息的非主行键倒排索引查询技术[J]. 电力系统保护与控制, 2018, 46（23）: 162-168.

[59] Xu W, Sun F, Shi Q. Modular and Asynchronous Backpressure in Multihop Networks: Model and Optimization. IEEE Transactions on

Vehicular Technology，2017，66（5）：4486-4491.

[60] Gao Z H，Geng J，Zhang K F，et al．Wind power dispatch supporting technologies and its implementation[J]．IEEE Transactions on Smart Grid，2013，4（3）：1684-1691.

[61] 李济沅，钟一俊，王东举，等．基于 CIM 和 ESB 的企业级电网准实时资源中心研究与应用[J]．电力自动化设备，2015，35(8)：148-155.

[62] 李滨，杜孟远，祝云，等．基于准实时数据的智能配电网状态估计[J]．电工技术学报，2016，31（1）：34-44.

[63] 李斌．海量历史准实时数据管理平台的研究与应用[D]．长春：吉林大学，2017.

[64] 李柏青，刘道伟，秦晓辉，等．信息驱动的大电网全景安全防御概念及理论框架[J]．中国电机工程学报，2016，36（21）：5796-5805.

[65] 刘东，盛万兴，王云，等．电网信息物理系统的关键技术及其进展[J]．中国电机工程学报，2015，35（14）：3522-3531.

[66] 申建建，曹瑞，苏承国，等．水火风光多源发电调度系统大数据平台架构及关键技术[J]．中国电机工程学报，2019，39（1）：43-55.

[67] Bhupathiraju V，Ravuri R P．The dawn of big data – HBase[C]//Proceedings of 2014 Conference on IT in Business，Industry and Government．Indore：IEEE，2014：1-4.

[68] 辛耀中，石俊杰，周京阳，等．智能电网调度控制系统现状与技术展望[J]．电力系统自动化，2015，39（1）：2-8.

[69] 张东霞，苗新，刘丽平，等．智能电网大数据技术发展研究[J]．中国电机工程学报，2015，35（1）：2-12.

[70] 彭小圣，邓迪元，程时杰，等．面向智能电网应用的电力大数据关键技术[J]．中国电机工程学报，2015，35（3）：503-511.

[71] 宋亚奇,周国亮,朱永利．智能电网大数据处理技术现状与挑战[J]．电网技术，2013，37（4）：927-935.

[72] 倪中洲．基于内存数据库的微网能量管理系统研究与实现[D]．北京：华北电力大学，2016.

[73] 安思成，吴克河，毕天姝，等．适用于广域测量系统的实时数据并

发访问同步算法[J]. 中国电机工程学报, 2014, 34（19）: 3226-3233.

[74] Dong X L, Li X Q. A Novel distributed database solution based on MySQL[C]//Proceedings of the 2015 7th International Conference on Information Technology in Medicine and Education. Huangshan: IEEE, 2015: 329-333.

[75] Jin J H, Song A B, Gong H, et al. Distributed storage system for electric power data based on HBase[J]. Big Data Mining and Analytics, 2018, 1（4）: 324-334.

[76] Cao C, Wang W Y, Zhang Y, et al. Embedding index maintenance in store routines to accelerate secondary index building in HBase[C]//Proceedings of the 2018 IEEE 11th International Conference on Cloud Computing. San Francisco: IEEE, 2018: 500-507.

[77] 葛微, 罗圣美, 周文辉, 等. HiBase: 一种基于分层式索引的高效 HBase 查询技术与系统[J]. 计算机学报, 2016, 39（1）: 140-153.

[78] 王德文, 李静芳. 变电设备状态监测大数据的查询优化方法[J]. 电力系统自动化, 2017, 41（2）: 165-172.

[79] 王德文, 肖凯, 肖磊. 基于 Hive 的电力设备状态信息数据仓库[J]. 电力系统保护与控制, 2013, 41（9）: 125-130.

[80] Li K, Su F, Cheng X Z, et al. The research of performance optimization methods based on Impala cluster[C]//Proceedings of the 2016 16th International Symposium on Communications and Information Technologies. Qingdao: IEEE, 2016: 336-341.

[81] 刘喜平, 万常选, 刘德喜, 等. 空间关键词搜索研究综述[J]. 软件学报, 2016, 27（2）: 329-347.

[82] 高云全, 李小勇, 方滨兴. 物联网搜索技术综述[J]. 通信学报, 2015, 36（12）: 57-76.

[83] Chen D W, Zhuang J. A real time index model for big data based on DC-tree[C]//Proceedings of 2013 International Conference on Advanced Cloud and Big Data. Nanjing: IEEE, 2013: 99-104.

[84] 吴庆曦, 彭晖, 王瑾, 等. 电网调控集群分布式实时数据库的设计

与关键技术[J]. 电力系统自动化, 2017, 41 (22): 89-95.

[85] 史玉良, 张坤, 荣以平, 等. 智能电网系统中费控服务的优化调度研究[J/OL]. 计算机学报, 2019: 1-14 [2019-07-05]. http://kns.cnki.net/kcms/detail/11.1826. TP.20190705.1037.002.html.

[86] 张令涛, 赵林, 张亮, 等. 配用电大数据分布式计算集群负载均衡框架[J]. 电网技术, 2019, 43 (1): 259-265.

[87] 屈志坚, 徐振清, 周锐霖, 朱丹. 按列存储的配电网监测数据包区间编码正规化压缩处理[J]. 电力自动化设备, 2018, 38 (03): 56-62.

[88] 赵腾, 张焰, 张东霞. 智能配电网大数据应用技术与前景分析[J]. 电网技术, 2014, 38 (12): 3305-3312.

[89] 王广辉, 李保卫, 胡泽春, 等. 未来智能电网控制中心面临的挑战和形态演变[J]. 电网技术, 2011, 35 (8): 1-5.

[90] 彭小圣, 邓迪元, 程时杰, 等. 面向智能电网应用的电力大数据关键技术[J]. 中国电机工程学报, 2015, 35 (3): 503-511.

[91] 屈志坚, 郭亮, 刘明光, 等. 智能配电网量测信息变断面柔性压缩新算法[J]. 中国电机工程学报, 2013, 33 (19): 191-199.

[92] 吴丹丹, 王松. 内存数据库及其应用综述[J]. 软件导刊, 2016, 15 (6): 168-170.

[93] 胡爽, 周欢, 钱卫宁. 内存数据库事务提交的关键技术与挑战[J]. 华东师范大学学报(自然科学版), 2016, (05): 18-26.

[94] 曹猗宣. 内存数据库的研究及其应用[D]. 北京:北京邮电大学, 2011.

[95] Lindstrom J, Raatikka V, Ruuth J, et al. IBM solid-DB: in-memory database optimized for extreme speed and availability[J]. IEEE Data Eng Bull, 2013, 36 (2): 14-20.

[96] Li N, Rao J, Shekita E, et al. Leveraging a scalable row store to build a distributed text index[C]//Proceedings of the first international workshop on Cloud data management.ACM, 2009: 29-36.

[97] 涂振发. 云计算环境下海量空间数据高效存储关键技术研究[D]. 武汉:武汉大学, 2012.

[98] Yoon Y, Jeong C, Lee J, et al. Hybrid Database Table Stored as Both

Row and Column Store：U.S. Patent Application 13/334，711[P]. 2011-12-22.

[99] Ivanova M G, Kersten M L, Nes N J, et al. An architecture for recycling intermediates in a column-store[J]. ACM Transactions on Database Systems，2010，35（4）：24.

[100] Abadi D J, Boncz P A, Harizopoulos S. Column-oriented database systems[J]. Proceedings of the VLDB Endowment，2009，2（2）：1664-1665.

[101] 沈来信，王伟. 基于 Tree-lib 的大数据实时分析研究[J]. 计算机科学，2013，40（6）：192-195+237

[102] Blewski J, Toppin G. Infobright Analytic Database Engine Using Rough Sets and Granular Computing. 2010 IEEE, 2010: 14-16.

[103] David Salomon. 数据压缩原理与应用[M]. 2 版. 北京：电子工业出版社，2003：92-103.

[104] Conrad K J, Wilson P R, Grammatical Ziv-Lempel Compression：Achieving PPM-Class Text Compression Ratios with LZ-Class Decompression Speed//2016 Data Compression Conference. Snowbird, UT, 2016: 586-586.

[105] HBase 官网. Apache HBase Reference Guide[EB]. http://hbase.apache.org/book.html#compression. 2016-02-22.

[106] 屈志坚，陈鼎龙，王群峰. 配电网监测数据的分布式 Map 压缩-查询技术[J]. 电力自动化设备，2017，37（12）：192-199.

[107] 屈志坚，赵亮，范明明. 集群排队的铁道供电海量准实时数据异步并行查询[J]. 铁道学报，2018，40（06）：67-74.

[108] 屈志坚，赵亮，陈鼎龙. 配电网 SCADA 时序数据集群的 RWI 快速查询技术[J]. 中国电机工程学报，2018，38（17）：5085-5096+5305.

[109] 王金丽，盛万兴，王金宇，等. 中低压配电网统一数据采集与监控系统设计和实现[J]. 电力系统自动化，2012，36（18）：72-76，81.

[110] 葛磊蛟，王守相，瞿海妮. 智能配用电大数据存储架构设计[J]. 电力自动化设备，2016，36（6）：194-202.

[111] 王远,陶烨,蒋英明,等. 智能电网时序大数据实时处理系统[J]. 计算机应用, 2015, 35（S2）: 88-92.

[112] 郑海雁,金农,季聪,等. 电力用户用电数据分析技术及典型场景应用[J]. 电网技术, 2015, 39（11）: 3147-3152.

[113] 宋亚奇,周国亮,朱永利,等. 云平台下输变电设备状态监测大数据存储优化与并行处理[J]. 中国电机工程学报, 2015, 35（2）: 255-267.

[114] Picard M L, Pan X Y. 从法国公共电力企业的视角看大数据带来的挑战和机遇[J]. 电网技术, 2015, 39（11）: 3109-3113.

[115] 苗新,张东霞,孙德栋. 在配电网中应用大数据的机遇与挑战[J]. 电网技术, 2015, 39（11）: 3122-3127.

[116] 王德文,肖磊,肖凯. 智能变电站海量在线监测数据处理方法[J]. 电力自动化设备, 2013, 33（8）: 142-146.

[117] 邵振国,吴瑾樱,苏文博. 面向海量历史监测数据的谐波污染用户统计建模方法[J]. 电力自动化设备, 2016, 36（8）: 110-114.

[118] GUNARATHNE T, WU T L, QIU J, et al. MapReduce in the clouds for science[C]//Cloud Computing Technology and Science, 2010 IEEE Second International Conference on Digital Object Identifier. Indianapolis. USA: IEEE, 2010: 565-572.

[119] 屈志坚,郭亮,陈秋琳,等. Hadoop 云构架的智能调度无损集群压缩技术[J]. 电力系统自动化, 2013, 37（18）: 93-98.

[120] 屈志坚,郭亮,刘明光,等. 智能配电网量测信息变断面柔性压缩新算法[J]. 中国电机工程学报, 2013, 33（19）: 191-199+3.

[121] 屈志坚,陈阁. 容错存储的电力系统监测数据查询优化技术[J]. 电网技术, 2015, 39（11）: 3221-3227.

[122] 黄山,王波涛,王国仁,等. MapReduce 优化技术综述[J]. 计算机科学与探索, 2013, 7（10）: 885-905.

[123] 张首正,周凯东. 基于 MapReduce 的 SQL 查询优化分析[J]. 计算机应用, 2014, 34（S2）: 63-65.

[124] 赵辉,杨树强,陈志坤,等. 基于 MapReduce 模型的范围查询分析优化技术研究[J]. 计算机研究与发展, 2014, 51（3）: 606-617.

[125] 王梅，邢露露，孙莉. 混合存储下的 MapReduce 启发式多表连接优化[J]. 计算机科学与探索，2014，8（11）：1334-1344.

[126] 屈志坚，洪应迪，王子潇. 配电网调度监测数据的多线程集群共享内存折叠压缩方法[J]. 中国电机工程学报，2021，41（03）：921-932.

[127] 费思源. 大数据技术在配电网中的应用综述[J]. 中国电机工程学报，2018，38（01）：85-96，345.

[128] 刘科研，盛万兴，张东霞. 智能配电网大数据应用需求和场景分析研究[J]. 中国电机工程学报，2015，（02）：287-293.

[129] 鲍文，周瑞，刘金福. 基于二维提升小波的火电厂周期性数据压缩算法[J]. 中国电机工程学报，2007（29）：96-101.

[130] Stonebraker M，Abadi D，Dewitt D J，et al. MapReduce and parallel DBMSs：friends or foes?[J]. Communications of the ACM，2010，53（1）：64-71.

[131] Lu L, Hua B. G-Match: A Fast GPU-Friendly Data Compression Algorithm[C]//2019 IEEE 21st International Conference on High Performance Computing and Communications; IEEE 17th International Conference on Smart City; IEEE 5th International Conference on Data Science and Systems (HPCC/SmartCity/DSS). Zhangjiajie, China:IEEE, 2019: 788-795.

[132] Iša R，Matoušek J. A novel architecture for LZSS compression of configuration bitstreams within FPGA[C]//2017 IEEE 20th International Symposium on Design and Diagnostics of Electronic Circuits & Systems (DDECS). Dresden: IEEE, 2017: 171-176.

[133] 王学伟，孙金凤，王琳. 基于整数小波变换的 Ray-Period 压缩算法[J]. 电网技术，2008（07）：46-50.

[134] Unterweger A，Engel D. Resumable load data compression in smart grids[J]. IEEE Transactions on Smart Grid, 2015, 6(2): 919-929.

[135] 管春，周雒维，卢伟国，等. 三相电能质量数据压缩方法[J].电网技术，2011，35（10）：130-134.

[136] Vatedka S,Tchamkerten A. Local Decoding and Update of Compressed

Data[C]//2019 IEEE International Symposium on Information Theory (ISIT). Paris, France: IEEE, 2019: 572-576.

[137] Yang M, He W, Zhang Z, et al. An Efficient Storage Service Method for Multidimensional Meteorological Data in Cloud Environment[C]// 2019 International Conference on Internet of Things (iThings) and IEEE Green Computing and Communications (GreenCom) and IEEE Cyber, Physical and Social Computing (CPSCom) and IEEE Smart Data (SmartData). Atlanta, GA, USA: IEEE, 2019: 495-500.

[138] Yan Z, Jiang H, Tan Y, et al. Z-Dedup: A Case for Deduplicating Compressed Contents in Cloud[C]//2019 IEEE International Parallel and Distributed Processing Symposium (IPDPS). Rio de Janeiro, Brazil: IEEE, 2019: 386-395.

[139] Zhou K, Liu W, Tang K, et al. Alleviating Memory Refresh Overhead via Data Compression for High Performance and Energy Efficiency[J]. IEEE Transactions on Parallel and Distributed Systems, 2018, 29(7): 1469-1483.

[140] 屈志坚, 袁慎高, 范明明. 电能质量在线监测系统海量数据的双列族存储设计[J]. 电力系统保护与控制, 2019, 47（02）: 154-160.

[141] 张亚昕. 面向云计算的虚拟机动态迁移技术研究[J]. 计算技术与自动化, 2016, 35（01）: 82-85.

[142] 唐思成. 基于动态预解压方法的嵌入式内存压缩技术及实现[D]. 湖南大学, 2012.

[143] 姜承祥. 基于UKSM的高效内存合并技术的研究和实现[D]. 南京大学, 2017.

[144] 张延松, 张宇, 王珊. 一种基于向量索引的内存OLAP星型连接加速新技术[J]. 计算机学报, 2019: 1-16.

[145] Ning J X, Wang J H, Gao W D, et al. A wavelet-based data compression technique for smart grid[J]. IEEE Transactions on Smart Grid, 2011, 2（1）: 212-218.

[146] Li C, Zhang J, Luo Y L. Real-Time Scheduling Based on Optimized Topology and Communication Traffic in Distributed Real-Time

Computation Platform of Storm[J]. Journal of Network and Computer Applications，2017.

[147] 潘国伟，宋玮，王相南，等. 发布/订阅模式消息中间件在 SCADA 系统中的应用[J]. 电网技术，2008,（18）: 77-81.

[148] 翟明玉，雷宝龙. 电网调度自动化系统消息中间件的特性和关键技术[J]. 电力系统自动化，2012,（14）: 56-59, 66.

[149] Teixeira E H, Araújo A P F. Middleware for Processing Message Queues with Elasticity Support and Sequential Integrity of Asynchronous Message Processing[J]. Journal of Physics: Conference Series，2015，649（1）.

[150] 于悦. 面向数据处理的流计算关键技术研究[D]. 南京: 南京邮电大学，2013: 33-36.

[151] 赵加奎，杨国凤，沐连顺，等. 数据流技术在电网自动化中的应用研究[J]. 电网技术，2011, 35（8）: 6-11.

[152] Wingerath W, Gessert F, Friedrich S, et al. Real-time stream processing for Big Data[J]. it - Information Technology，2016, 58(4).

[153] Muhammad Bilal, Lukumon O Oyedele, Junaid Qadir, et al. Big Data in the Construction Industry: A Review of Present Status, Opportunities, and Future Trends[J]. Advanced Engineering Informatics，2016.

[154] Karthika S, Rathika P, An Efficient Data Compression Algorithm for Smart Distribution Systems using Singular Value Decomposition// 2019 IEEE International Conference on Intelligent Techniques in Control, Optimization and Signal Processing (INCOS). Tamilnadu, India，2019: 1-7.

[155] 王汉林. 基于 BF-SWRR 的铁道供电监控大数据的集群均衡调度方法的研究[D]. 华东交通大学，2020.

[156] 洪应迪. 面向铁道供电监控信息大数据的列压缩方法研究[D]. 华东交通大学，2021.

[157] 王子潇. 配电网扩展短期负荷集成预测的电力大数据技术研究[D]. 华东交通大学，2021.